国家社科基金结项成果（批准号：BCZZ005，结项证书号：20161493）

2017 年度河北省社会科学重要学术著作出版资助项目

河北省社会科学发展研究课题（课题编号：201707030201）

国家社科基金结项成果（批准号：BCZZ005，结项证书号：20161493）
2017年度河北省社会科学重要学术著作出版资助项目
河北省社会科学发展研究课题　课题编号：201707030201

生态文明建设中地方政府的权责配置研究

鲁　敏◎著

Study On The Allocation Of Power And Responsibility Of Local Government In The Construction Of Ecological Civilization

中国社会科学出版社

图书在版编目(CIP)数据

生态文明建设中地方政府的权责配置研究/鲁敏著.—北京:中国社会科学出版社,2017.6

ISBN 978-7-5203-0783-3

Ⅰ.①生… Ⅱ.①鲁… Ⅲ.①地方政府-生态环境建设-行政管理-研究-中国 Ⅳ.①D625②X321.2

中国版本图书馆CIP数据核字(2017)第181417号

出 版 人 赵剑英
责任编辑 任 明
责任校对 周 昊
责任印制 李寡寡

出 版 中国社会科学出版社
社 址 北京鼓楼西大街甲158号
邮 编 100720
网 址 http://www.csspw.cn
发 行 部 010-84083685
门 市 部 010-84029450
经 销 新华书店及其他书店

印刷装订 北京市兴怀印刷厂
版 次 2017年6月第1版
印 次 2017年6月第1次印刷

开 本 710×1000 1/16
印 张 17.25
插 页 2
字 数 252千字
定 价 75.00元

序　言

人类建设生态文明的过程，应当不仅是批判和重构工业文明的生产方式、生活方式，也不单纯是塑造后工业文明的消费模式、思维方式、价值观念等某个单一方面的过程，而是整个社会生活全方面深层次的变革，社会治理的变革自然包含在其中。因而，充分认识生态文明建设与社会治理变革的内在逻辑和相互关联，在人类文明演化的总体趋势中寻求两种力量的协调和平衡，将有利于降低社会冲突，优化资源配置，提升公众福利，建设和谐社会。

当前，中国正处于经济社会转型的关键时期，政府的职能设置、相互关系、权力结构等都处于持续调整中。“行政性放权”的背景下，地方政府权责配置表现为权责不对等、主体虚置、回路过大、稳定性差等现状。这种现状势必投射到日渐高涨的生态文明建设中，成为影响生态文明建设成效的关键因素。从主体上看，生态权责过度集中于政府，但地方政府主动履行权责的主动性不足，公众呈现出“高认同、低认知、践行度不够”的特点；从治理方式上看，运动式治理占主流，常规治理没有走向前台；从履行权责的手段上看，行政性手段所占的比重处于较高的水平，经济和法律手段不足。上述种种既是地方政府权责失衡在生态建设领域中投射的必然结果，又在客观上加剧了地方政府权责的进一步失衡，这种“循环负强化”效应尤为明显。

生态文明建设是一个长期的历史任务，但优化地方政府的生态权责却迫在眉睫。短期内，优化地方政府生态权责将成为行政体制改革和地方政府角色调整必须关注的工作任务，这使得狭小的操作空间和匮乏的行政资源愈加不足。因而，优化地方政府生态权责需要注重阶段性、技术性和协同性等策略，在坚持基本趋势的基础上充分考虑现实的可操作性，在社会承受度、公众满意度和行政体制改革速度等上寻找平衡点。

本书是国家社科基金项目“生态文明建设中地方政府的权责配置和运行机制研究”（13CZZ005）的结项成果，同时受到了河北省社科联资助。在为期三年的研究过程中，先后发表了七篇核心论文，结项成果获得了“良好”称号。为了达到本研究的目标，课题组从权责模型，应然分析，实然分析，比较分析，实证分析和对策分析等六个大的方面开展研究。本研究建立了权责配置的理论模型，并尝试将它运用到社会生活中，成为政府治理模式和角色形成的解释工具。将权责配置运用到地方政府生态文明建设领域中，克服其他工具模型的盲点，具有一定的新颖性和独特性。在充分进行理论探讨和实践考察的基础上，本研究针对当前生态文明建设的热点问题提出了一系列的观点和措施。将生态文明建设放在人类社会文明演进的历史大视角中来认识，充分论证了生态文明建设中地方政府治理转型的历史必然性和基本方向，大大地丰富了相关认识。在具体问题上，本研究对当代中国生态文明建设的战略空间、可用资源进行了科学论证；提出了地方政府优化生态权责的约束条件、基本策略和当前具体任务，为政策操作者提供了基本思路。

项目虽然结题，但相关研究并未结束，生态文明建设中地方政府角色问题仍是课题组的重要研究方向。下一阶段课题的研究应向具体操作层面延伸：一是指标化。建立地方政府生态权责的指标体系，用更具体的数字指标衡量地方政府生态文明建设的先进性。二是大数据化。用大数据时代的先进理念和技术手段优化地方政府生态权责配置。三是地域化。更加注重不同地域政府在生态文明建设中权责配置的差异性。

本课题在研究的过程中得到了多方面的支持和帮助。衷心感谢南开大学朱光磊教授多次对课题研究的关心和指导！南开大学郭道久教授、赵聚军副教授，天津工商大学王雪丽副教授，东北师范大学罗湘衡老师，华北理工大学赵艳霞副教授等分别在基本思路、调查研究、文章结构等方面提出了大量宝贵的建议，特向他们表示深切感谢！华北理工大学管理学院的领导、部分教师、研究生和本科生在课题调研、文字处理等方面给予了帮助，在此一并表示感谢！

最后，再次衷心感谢国家哲学社会科学规划办公室、中国社会科学出版社、河北省社科联、华北理工大学对本项目的资助、支持和鼓励。中国社会科学出版社任明同志付出了辛苦劳动，在此表示衷心感谢！

鲁敏

2017年3月16日

目　录

第一章　导论

生态文明是后工业文明体系中的重要结构，是对工业文明面临危机的深刻反思和扬弃。人类建设和确立生态文明的过程，应当不仅仅是批判和重构工业文明的生产方式、生活方式，也不单纯是塑造后工业文明的消费模式、思维方式、价值观念等某个单一方面的过程，而是整个社会生活全方面深层次的变革。生态文明对社会治理变革的要求自然包含在其中。那么，在生态文明建设的宏大进程中，社会治理的模式和地方政府的角色将会发生什么样的变化呢？生态文明将会从哪些方面通过何种方式对地方政府的治理方式提出要求呢？在当前特定的历史情境下，地方政府建设生态文明面临哪些制约因素和战略空间？地方政府如何顺应历史发展的必然趋势，采取有效的策略方能在生态文明建设中保持主动呢？这些都是研究者们需要关注的问题。

十八大报告提出：把生态文明建设放在突出地位，融入经济建设、政治建设、文化建设、社会建设各方面和全过程，努力建设美丽中国，实现中华民族永续发展。中央首次把生态文明建设摆在五位一体的高度来论述，强调生态文明对中国特色社会主义总体布局的意义和价值。值得注意的是，党的十八届三中全会指出，全面深化改革的总目标是完善和发展中国特色社会主义制度，推进国家治理体系和治理能力现代化，同样首次提出“国家治理体系”的概念。两个概念在特定的历史时空中发生碰撞，这绝非偶然。它体现了生态文明建设与国家治理是当代中国经济社会转型中协同演进的重要支点，体现两者具有较强的共振性和相容性。对于地方政府而言，应当从实事求是的原则出发，借鉴发达国家生态建设和社会治理的基本经验，运用政治、经济、管理和法律等基本原理和方法，充分认识后工业系统中生态文明的意义和演变规律，科学判断生态文明建设对地方治理的作用机制和影响方式，进而通过有效的角色设定、权责配置和机制创新，推动生态文明建设的有效实施和社会治理的顺利转型。

第一节　选题的缘由和意义

一　选题的缘由

（一）现实中生态问题的紧迫性所引起的思考

中国古代的先贤们很早就关注到人与自然和谐的价值，并提出“天人合一”的自然观和生态观。但生态环境问题真正成为人类关注的焦点问题还是在近两百年时间内。正如恩格斯所预言的那样，“不要过分陶醉于我们对自然界的胜利。对于每一次这样的胜利，自然界都报复了我们”①。工业文明虽然宣誓了人类征服自然的伟大胜利，却带来了日益严峻的生态危机。环境污染、人口爆炸、物种灭绝、生态破坏、能源枯竭、资源耗尽……各种令人极度忧虑的环境恶化在快速现代化进程的中国愈演愈烈。仅以大气问题为例，截至 2013 年 11 月 5 日，该年全国平均雾霾日 29.9 天，是近 50 年来历史同期最多。而雾霾天增多的最主要原因是社会生产生活中化石能源消费增多造成的大气污染物排放逐年增加，污染的主要来源是地面灰尘，汽车尾气，工业排放和冬季取暖。② 雾霾波及 25 个省份 100 多个城市，即使向来以蓝天白云、空气质量高而著称的海口、拉萨等城市都不能置身事外。③ 大气污染只是当前中国生态恶化的冰山一角。据相关研究显示，中国的生态问题实质是生态贫困、生态风险和生态危机交织在一起的高度复合型问题，已经演变为影响社会生活方方面面的“中国一

① 《马克思恩格斯选集》第 3 卷，人民出版社 1995 年版，第 517 页。

② 北方网：《2013 年全国平均雾霾日 29.9 天　50 年来历史同期最多》（http://travel.enorth.com.cn/system/2013/11/05/011426545.shtml）。

③ 和讯网：《2013 中国的事：雾霾波及 25 个省份 100 多个城市》（http://news.hexun.com/2013-12-25/160905588.html）。

号问题”[①]。生态治理是全社会的共同任务，更是各级政府尤其是处于治理前沿的地方政府的重要职责，明确地方政府在生态建设中的角色定位、权责配置和运行方式尤为紧迫。

（二）如何协调经济社会转型、生态文明建设和地方政府角色转变是研究者关注的重点和难点

市场化转型成为中国历史性巨变的节点。“在这种巨变中，中国的社会结构也将得到根本性的改造，这就是社会转型。”[②] 经济社会转型要求地方政府的角色转变。它将以计划经济中“依附性人格”为起点，经历“非独立化人格”，最终成为在高度制度化环境中以规范化方式运行的“独立化人格”角色。[③] 同时，当代中国面临生态文明建设的历史任务，生态文明是后工业文明系统的核心关注和重要构成，而后工业文明呼唤地方政府从工业文明的“管理型政府”走向“服务型政府”[④]。在经济社会急剧变迁的情境下，地方政府需要发现环境系统中对自身具有制约性的关键因素，并科学确定自身定位，统筹考虑经济社会转型、生态文明建设和政府自身角色转变等若干问题，寻找最佳平衡点和着力点。从策略上看，当前地方政府面临产业结构升级、治理方式转型以及转型初期各种矛盾不断刷新表现形式的多重历史任务，在如此拥挤狭小的战略空间还要考虑生态文明建设的问题。因而，对于地方政府而言，如何高效运用有限的战略资源，在经济结构转型、政治稳定和民生福利等战略目标上均衡发展，以具有后工业文明指引性的生态文明建设为契机寻求治道变革和自身角色的蜕变，将是一个很具挑战性的命题。

---

① 程伟礼、马庆等：《中国一号问题：当代中国生态文明问题研究》，学林出版社2012年版，第24—45页。

② 沈亚平、王骚：《社会转型与行政发展》，南开大学出版社2005年版，第4页。

③ 鲁敏：《转型期地方政府的角色定位与行为调适研究》，天津人民出版社2013年版，第182—186页。

④ 张康之、张皓：《在后工业化背景下思考服务型政府》，《四川大学学报》（哲学社会科学版）2009年第1期。

二　选题的理论价值

（一）探寻生态文明建设与社会治理转型的互动关系

生态文明是对后工业文明的扬弃和反思，它应当是后工业文明形态中的核心关注和重要构成。生态文明不仅仅要求人类在生产方式、生活模式上作出大幅度调整，也必将通过它们对人类社会的思维方式、意识形态和治理模式产生影响。应该说，后工业社会的治理模式会响应生态文明的价值观念和基本要求。同时，后工业社会其他领域中锻造出来的普适价值观念也会回馈到生态文明建设的过程中，成为生态治理的指导方针。归纳起来，生态文明建设的过程和后工业转型的历史进程将在互动中协同演进。从政治学、行政学和管理学的角度认识它们两者间的关系，并以此构筑生态治理的基本理论，具有重要的价值。

（二）深化对当前行政体制改革的基本认识

市场化转型以来，行政体制作出了一系列适应性调整。行政体制改革是适应行政环境变化的阶段性任务。与长周期和战略性的治理模式变革相比，行政体制改革明显属于战术层面。行政体制改革不仅要体现治理模式转型的基本趋势，还要充分考虑特定历史时期的特殊因素，注重策略性。在生态文明建设逐步上升为人类社会的高度关注以后，生态取向不仅会成为人们在生产生活中的重要价值观念，也将成为行政体制改革的基本方向。但期望中国政府在短时间内实现治理的生态化是不现实的。基本策略应当是顺应生态化的基本趋势，逐步调整，渐进改革，将生态的基本理念渗透到行政体制改革的过程中，注重在行政体制改革中体现生态文明的阶段性特征。

三　选题的现实价值

（一）为当前情境下建设生态文明提供思路

“生态文明已经不是一个空洞的概念和符号，而是现实的生活元素、客观的历史活动或过程。”① 同样，建设生态文明不是空洞的描

① 刘湘溶等：《我国生态文明发展战略研究》，人民出版社 2013 年版，第 71 页。

述和美好的畅想，而是一场前所未有的矛盾对抗和曲折前行。当前建设生态文明，我们面临社会主义初级阶段的基本国情，面对经济社会转型的多重历史任务，直面产业升级、治理转型和市场化以来累积的日益复杂的矛盾，在相对滞后的体制机制挤压中寻求前行的动力。虽然建设生态文明是历史的必然趋势和总体方向，但在资源高度紧缺、战略空间相对狭小的特殊情境下，有效的策略是加快建设进程、减少转型阵痛的关键所在。为此，必须充分认识各级政府建设生态文明所面临的战略空间，集约利用资源，统筹相关力量，合理配置权责，才能真正激发建设生态文明的动力和活力。

（二）为推动地方政府改革提供动力和借鉴

地方政府改革是转型期以来研究者们高度关注的课题，但目前它却面临某种困境，裹足不前。正如朱光磊所言："近 30 年来，中国政治建设总体有了很大发展，但依然存在诸多问题，其中地方政治发展与体制改革水平明显滞后，而且很不平衡，是一个非常突出的问题。"① 不可否认，现行政府体制所具有的刚性约束是重要的影响因素，但地方政府在传统发展观念支配下的思维惯性和创新动力不足是更主要的原因。对它们而言，既然有可以因循的不用承担政治风险的老路，那又何必因"走新路"而承担不必要的政治风险呢？地方政府丧失了改革初期"杀出一条血路"的勇气和信心。本质上说，地方政府改革乏力是传统发展方式走到历史尽头的侧面反映。生态文明是对传统发展方式的反思和超越，是中央政府和地方公众的高度关切。建设生态文明是地方政府更新发展观念，转变发展方式，直面自身困境，重新启动创新能量的机遇。在生态文明建设已经步入前应的历史时刻，抓紧对生态文明建设中地方政府的治理转型和运行机制进行研究，将直接为地方政府推动自身改革提供动力和思路。

① 朱光磊：《滞后与超越：中国地方政治发展总体观》，《武汉大学学报》（哲学社会科学版）2010 年第 3 期。

第二节 文献综述

一 政府在生态文明建设中角色的综述

研究者普遍认为政府应当承担在生态文明建设中的主导性责任。如范俊玉认为，“在生态环境公共物品的供给上，政府不应当占据垄断地位，但这并不等于说政府不发挥主导性作用。事实上，在多元主体的区域生态治理中，政府是处于主导性地位的关键角色，在其中发挥主导作用”①。蒋俊明则认为，“虽然生态责任‘谁都无可逃遁’，但政府却始终是生态环境管理第一责任人，其他社会主体生态责任的承担需要政府的监管、组织和引导，由此，我们也就不难理解为什么现实中政府往往会成为各种生态危机归罪的首要目标”②。可见，在当前的生态文明建设中，各级政府应当成为生态文明建设的主导者。但在主导方式、时间节点以及政府间关系等若干问题上，研究者从不同的视角展开探讨，观点存在一定差异。

（一）管理范式重塑说

面对日益严峻的生态矛盾，不少国内外研究者不是单纯停留在人与自然关系的探讨上，而是深入挖掘人与自然的关系背后的人类社会冲突的本质，剖析生态危机背后的思想根源和社会危机，从政府管理范式革新的视角进行严密论证，提出了较具启发性的观点。

“生态马克思主义”是其中最为典型的代表。“生态马克思主义者”是以对资本主义的生产生活方式与生态危机之间的必然联系为起点展开他们的论证。在高兹看来，当今资本主义社会中的生态危机的根源是资本主义的社会制度。资本是利润的天然追求者，为了实现利益最大化，资本家会最大限度地去控制资源和扩大投资。“资本主义

① 范俊玉：《区域生态治理中的政府与政治》，广东人民出版社2011年版，第122页。

② 蒋俊明：《生态文明建设视域下的政府管理模式优化》，《江苏大学学报》（社会科学版）2012年第2期。

的企业管理首要关注的并不是如何通过实现生产与自然相平衡、生产与人的生活相协调，如何确保所生产的产品仅仅服务于公众为其自身所选择的目标，来使劳动变得更加愉快。它所关注的主要是花最少量的成本而生产出最大限度的交换价值。"① 降低成本，扩大生产和追求利润被资本家优先考虑，而生态资源的成本则没有被考虑进去。生产额外价值最大化的"资本理性"必然排斥"生态理性"，资本主义生产的过程就是生态日渐破坏的过程。

资本主义与生态理性的对立不仅在生产领域，还表现在消费层面上。为了将自己生产的产品推销出去，资本家会通过"创造需求"的办法刺激消费者的需求。产品的过度包装，铺天盖地的广告刺激人们无限的物欲。"资本理性"主导下的人类社会丧失了对自我内在的追求和完善，陷入"物质至上"的生活方式和存在方式中。同时，资本理性为了实现其利润扩张的目标，必然加大对资本链条中每一个环节的控制，人与人的关系归结于金钱关系和控制关系。生活在资本世界的人们在精神压抑和物质狂热的双重挤压下成为畸形，并引发生态危机。"人们居住在城市的多层高楼中，其能源供应、食品和其他必需品乃至废物的处理都依赖于庞大而复杂的体系，与此同时，人们又误认为不断增长的消费似乎可以补偿其他生活领域、特别是劳动领域遭受的挫折，因此，人们便疯狂地追求消费以宣泄劳动中的不满，从而导致把消费与满足、与幸福等同起来，换句话说，只用消费的数量作为衡量自己的幸福的尺度……这样一种人的生活方式和存在方式，不仅是福利国家的合法性的基础，而且也是生态危机的根源。"②

资本主义制度是生态危机的真正根源，只有诉诸社会主义的制度才能从根本解决这种危机。如福斯特认为，生态矛盾和资本主义的固有冲突不可能通过"自然资本化"的路径来化解，而只能通过社会革命和生态革命才能解决，先进的社会主义才是解决这种冲突的最佳

① Andre Gorz, *Ecology as Politics*, South End Press, 1980, p. 15.

② 陈学明：《"生态马克思主义"对于我们建设生态文明的启示》，《复旦学报》（社会科学版）2008 年第 4 期。

选择。社会主义在管理范式上不同于资本主义，社会主义不是刻意追求积累和增长的，它“试图用精心规划的、中心化的、外在的整体经济控制的市场取代了自发的外在机制，在一切行为领域中，它使得体系的全面合理性所要求的功能行为与个体的自我控制的行为方式的合理性相互分离”。[①] 总体来看，虽然生态马克思主义者没有明确提出政府在生态危机中的角色问题，但是通过对资本主义和社会主义管理范式上的优劣比较寄托了他们对政府在生态治理中的角色期待。

如果说国外的研究者站在后工业的社会形态上反思资本主义的反生态性质，那么可以说国内研究者更多地站在对30年市场化转型中所形成的“唯GDP主义”的纠正上倡导科学发展观。在潘岳看来，传统社会主义的发展模式也是建立在西方工业文明的基础上，不可避免走上生态危机的老路，生态社会主义才是对资本主义的实质性超越。“生态社会主义的核心有三个，第一是可持续发展，第二是对资本主义本质的批判，第三是对社会主义本质新的阐述。这大大印证了中国共产党三年前提出科学发展观的伟大意义。有不少人都把科学发展观等同于一种单纯经济发展模式的改变，甚至把资源节约型与环境友好型社会的构建也降低到一个技术层面。这是非常片面的。科学发展观追求的是政治、经济、社会、文化各个领域可持续发展的整体变革，包括思想与制度。”[②] 从这个意义上讲，生态社会主义是对科学社会主义的完善和发展，而用科学发展观统领经济社会发展，改造传统的政府管理范式，将会促成中国特色社会主义生态文明。

蔺雪春认为西方政府在组织与技术上虽然经历了传统公共行政与新兴公共管理的转变，但它们都是秉持“增长就是天然合理的”发展观念。“它们的思维逻辑并无实质区别，都是基于工业文明的经济人假设和经济理性范畴，都试图寻求人的自我利益最大化并优先关注

---

① 陈学明：《“生态马克思主义”对于我们建设生态文明的启示》，《复旦学报》（社会科学版）2008年第4期。

② 潘岳：《论社会主义生态文明》，中国高校人文社科网（http：//www. sinoss. net），2012年2月11日。

数量增长或规模扩张。"[①] 这种思想逻辑是建立在"人类中心主义"的人与自然观上。贯彻这一思维逻辑的政府在管理范式上存在天然的自身难以克服的矛盾和弊端，表现为难以有效处理主体与环境、短期与长期目标之间的关系，由此带来一系列的冲突和矛盾。"贯彻此种思维范式的政府部门容易以片面、短视的经济人观点行事，在管理上往往会导致各种与周围自然要素、社会要素以及长远目标相分离相冲突的不良倾向或后果。"[②] 生态危机和人类应对的缺陷不能指望通过简单的技术性调整达到目标，必须通过整个人类发展范式的革新，即更加关注整体意义上质的发展而非单纯的物质扩张，注重事务（物）的内在价值——协调平衡、整体稳定和可持续性，并以此为思想基础引领政府管理范式的革新。

从哲学层面思考生态治理的根本问题对于政府的管理范式革新具有重要的启发意义。这一讨论的意义在于，作为全球最大的尚有1亿多贫困人口的发展中国家，我们不能停止发展，但不能仍旧沿袭传统的发展模式。因而，要对传统的治理模式进行革新，重新构筑政府、市场和社会的关系；要在经济发展、社会建设、民生福利和生态治理之间做出平衡。具体来看，一是政府要从传统的只注重增长效率转向注重增长质量和社会公平正义，用绿色GDP作为衡量社会发展的指标；二是要从管理型政府走向服务性政府，通过创造良好的社会发展环境赋予公众更多的精神满足，通过缓解对社会的高度控制减少矛盾和冲突，注重公民的精神需求和价值引导。

（二）政府体制机制和职能优化说

相比较以抽象的哲学论证为基础的管理范式说而言，多数研究者以具体的政府体制、机制和职能调整为视角探讨生态文明建设中地方政府的角色问题。

"政府体制就是通过宪法和法律确定下来的各个政府机构之间的

① 蔺雪春：《环境挑战、生态文明与政府管理创新》，《社会科学家》2011年第9期。

② 同上。

关系。”[①] 应该说，政府体制是政府运行的宏观基础，规定了纵向和横向政府间，同级政府内部部门间权责划分和运行的方式。合理的政府体制不仅能降低政府运行的摩擦系数，提高运行效率，减少掣肘、矛盾和冲突，实现资源的合理配置，形成生态建设的合力，而且具有自我纠错和调节的能力，能够进行适度的调整以便适应经济社会发展的需要。相比而言，政府体制具有较强的稳定性。在政府体制总体稳定的情况下，研究者着重从政府间和政府内部关系的调整上提高政府生态治理的能力。

余敏江、黄建洪认为环境冲突存在与中央和地方政府的价值观念冲突、利益冲突和结构冲突中。“中央与地方关系问题，是中国制度转型中的轴心问题。实际上，指导当下中国中央与地方政府的一般理论原则，对于解决现实日趋严峻的生态环境问题治理中的央地协调合作，具有引导意义。”[②] 而市场化改革以来，地方政府从中央政府的“代理型政权经营者”转变为“谋利型政权经营者”，它们在生态治理的问题上存在从理念到实际行动上的差异。实现中央地方间的生态治理协同关键要激发中央地方间的“共容性利益”，降低协调成本，提高协调收益。为此需要设计协调结构，他们将这一过程具体归纳为权力结构的合理化、责任结构明晰化和法律结构规范化。[③]

施从美、沈承诚以区域生态治理中府际关系中存在的“不合作”为突破口，探讨合作治理的影响因素。在他们看来，行政区行政模式中的“切割式”和“封闭式”是区域生态治理中府际合作的体制阻碍。生态问题具有复杂性、广域性和扩散性的基本特征，但“各行政区政府在应对区域生态危机时，往往根据本行政区生态危机的具体情况进行针对性处理，无法从危机事件源、次生公共危机事件、社会介质平台三个方面进行联动协作治理。……现行的‘切割式’行政区

① 朱光磊主编：《现代政府理论》，高等教育出版社2006年版，第202页。

② 余敏江、黄建洪：《生态区域治理中中央与地方府际间协调研究》，广东人民出版社2011年版，第63页。

③ 同上书，第106—113页。

行政模式必然导致政府在区域生态危机管理上往往形成德国社会学家乌里希·贝克在论述风险社会时提出的‘有组织的不负责任’的局面”[①]。同时，政府在生态治理中的“垄断式”既不能激发社会其他主体对生态治理的热情和兴趣，也不能通过利益诱导机制寻求市场的帮助，因而难以应对巨大自然灾害的背后危机。他们较为清楚地剖析了行政区行政与区域公共管理这两种相对的治理模式在社会背景、价值导向、管理主体和权力向度上存在的诸多不同，进而提出了“网络式”区域公共管理体制对于生态治理府际关系调整的内在机理和运行机制，具有一定的启发意义。[②]

对于政府内部生态治理的“碎片化”特征，蒋俊明作出了分析。在他看来，生态环保职能分立在政府不同部门，它们之间既存在权力的交叉和重叠，又存在大量的管理空白地带。这样的后果是，它们之间的权力责任模糊，容易陷入推诿扯皮的行政顽疾中；各部门之间缺乏有效的信息沟通和合作平台，业务流程无法衔接，不能形成与生态建设的整体性治理和无缝式衔接。在政府系统内缺乏一个权威的协调部门，政府环境建设不能形成合力。因而，必须再造流程，“打破‘碎片化’模式下的组织壁垒和自我封闭的状态，强化政府部门之间的合作和协调，促进政府信息资源的共享，加强政府服务方式和渠道的整合，构建无缝隙、一体化的‘整体型政府’”[③]。

政府体制是特定制度规定下的政府架构，而政府机制可以认为是在一定体制环境中政府各组成部分在具体的问题和场域中相互作用所实现的特定功能。相比较而言，政府体制更具宏观性、稳定性和刚性约束性；而政府机制往往与实现特定的功能有关，处于相对微观和具体的层面上，更具有可变性和调节性。在政府生态治理上，部分研究者以政府机制为着眼点分析问题和提出对策。

---

① 施从美、沈承诚：《区域生态治理中的府际关系研究》，广东人民出版社 2011 年版，第 73 页。

② 同上书，第 151—161 页。

③ 蒋俊明：《生态文明建设视域下的政府管理模式优化》，《江苏大学学报》（社会科学版）2012 年第 2 期。

在生态产业上，学者刘湘溶等主张建立绿色产业机制。一方面通过循环经济提高自然资源的利用效率，通过低碳经济减少自然资源的消耗；另一方面建立绿色资本市场政策，即绿色信贷、绿色保险和绿色证券来激励绿色产业的发展。[①] 在政策制定上，研究者谢海燕认为要建立多方参与的政策制定机制。通过组建跨学科的研究队伍，展开与生态治理相关的政策研究，为政府的政策制定提供咨询服务，同时要广泛听取利益相关者和公众的意见。[②] 在生态意识上，杨通进认为生态公民是生态文明的主体基础，培养生态公民应当作为一项重要的战略任务加以重视。[③] 因而政府要建立完善的生态教育机制，通过各种媒体，广泛宣传绿色产业、绿色消费、生态城市等相关知识，增强全民的生态保护意识、参与意识和责任意识。[④] 在资源价格和生态补偿上，部分研究者提出理顺资源性产品价格形成机制和生态补偿机制。通过完善开发环境补偿制度，理顺资源产品比价关系，建立市场—政府调控机制，加快税收财政政策改革等具体措施，实现能同时反映市场供求关系、资源稀缺程度和环境损害成本等多重关系的资源性产品价格形成机制。[⑤] 在生态补偿机制上，有研究者认为需要建立地方政府主导的、生态管理专家参与的有效机制。[⑥]

除了政府体制机制外，不少研究者从政府生态职能的视角展开研究。研究者王文莉以马克思的国家职能观为突破口，发掘政府生态职能的现实意义。在她看来，马克思并不否认国家管理生态的职能。从经典文献的分析可以看出，马克思的国家职能观是动态的，国家职能

---

① 刘湘溶等：《我国生态文明发展战略研究》，人民出版社 2013 年版，第 260—300 页。

② 谢海燕：《创新体制机制 努力提高生态文明水平》，《中国经贸导刊》2011 年第 24 期。

③ 杨通进：《生态公民：生态文明的主体基础》，《光明日报》2008 年 11 月 11 日。

④ 邵超峰：《我国生态文明建设战略思路探讨》，《环境保护与循环经济》2009 年第 2 期。

⑤ 崔军：《健全资源性产品价格形成机制》，《光明日报》2013 年 9 月 21 日。

⑥ 刘琨：《生态型政府语境下的政府生态补偿责任》，《南京工业大学学报》（社会科学版）2010 年第 9 期。

的设定随社会主要矛盾而变化。建设社会主义生态文明，需要适时拓展国家生态职能，对马克思职能观进行合乎时代的解读。①

在王虹、仇艳艳看来，政府职能应当根据特定时代的要求及时调整，政府职能转变的基本取向应当是服从和服务于人民的根本利益。在资源、环境和生态问题不断凸显的现实情境下，拥有强大政治统治资源的现代政府，应该在生态文明建设中责无旁贷地承担领导、组织、管理和服务职能。② 研究者陆畅系统地总结了新中国成立以来我国生态职能的变迁历程。他认为，政府的生态职能存在设置分散、转变不到位、与政府其他职能不协调、重视程度不够等问题，而经济社会的转型同生态问题的日益严峻放大了生态职能中存在的问题。政府必须通过完善政府生态管理体制、强化政府生态责任、健全政府生态法治推进政府在生态职能上的完善。③

政府职能和政府体制的内在联系是分析政府生态治理的独特视角。张晨、周娜娜等从政府体制的角度来分析地方生态职能调整的约束条件，探求生态职能转变中的体制约束，具有一定的创新性。在压力型体制与“政治锦标赛”下，地方政府形成了经济发展向度的运行逻辑。虽然进入21世纪以来，生态环境压力下地方政府行为的约束函数正在发生变化，但现行地方治理体制的路径依赖阻碍了地方政府生态职能的构建，这种阻碍表现为：初始设置成本的存在，学习效应，协调效应，适应性预期。可以说，当前地方政府在推动经济发展中出现的生态破坏和治理效率低下正是这种路径依赖的负面效应显现。为此，重构地方政府的生态职能必须从体制着手，打破这种传统政府体制的路径依赖。“中国地方生态治理的解决不仅仅是技术和政策问题，从根本上说，取决于深化行政管理体制改革，实现中国地方

① 王文莉：《生态文明建设与马克思国家职能观的时代解读》，《社会主义研究》2009年第2期。

② 王虹、仇艳艳：《生态文明视域中的政府职能转变》，《马克思主义与现实》2009年第1期。

③ 陆畅：《我国生态文明建设中的政府职能与责任研究》，博士学位论文，东北师范大学，2012年。

治理体制的转型，这才是改善当前生态治理问题、实现地方服务型政府生态职能构建的根本和关键所在。”①

（三）政府责任约束说

如果说管理范式重塑说是从形而上和宏观抽象的角度构想政府生态治理的模式，体制机制和职能优化说是从具体的事前的角度来调整政府的生态治理模式，那么可以说政府责任约束说是从事后追究的角度来探究生态治理困境，并寻求对策。

从本质来看，政府责任是政府作为公共管理机构在承担公众的委托以后产生的。政府的责任应当与政府的权力相对，它是政府权力的另一种表现形式，是对具有双重属性的政府行政人员的约束。对于政府生态责任的必要性，詹玉华认为这是由作为公共权力代表的机构面对“市场失灵”的必然选择，是当代中国特定情境中践行科学发展观决定的。生态文明建设中的政府责任应当体现在：培养生态人，推进产业生态化，推广绿色消费模式，建立以绿色 GDP 为核心的干部政绩考核体系等。②

在责任约束的方式上，不少研究者提出应当构建政府生态责任的问责机制。如学者宋林飞认为，“强化领导干部环境保护激励和问责机制，把环保成效作为干部任用的重要依据，对因工作失职、渎职导致辖区重大环境污染和生态破坏事故给予党纪、政纪处分，对违反环保法规的依法追究责任”③。也有研究者主张建立完备的环境公益诉讼制度，实现公众对包括政府在内的生态违法组织的有效诉讼。④

（四）相关研究的评论

总体看来，国内外研究者从多元视角对生态文明建设中地方政府

---

① 张晨、周娜娜：《地方服务型政府生态职能构建：转型诉求与体制逻辑》，《学习与探索》2012 年第 4 期。

② 詹玉华：《生态文明建设中的政府责任研究》，《科学社会主义》2012 年第 2 期。

③ 宋林飞：《生态文明理论与实践》，《南京社会科学》2007 年第 12 期。

④ 邵超峰等：《我国生态文明建设战略思路探讨》，《环境保护与循环经济》2009 年第 2 期。

的角色困境和治理转型提供了多种解释框架。多元的视角和多维的解释框架丰富了人们的视野，启发了思维，为地方政府的生态文明建设积淀了丰厚的理论知识和应对之策。但相关研究成果存在一定的研究盲点和遗漏，表现在：一是虽然总体上关注到生态文明建设中地方政府管理范式重构的必然趋势，但是缺乏对这一趋势的过程描述，也没有采取系统的哲学方法对这一过程的必然性进行深入的论证。这种理论上的遗漏容易降低人们对上述发展趋势的置信度，也不利于后续研究者在此基础上的跟踪研究和有效展开。二是虽然不少研究者分别从职能、体制和责任等不同角度展开探讨，但相关成果大多基于某一个单一的角度，分类研究的多，而将多重变量结合起来综合研究的少。三是相关成果总体上具有就事论事的简单化倾向。就笔者所关注到的文献中，很少见到研究者将后工业时期生态文明的治理转型与当代中国生态文明的特殊情景综合起来统筹考量，从构建有效的基本理论出发，将宏观抽象的治理理论和具体的权力责任配置连接起来，打通宏观和微观的观念障碍，探讨当代展开生态文明建设的现实策略，实现理论探讨和实际操作的融合性、完整性和一体化。

二　权责配置的相关研究综述

权力和责任是社会中相伴而生的客观存在。研究者关于权力和责任的研究成果汗牛充栋，但将这一对概念结合起来，构建解释模型的研究成果比较少见。

“职责同构”是近年来对政府纵向权力责任关系提出的一个重要概念。在对比中西纵向政府权力责任的基本构造以后，朱光磊教授认为中国的每一级政府管着基本类似的事情，机构上“上下对口，左右对齐”，权力责任基本随着政府层级的降低而等比减少。“职责同构”是大一统的集权管理模式下的必然选择，在走向市场经济的过程中，其弊端逐步显现。它“束缚了不同层级政府满足不同区域居民的社会生活需求的手脚，使得已经多元化发展了的社会生活被人为地束缚在统一的标准和目标之下，最终将因上层建筑滞后于经济基础的发展，而阻碍社会的全面进步"①。当然，简单地主张"职责异构"也不一定适合当代中国的实际情况，选择性地区分纵向的职责内容，根据经济原则优化地方政府履行公共管理和社会服务职责才能适应市场经济发展的客观要求。

麻宝斌、郭蕊等对权责关系进行了较深入的研究。在他们看来，权责一致是现代政府和民主政治的基本要求，是公共权力有效运行的基础。但在现实的政府中，公共权力存在异化的可能。"当权力不能与责任相匹配或缺少制约时，这种公共性的权力将背离其公共本性，成为'恶'的权力，发生异化。"② 现代政府应当通过科学的机构和制度设计形成完整的责任体系，实现权责一致，但这种美好的愿望在科层组织中难以实现。科层组织并不像韦伯所设计的那样完美，它在实际运行中会出现"反功能化"偏离。"科层组织一方面在努力减少权责背离的情况，另一方面，这种控制又为权责背离创造了新的空间，甚至，诸多限制措施很多时候恰恰成为实现权责一致的主要障碍。"③ 他们对科层制组织中存在的"反功能化"悖论表示了悲观，并将这种悲观论调扩展为"历史阶段的局限"。治理现代政府中存在的权责背离需要对"政治行政二分法"进行反动，"主张权力来源于公民并应该直接对公民承担责任的观点受到越来越多的重视，人们逐渐认识到，行政不可能完全脱离政治，行政系统必然要承担一定的决策职能，而决策不仅要对政治和行政系统负责，要对系统内的层级关系行使权力和承担责任，更要增强对行政系统外部公民社会的回应性，对公民负责"④。不仅如此，还要让行政人员不沦落为非人格化地行使公共权力的工具，成为具有价值判断和伦理道德的行动主体。

① 朱光磊、张志红：《"职责同构"批判》，《北京大学学报》（哲学社会科学版）2005年第1期。

② 郭蕊：《权责一致：异化与纠正》，《沈阳师范大学学报》（社会科学版）2009年第2期。

③ 麻宝斌、郭蕊：《权责一致与权责背离：在理论与现实之间》，《政治学研究》2010年第1期。

④ 同上。

通过目标和绩效的双重导向，激发公务员的工作潜力和责任伦理精神。

总体来看，研究者已经触及权责配置的基本内容，但没有将权责配置做进一步归纳和提升，更没有将制度、伦理和权责等基本概念通盘考虑，打通彼此联系，构建整体性的解释模型。

第三节 理论框架

一 基本概念

（一）地方政府

地方是相对于中央而言的。一个国家出于管理的需要，将领土划分为若干个不同层次和范围的区域，就是地方。设置在地方的各级政府就是地方政府。

地方政府在单一制国家是中央政府的分支机构；在联邦制国家中，则是指联邦成员单位的分支机构。[①] 根据这种解释，联邦制国家和单一制国家的地方政府的内涵是有区别的。实际上，不论在单一制还是联邦制国家，由于政府体制和自治程度各具特色，地方政府之间的差别较大。在美国，地方政府是指州以下行政单位，它们是州的分治区或者自治单位，包括县、市、镇、市镇、村镇、学区或者非学校区的特别区等。在德国，作为地方政府的乡镇和县既是自治单位，又是（间接的）国家行政单位。[②] 法国是长期实行中央集权的单一制国家，其政治传统中就有排斥地方自治的精神，因此，法国的地方制度具有一致性，地方政府包括大区、省、市镇等。在英国，将政府按照层级分为三种：国家政府、区域政府和地方政府，在不同区域的地方政府分为郡、区、都市区、自治市、教区、镇、社区等差别较大的类型。

---

① *Encyclopedia America*, Volume 17, New York: Grolier, 1997, p. 637.

② 任进：《比较地方政府与制度》，北京大学出版社 2008 年版，第 3 页。

中国地方政府源远流长。20世纪50年代以来，地方政府是中央政府的分支机构，与中央政府或者上级地方政府之间存在上下从属的关系。从宪法、组织法以及我国单一制国家中央地方关系的角度来看，地方政府与中央政府相对应，包含省（自治区、直辖市）、地（辖区市，自治州）、县（不辖区市，自治县）、乡（镇）四个层级。需要说明的是，首先，本书是以包括省、市、县、乡在内的地方政府的一般性规律为研究对象，对于超越一般情况的特殊性规定①，本书不做相应的区别和论述。其次，从理论的角度，地方政府应当单指地方权力机关的执行机关，即地方行政机关。但从当代中国政府运行的基本特征和现实情况出发，本书所指的地方政府是指对地方具有实质性支配权的国家机关之和。从当前中国现实的政治情形来看，除少数特殊情况以外，地方的实际权力集中在党政机关，因此本书所指的地方政府实际上涵盖了地方党委，但文中不一一指明。

（二）治理

近30年来，治理成为西方社会科学界的流行词。20世纪末期，西方研究者看到了单纯的政府和市场在资源配置中都存在失效的危机，愈加主张以治理机制应对市场或国家协调的失败。“过去15年来，它在许多语境中大行其道，以致成为一个可以指涉任何事物或毫无意义的‘时髦词语’。”② 对于治理的内涵，全球治理委员会1995年在研究报告《我们的全球伙伴关系》中做出了界定：治理是各种公共的或私人的个人和机构管理其共同事务的诸多方式的总和。它是使相互冲突的或不同的利益得以调和并且采取联合行动的持续的过程。它既包括有权迫使人们服从的正式制度和规则，也包括各种人们同意或以为符合其利益的非正式的制度安排。一般来说，治理有以下几个方面的特征：治理不是一整套规则，也不是一种活动，而是一个

① 例如：香港和澳门等特别行政区域的情况，再者对于民族区域自治范围内的特殊情况。

② ［英］鲍勃·杰索普：《治理的兴起及失败的风险：以经济发展为例的论述》，《国际社会科学》（中文版）1999年第2期。

过程；治理过程的基础不是控制，而是协调；治理既涉及公共部门，也包括私人部门；治理不是一种正式的制度，而是持续的互动。总体来看，无论从参与的主体、权力的运行方式还是权威来源来看，治理其实就是传统的政府管理模式的转型，是传统政府在面对社会自主意识和自治能力大幅提升，而单纯的政府和市场频频失灵且协调困难的情境下的必然选择。

本书之所以采用治理作为关键词，是试图表达生态文明在走向成熟的进程中政府和社会关系将经历的历史性蜕变。在本书看来，生态文明是人类向后工业文明演进的历史进程中的重要环节和核心内容。在生态文明建设的过程中，人类转变的不仅仅是生产和生活方式，还应当包括思维方式、意识形态和治理方式。政府和社会、公众之间的关系将重新定位，工业社会后期那些若隐若现的治理方式将在生态文明建设的进程中充实完善，并逐步成型，最终成为后工业时代的主角。从这个意义上讲，本书所提到的治理转型可以理解为政府从传统管理模式中的主导者角色向后工业治理模式中的引导者和参与者角色转变，可以理解为生态文明建设中政府社会将会由有原先的自上而下的单向度的管制服从关系走向双向互动、平衡制约的合作关系。

（三）权责配置

权力和责任是内生于政府组织的一对重要概念。从社会契约论来看，人们让渡自身的天然权力组建政府，同时希望政府“能以全部共同的力量来卫护和保障每个结合者的人身和财富，并且由于这一结合而使每一个与全体相联合的个人又只不过是在服从其本人，并且仍然像以往一样地自由”①。因而，政府在获得公众让渡的权力以后，就应当承担相应的责任，权力和责任是政府存在的现实表现形式，是相互联系且对立统一的矛盾体。正因为如此，权力和责任的关系才对现实政府的运行具有重要的价值。

权责配置是特定政治体制和行政管理模式下的政府的权力和责任在不同层级和不同部门中分配所形成的关系。从理论上看，政府的权

① ［法］卢梭：《社会契约论》，何兆武译，商务印书馆2003年版，第19页。

力和责任应当是对等的，因为公众在让渡权力的时候，自然就将相应的责任一并授出。权责对等，权责配置科学合理应当如同物理学中的正负粒子的产生和存在那样顺理成章和井然有序。但在实践中，国家和社会关系界定的模糊性，政府内部不同层级、不同部门之间权责分配的非科学性，政府运行中权责界定的极端复杂性等决定了无论是在总量上还是结构上权责都难以达到自我均衡。权大于责，责大于权，权责结构失衡，权责分布不均，责任追究失效等众多的权责配置问题成为政府运行中的常态，权责配置失效成为影响现实政府表现的重要影响因素。可以说，无论是抽象的政府执政理念、宏观的政府社会关系，还是具体的政府政策，抑或是微观的政府运行方式都能通过政府的权责表现出来。权责配置可以成为打通宏观和微观、承接抽象和具体的一种分析工具。基于此，本书试图创建权责配置的基本模型，并更多地运用这一分析工具，分析权责配置与现实政府的角色关系。

此外，权责配置虽然是分析政府角色的一个较好的观察窗口，但其语义中静态的成分过多，对政府具体运作中的动态性指涉不足。为了克服这种遗憾，在描述权责配置的同时能更全面地展示地方政府在生态文明建设中动态性的机制问题，本书加上运行机制作为补充，于是就呈现了题目中的“权责配置与运行机制研究”的表述。但无论如何，权责配置是根本，运行机制只是权责配置的表现和外延。

二 技术路线

本书的技术路线遵循一般科学研究的基本分析路径。首先是确定研究的选题，之后是相关资料的收集整理，并建立分析框架，这其中包括概念界定、相关研究的综述以及研究方法等。本书试图以政府的权责配置为基本的分析工具，因而在理论准备上，首先构建权责配置的基本理论模型，从人类文明发展的总体进程中思考不同历史阶段政府权责配置的总体形态，对权责配置这一基本分析工具进行科学论证。此后，本书将从规范分析和实证分析两个角度分析地方政府的权责配置与当代生态文明建设两者的关系。其中，规范分析着重于生态文明建设中地方政府的治理转型及权责配置的基本特征，实证分析包括不同层级、不同地域的地方政府在当前生态文明建设中的总体特征和差异性表现。在研究过程中，本书还注重对西方典型国家生态文明建设的历史过程进行比较分析，试图为当代中国生态文明建设中的权责配置寻求“他山之石”。最后，在对当代中国地方政府建设生态文明的战略空间进行分析的基础上，本书提出了基本策略和对策建议（见图 1-1）。

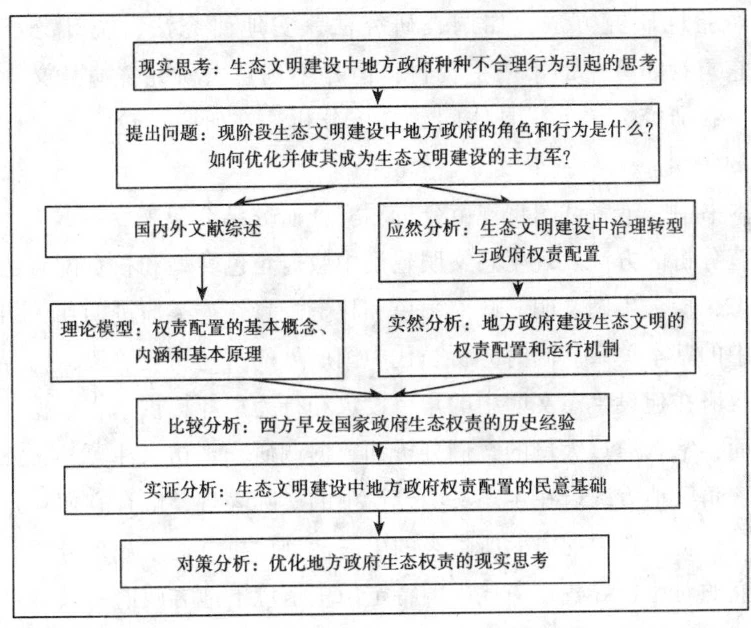

图 1-1　本书研究思路

三　研究方法

（一）规范分析与实证研究相结合的方法

规范分析是以一定的价值判断为基础来树立客观事物的应然标准，并以此为起点，通过法理分析和科学论证提出实现价值判断和理想标准的方法和措施。规范分析回答的是“应该是什么”。客观上讲，社会科学的研究从来都无法逃避价值标准的引导。正如瑞典经济学家冈纳·缪尔达尔所说：“研究的客观性问题不能仅仅通过试图排除价值观念来解决，相反，社会问题的每项研究，无论范围多么有限，都是且一定是由价值观念决定的。‘无偏见的社会科学’从来就不存在，将来也不会有。”① 实证研究是以“存在一个客观世界”的世界观为前提，通过观察数据和实验手段获取客观材料，最大限度地接近这个客观的世界。实证研究侧重于对经验世界的客观现象进行描述，归纳出事物的本质属性和发展规律，着重回答“事实是什么”。广义的实证研究方法以客观的现实为研究起点，泛指所有经验性研究方法，如调查研究法、实地研究法、统计分析法等。它重视研究中的第一手资料，但并不刻意去研究普遍意义上的结论，在研究方法上是具体问题具体分析，在研究结论上，只作为经验的积累。

本书中，笔者试图将规范分析和实证研究结合起来。一方面，通过规范分析的方法发现生态文明建设中政府角色转型和权责配置的应然状态，探求生态文明、政府角色和权责配置在人类演进的伟大历史进程中的基本关系。同时分析当代中国所处的特定历史阶段，为寻找地方政府在建设生态文明中的角色设定和行为选择提供基本依据。另一方面，笔者通过大量的案例分析和数据调研，走访京津冀、长三角和珠三角等地方政府在生态文明建设中的实际表现，解释它们在角色定位、权责配置中的失效所带来的生态治理危机。通过规范分析和实证研究的对比，寻找在当代中国特定历史情境下地方政府有效推进生态文明建设的思路和对策。

（二）系统论的分析方法

系统论的核心思想是系统的整体观念。在系统哲学家拉兹洛(E. Laszlo）看来，任何客观实在的基本构件都是系统，“本体论在系统哲学中已经成为系统本身的一般性理论”②。贝塔朗菲所强调的“无处

---

① ［瑞典］冈纳·缪尔达尔：《亚洲的戏剧：对一些国家贫困问题的研究》，谭力文、张东卫译，北京经济学院出版社 1992 年版，第 13 页。

② ［美］拉兹洛：《系统哲学引论——一种当代思想的新范式》，钱兆华、熊继宁，刘俊生译，商务印书馆 1998 年版，第 167 页。

不在的系统”[①]不仅是客观事物存在的方式，也是观察、分析和解释它们的独特方法。传统的经典物理学在无组织的复杂事物的理论上发展得非常成功，但却无法解释宇宙中以绝大多数方式存在的随机运动着的无个性粒子活动所表现的统计性秩序和规则。系统论是对传统的原子论和还原论等机械主义思维方式的反思和超越，并成为当代科学界哲学认识论基础。

从系统论来看，人、自然和社会组成了庞大复杂的系统，它们属于这一系统的子系统，它们间相互作用且互相联系。人类在通过各种方式与自然生态发生关系，并改变着它们，但自然界并不是一成不变和永远被动的。生态环境在接受人类改造的同时，以其独有的方式反作用于人类社会。这种反作用不是简单地体现在某一个方面，而必将在生产生活方式、社会治理模式，甚至“思维方式的生态化”[②]等多方面显示出来。这种反作用也不是单一地存在着，它将会融于人类文明的整体进化中，在与人类文明系统各子系统的协同演化中提升。本书将充分运用系统论的哲学思维和研究方法，探究在人类文明系统从工业文明向后工业文明转型的伟大历史进程中生态文明所扮演的重要角色，描述生态文明与社会治理间的协同基础、协同机制，发现生态文明建设中社会治理转型的趋势、节奏和基本特征，为当代中国政府治理转型提供理论支撑。

（三）比较分析方法

比较分析是“防止我们对人类社会各种可能性视而不见所能获得的最佳办法”[③]。人类所创造的文明各具优势和特征，在比较中那些先进的观念和行为能够被充分放大，进而被更好地借鉴和吸收。当代中国总体上被认为是在外部世界“示范效应”下的“后发外生型”

---

① ［美］贝塔朗菲：《一般系统论：基础、发展和应用》，林康义、魏宏森译，清华大学出版社1987年版，第1页。

② 刘湘溶等：《我国生态文明发展战略研究》（上），人民出版社2012年版，第115页。

③ ［美］阿尔蒙德等：《比较政治学——体系、过程和政策》，曹沛霖等译，上海译文出版社1987年版，第22页。

现代化模式①，通过比较并借鉴“早发内生型”国家的成熟经验和成果不仅能够开阔眼界和思路，而且可以大大降低“试错”成本。当然，同先进国家的比较分析要全面而慎重，不能只重其“用”而不考其“体”，奉行简单的拿来主义，需要在大胆借用和区别对待上“拿捏得准”。

在生态文明建设的问题上，西方部分早发国家先行一步。它们在生态建设的治理模式和不同主体的权责关系上具有较为成熟的经验，在比较中成功借鉴既是本书所采用的方法，也是需要认真对待的重要课题。

四　本书的创新点

（一）构建了权责配置的理论模型

权力和责任是人类社会的客观存在，也是社会生活运行的基本动力。它们在复杂的社会生活中分离聚合、差序排列，成为影响社会秩序的重要因素。权力和责任都能够被转让。出于对美好生活的追求，公众将自己的权责让渡给公共组织。个体的权责关系简单明了，但被让渡给公共组织以后，权责关系就复杂得多。国家和社会关系界定的模糊性，政府内部不同层级、不同部门之间权责分配的非科学性，政府运行中权责界定的极端复杂性等都是客观存在的，它们都是阻碍权责科学配置的因素。这样，政府的权责无论是总量上还是结构上都难以达到自我均衡。权大于责，责大于权，权责结构失衡，权责分布不均，责任追究失效等众多的权责配置问题成为政府运行中的常态，权责配置失效成为影响现实政府表现的重要影响因素。

根据权责的来源、基本特征和运行方式，可以将它分为三种基本形态：权威化权责、制度化权责和伦理化权责。三种权责形态普遍存在于人类社会的治理模式当中。但在不同文明时期，它们分别发挥主导性作用，成为影响特定时期人类社会生活的关键因素。总体来看，

① 程竹汝、上官酒瑞：《制度成长与发展逻辑：改革开放时代的中国政治》，东方出版中心2011年版，第39页。

农业社会中发挥主导作用的是权威化权责，工业社会发挥主导作用的是制度化权责，而在即将到来的后工业社会发挥主导作用的应当是伦理化权责。权责配置的历史演化是人类文明进程中的重要音符，它与其他文明因素相互影响，协同演化。在工业文明向后工业文明跨越的历史时期，生态文明成为制约人类向更高文明形态演变的“序参量”，也成为开启伦理化权责主导社会秩序的“报幕者”。

（二）提升了对生态文明建设中社会治理转型的认识

生态文明是人类文明系统的重要子系统，是从工业文明向后工业文明转型的核心关注和重要“序参量”。从系统论的角度来看，人类文明向更高层次的跨越不应当是单个要素的提升，而应当是整个系统构成要素的交替更新和协同演进。在生态文明和社会治理转型之间，存在着一定的协同基础和协同机制。本书运用协同论的基本原理探讨生态文明建设与社会治理转型之间的逻辑关系。结论认为，人类正处于工业文明“相变”的“临界点”，生态文明与社会治理是同处于人类文明系统下的子系统，它们具有较强的关联性，生态文明建设中社会治理必然发生转型。因而，在向后工业文明演进的历史进程中社会治理转型虽然将较大程度上落后于生态文明建设的基本步伐，但生态文明所倡导的多元共存、合作共赢和和谐共进应该是治理转型的基本价值导向。最终，在生态文明走向成熟的历史时期，社会治理将表现出治理主体的多元化，治理理念的和谐性，治理方式的合作化和多样化等基本特征。

生态文明建设中社会治理转型具有阶段性。人类社会的大规模生态危机将会发生在工业化中后期，因而，工业化中后期是人类有意识地进行生态文明建设的起点。但受制于工业文明的思维惯性，人类会沿用传统的治理模式来进行生态治理。人类沉浸在官僚制组织的控制导向当中，政府成为社会生活的主导者，公众缺乏主动的精神。面对来势汹汹的生态危机，政府陷入单打独斗和“一控到底”的行为模式中。生态文明建设早期是被动防御的，这就决定了人类无法控制愈演愈烈的生态危机。人类会在反复的“试错”中发现问题所在，治理模式转型将成为人类必然的选择。在生态文明建设的战略相持阶段，人类会在惊涛骇浪的生态危机中联合起来，“善的精神”成为重构生态治理模式的精神引导，伦理化权责将会走向治理前台。当这种精神在社会治理领域中成为统帅时，人类将进入生态文明建设的战略反攻阶段。此时，人类整体上迈进了后工业社会形态中，这种精神所催生的伦理化权责将成为整个社会治理的灵魂所在，人类社会的治理模式将得到升华。

（三）明确当代中国政府实现制度化权责的制约因素

在制度化权责处于主导地位的历史时期，权责对等、主体明确、权责规范、回路短小、配置稳定、监督有效、资源均衡等是政府权责配置应当坚持的基本原则。但当代中国处于经济社会转型的历史时期，在行政性放权的大背景下，政府的权责关系脱离了上述原则。制度化权责失衡与政府角色之间存在一定的联系机制。总体来看，权大责小导致政府角色的异化，权小责大导致政府能力的不足，权责主体不明、权责不规范、配置不稳定导致政府行为的失范，权责回路过大导致政府责任意识的淡漠等。

当代中国政府制度化权责失衡的根本在于政治因素高于管理原则所带来的体制机制问题，但这却是经济社会处于转型时期的被迫选择。优化政府权责的关键在于将政府的权责区分为政治性、管理性、服务性和混合性，由不同层级政府采取不同的模式提供，通过重构纵向政府关系实现制度化权责的稳定和均衡。

（四）形成了当前地方政府优化生态权责的基本策略

地方政府的权责配置既有历史的逻辑，也有现实的约束。当前优化地方政府权责的约束条件体现在以下几个方面：一是纵向政府间“职责同构”压缩了地方政府权责的调整空间，二是地方政府普遍缺乏创新动力，三是政府体制中有些刚性约束是政府权责调整无法逾越的鸿沟，四是多重现实任务压抑了地方政府调整生态权责的意愿。地方政府生态权责的调整既要把握长期的趋势，又要注意阶段性策略。在把握未来变迁趋势的同时，注意现阶段的可操作性，将生态权责优化融入地方政府治理转型的历史性蜕变中。现阶段优化地方政府生态权责的策略应当注重阶段性、技术性和协同性。

第二章　理论分析：权责配置的基本逻辑和历史形态①

权力是社会生活运行的基本动力，责任是与权力相伴而生、并肩而存的客观实在。权力和责任就如同生成世间万物的正负粒子一样，在复杂的社会生活中分离聚合，差序排列，组成各具特色的形态，指挥、引导和点缀着多姿多彩的社会生活。但表面无序的权责形态有其内在的基本规律。从权力责任这一对基本矛盾出发，构建权责配置的模型，并以此来分析社会生活，探索社会治理的基本规律，或许能让人们看到一些传统视角难以企及的“盲区”。

第一节　社会生活中的权力与责任

一　权力、责任、权责配置

权力是社会生活中重要的客观存在，正因为如此，它受到学者的广泛关注。从相关文献来看，大多数学者是从偏于狭义的角度对权力予以界定的。如马丁认为：“从最一般的意义上讲，权力指由对象、个人或集团相互施加的任何形式的影响力。”② 特伦斯·鲍尔则指出“权力基本上是指一个行为者或机构影响其他行为者或机构的态度和

---

① 本章部分曾以《后工业社会治理中“伦理化权责”的探讨》为题，在《广东行政学院学报》2014年第2期发表。

② 马丁：《权力社会学》，河北人民出版社1992年版，第56页。

行为的能力”①。达尔说：“用制造严厉制裁的前景来对付不服从，从而得到屈服，这种影响力常被称作权力。”② 韦伯认为“我们想很一般地把‘权力’理解为一个人或很多人在某一种共同体行动中，哪怕遇到其他参加者的反抗也能贯彻实现自己意志的可能性”③。从偏于狭义的角度认识权力，往往将权力同影响力、能力、强制力等联系在一起，认为权力是主体通过某种方式影响客体的强制力。其实，权力的内涵应当还要广泛，权力同人类本能的生存和发展的欲望联系在一起。作为个体的人自降生伊始，就具有生存和发展的需求和欲望，就会通过各种方式获取生存和发展的各种基本资源。个体这种原始的冲动将会迫使他们自觉集聚各种能力、主张和资源要素等，并最大限度满足其生存和发展中的需求和欲望。因而，广义的权力应当与需求和欲望联系在一起。正如罗素所言，“在人的各种无限欲望中，主要的是权力欲与荣誉欲……当追求商品的欲望离开权力与荣誉两种欲望的时候，这种欲望也就有限得很了，只需适当的财富就能完全使它满足”④。这样，权力本质上是人类为实现某种主张而借助的社会形式。例如，为了实现家庭的稳定有序而形成的父母对子女的教育和管理权；为了更好界定不同主体对于特定财产的主张，立法者设定了物权；再例如，随着经济和社会的发展，追求良好的社会保障成为公众的基本需求和欲望，实现社会保障成为公众的主张，为实现这一主张，公众将这种个人无法完成的愿望委托给国家，由国家设立机构，筹集资金，完善程序，制定法律，最终形成政府关于社会保障的各种权力。

一般而言，个体对于为实现良好生存和发展的主张不计其数，但只有那些获得他人认可的主张才具有实现的可能性。这样，权力可以分为正当的和非正当的。正当的权力是那些能够获得普遍认可的主

① ［英］米勒等编：《布莱克尔政治学百科全书》，中国政法大学出版社 1992 年版，第 595 页。

② 达尔：《现代政治分析》，上海译文出版社 1986 年版，第 60 页。

③ 韦伯：《经济与社会》（下卷），商务印书馆 1997 年版，第 246 页。

④ 伯特兰·罗素：《权力论》，商务印书馆 2012 年版，第 3—4 页。

张，而非正当权力虽然存在个体的心目中，但不能获得他人承认。社会生活中个人的主张很多，但只有少数部分能够实现。个体能否实现某种主张取决于罗素称为“能”的东西，“在社会科学上权力是基本概念，如在物理学上能是基本概念一样。权力也和能一样，具有许多形态，例如财富、武装力量、民政当局以及影响舆论的势力”①。“能”其实就是主张实现的基础和资源。权力需要借助于各种资源。在人类早期的简单生活中，这种“能”可能主要表现为物质的，如工具、火的运用等。随着人类社会生活的复杂化，主张的实现需要借助更为复杂的存在形式，如制度、暴力、金钱、合法性、意识形态、权威、道德伦理等众多的因素。这些因素彼此之间相互影响和制约，权力的大小最终取决于这些“能”的合力大小。

从广义的角度来看，公民权利是权力的基础内容之一。如公民言论自由的权利其实就是公民实现良好生存和发展不可或缺的主张。现代社会生活中，公民权利的实现与宪法这一制度所具有的“能”相关。正是人类通过艰苦的斗争确立了宪法这一制度在现代生活中的意义，公民权利才有了制度上的支持，成为个体权力的基本内容。

责任是与权力相伴而生的客观存在。在马克思看来，“可以根据意识、宗教或随便别的什么来区分人和动物”②。责任是人区别于动物的重要标志之一。责任的存在是人类实现种群的生存和延续的外在压力，是人类更具能动性和创造性的最重要的动力机制。在社会科学中，研究者一般将责任定义为分内应做的事和没有做好自己的工作应当承担的不利后果或强制性义务。

权力和责任是人的社会属性的表现形式。权力是人类更好地生存发展的内在实现形式，责任是推动权力按照既定规则运行的外在压力机制。可以说，正是在权责机制的共同作用下，人类实现了求取生存并不断发展的完美跨越，人类才是真正的人类。

权力和责任都能够转让。当公众将管理道路安全的责任委托给交

---

① ［英］伯特兰·罗素：《权力论》，商务印书馆2012年版，第4页。

② 《马克思恩格斯选集》第1卷，人民出版社1995年版，第24页。

通管理部门时，相应地，它们在道路交通中的部分权力就一并转让出去。当它将公共交通中的部分自由意志转化为遵守交通秩序的责任时，自然就获得了生命财产安全得到保障的权力。相应地，交通部门就获得了交通管理的权力和责任。这一交换逻辑在私人领域同样如此，如员工将自己的部分自由权交给老板，换得向老板讨要薪水的权力。不同的是，私人领域的权责交换是单个主体遵循自主的原则，而公共领域中的权责交换是暴力强制或者多数人通过集体投票的原则进行的。

较大规模的权责的交换在社会生活中广泛存在，这个过程就破坏了权力责任与生俱来的对应关系。当人们将自己的权力责任交付给某一组织时，组织需要将获取的权力责任重新分配给其中的不同机构，这样权责配置的问题就产生了。所谓权责配置，就是社会组织面对组织中主体转让的权力和责任时，在某种理念的引导下，将获得的权力责任分配给组织体系中不同的机构，并通过行使权力实现责任的过程。

二　公共权责的生成与失衡

（一）公共权责的生成

美国启蒙思想家托马斯·杰斐逊曾在《独立宣言》中说：我们认为以下真理不言自明：人人生而平等，造物主赋予他们某些不可让渡的权利，其中包括生命权、自由权和追求幸福的权利。近代以来，无论是科学的论证还是浪漫的畅想，启蒙思想家们“天赋人权”的理念证明了作为个体的人既是一切权责的起点，也是一切权责的最后行使者和裁决者。在他们看出，作为个体的人自降生以后，就具有维护自己生命、追求自由和幸福等主张和权力。当然，对于出生的婴儿而言，由于缺失行为能力的缘故，他们只能将这种权力委托给自己的监护者。与此同时，他也将保证其更好生存发展的责任一起委托给了监护者。无论婴儿是否意识到，作为个体的他的主张是与生俱来的。权责与作为个体的人共同生成，且自生成之时起就并肩而立。对于绝大多数普通个体而言，在拥有某项权力的同时，就负有让自身行为符合社会规范且尽力实现良好生活的责任。责任是对权力最好的制约，只有让个体在某种行为中意识到行使这一权力必须面对某种责任的时候，权力的主张者才会注意行使权力的方法和边界。就如同构成物质最基本的微观粒子电子和质子一样，权力和责任成为个体存在的基本要素，它与个体的人同生同灭。无论人们是否意识得到，权力责任总是对等地存在着。这是个体存在的基本前提和标志，是个体作为人的社会属性的展示。

初生的个体权责内容和关系都相对简单。对于婴儿而言，保障最基本的生存资料和安全就是其权责的主要内容，由于缺乏行为能力，他们的权力和责任都被授予他们的监护人。随着个体不断融于复杂的社会生活，他的需求与主张与日俱增，权力责任的内容和关系就持续复杂起来。在逐步复杂的社会生活中，个体行使权力承担责任的能力遭受某种困境，表现为：个体间权责边界的模糊性和冲突性，个体单独承担权责能力的有限性等。在霍布森看来，自然状态是最自由的状态，每个人都可以彰显自己的权力并对自己最美好的生活负责。但在这种绝对的自由中，由于没有一个让每个人臣服的共同权力，无法确定每个个体行使权力的边界，也无法集中众多个体的力量形成更大的力量去对付更大的危险，这种绝对自由的状态让人们处于某种战争之中，个体被暴露在暴力和死亡的恐惧当中。个体权力的任意彰显造就了“一切人反对一切人”的最坏状态。人们被迫拿出自己的部分权力，订立契约，将它委托给主权者，由主权者代为行使人们让渡的权力，同时承担划分个体权责边界和应对更大危险的责任。在订立契约并实施权力责任交换以后，主权者诞生了，“我们在永生不朽的上帝之下所获得的和平和安全保障就是从它那里得来的”①。这样，另一种形态的权力责任形式——公共权力和责任——诞生了。

应该说，公共权责是来源于私人权责的，正是个体权责的让渡才成就了公共权责。个体在保留部分权责以后，将一些只有借助于公共机构或者组织才能完成得更好的权责交付出来，组成公共权责。之所

① ［英］霍布斯：《利维坦》，黎思复、黎廷弼译，商务印书馆1985年版，第132页。

以形成公共权责，是因为公共力量在这些权责领域中具有更强的比较优势。当然，公共权责的建立和有序运行是需要成本的，这些成本体现在订立契约和保证契约执行等活动当中。一旦这种成本超过委托者获得的收益，个体与公共机构的权责交换就应当停止。这正好体现了一种精神，那就是：公共权责存在的价值在于其比较优势减掉运行成本以后还能保持正数，否则，它就应当尽量不去做。

（二）公共权责中政府权责的构成

毫无疑问，政府权责在公共权责中占据绝对的分量。即使在社会组织发达的西方成熟社会，政府所拥有的权责仍然在公共权责中仍然居于主导地位；当然，除了政府权责以外，还有一些非政府的公共组织担负了公众让渡的权责。政府所拥有的权责是个体权责的让渡，但自个体将自己的权责让渡给政府组织以后，这种权责就会自动按照政府的表现形式分类组合，形成各具特征的形态。政府权力是被委托的个人为实现良好生存和发展愿望的具体形态的集合，因而政府的活动应当涉及人类社会生活的方方面面。只要是个体存在合理需求，并需要政府参与或者提供，政府都责无旁贷。从这个意义上讲，政府权力涵盖的范围非常广，表现形式非常复杂。它可以是制度性的，如宪法和法律等制度所赋予的政府职责可以被认为是政府行使权力的制度基础；可以是财政性的，如对公共财政的收支处理；可以是人事性的，如对行政官员的升迁罢黜；可以是意识形态的，如在一定区域内的宣传能力和对意识形态上的主导地位；还可以是强制性的，如对军队、警察和司法等强制机关的运用。当然，在一定区域内政府为了公众让渡的权力而动用的各种资源都成为政府权力的基础。

为了便于研究的深入，学者往往通过将政府权力简化归纳为一系列具体的形态，其中殷存毅等研究者的归纳方式对本书具有较好的引用价值。在他们看来，政府间权力划分一般涉及四个方面：发展权、财政权、行政权和政治权。其中，“发展权就是政府对于一个国家或地区社会经济发展路径的选择权，具体而言就是在特定国家和地区的社会和经济发展方向、发展规划、发展模式、发展方式、发展手段等方面具有充分的自主选择权；行政权是政府为实现经济发展和改善民生、管理社会和提供社会秩序而享有的常规性工具性权力，有着极其主动的法律属性，通常包括行政职权和行政职责两类具体的权力实施形态；财政权是指政府为实现其担负的各种职能而享有对社会的课税权力以及支配税收的权力，一般分为财政的岁入权和岁出权两类权力形态；政治权主要是指产生、废免和监督政府及其领导人员的权力，其核心问题是政府及其领导人员的产生方式问题。”①

政府在拥有以上权力的同时，必须承担相应的责任，责任是对政府权力的控制机制。在张成福看来，政府责任的主要内容可以概括为道德责任、政治责任、行政责任和法律责任等。在道德责任上，若政府机关及其官员在生活与工作中的行为不能符合社会的道德标准和规范，他将会逐步失去其统治的正当性；在政治责任上，政府机关及其工作人员的行为必须符合社会的整体利益，不得损害到公众的福利，否则，虽可能不受法律追究，却要承担政治责任；在行政责任上，行政机关及其工作人员都有忠诚于上级的命令的义务，否则，可能受到行政系统内部管理制度的惩罚；在法律责任上，政府机关及其工作人员在执行公务的过程中不得侵犯公众的权利和利益，否则，会受到公众的诉讼并承担责任②。

（三）公共权责的失衡

公共权责的生成让原本简单的权责关系迅速复杂起来。私人领域中的权责关系相对直观简易。一般而言，私人权责具有自发对等、主体明确、回路短小、执行有效等基本特征。但公共权责生成以后，权责在某些外在力量的扭曲或者意识形态的蒙蔽下可能不再保持对等的状态。而且，在科层组织体系中，公共权责的执行者是无数架床叠屋的机构和部门，因而公共权责需要被切割成无数的碎片，被分配在不同的层级和部门。被分割的权责缺乏通畅的信息沟通，“这种高度专业化、封闭化的横向结构设计在组织内部形成了‘鸽笼式’的组织

① 殷存毅、夏能礼：《“放权”或“分权”：我国央—地关系初论》，《公共管理评论》2012年第1期。

② 张成福：《责任政府论》，《中国人民大学学报》2000年第2期。

结构，构筑起了如拉塞尔·林登所描述的‘无形的柏林墙’，造成了部门之间的分割与封闭，对部门内部的信息实行封锁，对其他部门的信息实行绞杀，互相设置权限壁垒或推脱责任，以致‘左手不知道右手在做什么’”①。缺少信息沟通的权责体系必将失去自我调整和平衡完善的机制，权责对等、主体明确、执行有效等权责配置应当遵循的基本准则将在复杂的公共管理体系中无法落实，权责失衡就不可避免。

权责失衡始于公私权责之间的转让。从初始状态来看，权责对等而生，而且个体与公共组织间的权责交换同样遵循这一基本原则。权力被让渡时，责任就一并交付。例如，个体将不受到暴力侵扰的责任委托给城市政府，同时将他们占有的部分货币以税收的方式、他们在公共生活中的部分自由以“守法”的方式交给城市政府；个体将良好的居住责任委托给社区组织，同时将自己占有的部分货币权力以物业费的方式交给社区管理者；个体将享受良好道路交通的责任委托给地方政府，同时必须按照地方政府的要求自觉遵守交通规则并缴纳相关税费支持道路建设……因而，从理论上讲，公共组织从私人手中获得的权力和责任不论是在总量上还是结构上均应保持一致。公共组织在获得私人转让的权力时就必须承担对等的责任。

但在某种外在强制性力量的作用或者意识形态的蒙蔽下权责对等可能被破坏。权责失衡在公私之间存在的前提是一部分个体不具有作为完整意义上的人的属性，他们的基本尊严被蔑视。近代以前，奴隶不是真正意义上的人，“奴隶只是会说话的工具，牲畜是会发声音的工具，无生命的劳动工具是无声的工具，它们之间的区别只在于此”②。权责对奴隶而言是极端不对等的，他们连主张自己生命的权力都没有，却要准备随时完成主人交付的艰巨任务。封建社会的贫民往往是在外在的强制性力量约束下或者封建礼教的约束中才不得不放

① 麻宝斌、郭蕊：《权责一致与权责背离：在理论与现实之间》，《政治学研究》2010年第1期。

② 马克思：《资本论》第1卷，人民出版社1975年版，第591页。

弃自己的主张，而被迫承担更多的责任。在外在强制和意识形态蒙蔽的共同作用下，神权国家的教会和绝对国家中的君主分别利用教义和暴力褫夺了个体更多的权力，却没有为他们承担相应的责任。近代以前的国家中，公私之间权责的失衡造就了公共权力行使者没有相应的责任约束，他们会将手中的权力最大限度变为满足自身欲求的工具。在没有责任约束条件下，权力的天然扩张性会淋漓尽致地显示出来。它随时可能被耍弄到极致，而耍弄到极致的权力随时可能吞噬权力对象的基本生存主张，进而侵蚀社会稳定的基石。权责配置的在公私之间的失衡是近代以前社会周期性动荡的根源。

如果说近代以前权责失衡表现在公私之间，那么启蒙运动和工业革命以后权责失衡表现在公共组织内部。启蒙运动和工业革命造就了具有现代意义的国家，“人民主权”“限权政府”“责任政府”等理念和口号被逐步落实到现实的政治实践中，公私之间的权责界限被重新划定。公民在将自己的权力让渡给公共组织以后，能够通过各种途径向它们提出责任要求，一些精巧的制度能够较为准确地计算出公共组织中一些部门应当承担的责任。现代国家中公私之间的权责基本得到平衡。所不同的是，执政理念上有差异的国家在公私权责的分配比例上存在差异。现实的表现是，自由主义国家公共组织的权责在整个社会生活中的比例较小，而福利国家的公共组织权责在整个社会中的权责比例较大。

但在现代国家中，公共组织内部的权责配置失衡随处可见。现代国家处于工业文明的总体范式中。工业文明在创造社会无尽的物质和精神财富的同时，将人类社会推向了高度复杂和高度不确定的“未知”世界，但工业文明推崇的以“理性化、技术化”为核心的科学管理模式却在面对这种日益复杂的社会时茫然无措。从权责配置的角度来看，权力责任体系是一个与人类需求、与社会生活同步复杂的微妙体系。日益复杂和不确定的社会生活需要具有高度回应性，且能够即时重构权责体系的公共组织。但工业社会的权责体系是具有独立性的逻辑体系，权力体系和责任体系分别由不同因素组成，由不同机构担当。它们在实践中复杂地“耦合”和制约关系决定了它们不可能具有快速反应和即时重构的能力。无论人类具有何种快速的计算能力和管理手段，都无法让这部本身就“慢半拍”的机器快起来。而且，追求理性的工业社会官僚制组织具有天生的“顽疾”。组织中“理性经济人”具有“追权去责”的天然属性，组织中的官僚会最大限度地将获取的权力资源用好用足，满足他们对于薪金、福利和支配的欲望，却试图最少地承担组织交付给他们的责任。他们的理性选择行为会模糊官僚组织这台机器中将原本不太明晰的权责界限，在自己享受更多幸福生活的同时将他们的服务对象推到不知所措的边缘。

工业社会权责失衡是不能简单依靠技术上的改进和政治上的说教予以纠偏的，公共组织体系内的权责失衡是工业文明范式中社会治理问题的“牛皮癣”，以工业文明的思维方式解决这一问题已不可能。解决工业文明中权责失衡问题需要站在后工业文明发展趋势的角度，对工业文明社会治理模式进行反思和扬弃，从“道”而不是“术”的层面出发，刷新治理思维，重新酝酿更高层次的权责配置模式。

三　权责的历史进程

追求美好的生活一直是人类进化和自我超越的内在动力。权力是人类追求良好生存和发展的实现形式，人类文明的伟大进程其实就是这种主张不断彰显、细化和丰富化的过程。

早期的人类社会生产能力低下，组织形式简单，人与自然的矛盾是人类社会的主要矛盾。抗击自然风险，实现种群延续是人类面临的最大约束条件。为了达到这一目的，人们不得不将个体的权力集中起来，组建了原始的公共权力——种群权力，用以保障整个种群的生存和延续。人类对于种群延续的天然关注使得种群权力在产生以后被置于个人权力之上。那一时期人类占有资源的匮乏性决定了人类整体权力有限性。为了弥补这种有限性，种群内的个人权力不得不被压缩到极致。马克思向人们描述了这样一幅景象，“人类社会的原始群居状态，没有婚姻和家庭；他们之间关系是共同生活的营生（如战争、狩猎、捕鱼)”①。没有婚姻和家庭意味着个人空间被极度地压缩，个人权力被转让到种群权力中。当然，这种状况并不意味着早期人类社会没有个人权力，只有种群权力。这只是说明在种群面对高度生存危险的情况下，个人权力的高度压缩和转让。无论如何，个人权力一定是先于其他权力而生，是其他公共权力生成的基础。随着人类组织化程度的提高和生产能力的进步，人类抗御自然威胁的能力大大增强，剩余产品的出现赋予了个体更多的资源，在种群权力没有受到威胁的情况下，个体权力得到了扩张，婚姻和家庭出现，“一俟原始群为了生计必须分成较小的集团，它就从杂交转变为血缘家庭；血缘家庭是第一个‘有组织的社会形式’”②。

种群权力转变为国家权力是在私有制发生以后。生产力的发展大大提高了人类抗击自然风险的能力，种群的延续不再成为人类最大的约束条件。婚姻和家庭出现以后，小集团的权力得到了强化和扩张。剩余产品的出现使得人类社会分化为不同的阶级，阶级之间的斗争成为可能终结人类存在最大的威胁，为了克服人类社会产生的自我毁灭的力量，将矛盾和冲突限制在一定的程度，国家权力出现了。“这个社会陷入了不可解决的自我矛盾，分裂为不可调和的对立面而又无力摆脱这些对立面。而为了使这些对立面，这些经济利益相互冲突的阶级，不致在无谓的斗争中把自己和社会消灭，就需要有一种表面上凌驾于社会之上的力量。这种力量应当缓和冲突，把冲突保持在‘秩序’的范围以内；这种从社会中产生但又自居于社会之上并且日益同社会脱离的力量就是国家。”③ 如果说人类处在原始时期的种群权力具有公共权力的基本属性，那么早期的国家权力不具有“公共”属性，而是具有强烈统治属性的特殊力量，因为这个时期国家和私人之间的权责处于极度失衡的状态。

① 转引自陈国强《马克思人类学笔记与原始社会研究》，《云南社会科学》1990年第6期。

② 《马克思恩格斯全集》第45卷，人民出版社1985年版，第348页。

③ 《马克思恩格斯全集》第4卷，人民出版社1972年版，第166页。

近代以前的国家中，国家私人之间的权责的失衡表现在国家通过暴力和意识形态蒙蔽等手段强化了自身的权威，反过来又通过权威强化了获取更多权力资源的能力，却没有承担相应的责任。国家私人之间的权责配置由权威自我认定，而权威在认定这一过程中具有很强的随意性和主观性。这一时期的权责配置属于“权威化权责”阶段。“普天之下，莫非王土；率土之滨，莫为王臣”，“朕即国家”等都是这一时期绝对权威对权力资源独占的真实写照。近代以前，与国家权力高高在上相对应的是臣民极度孱弱的私人权力。臣民在获得了最基本的安全保护、市场交换秩序和基本生存资料（如食盐）等权力以后，不得不承受高额的税负、徭役、兵役等责任，还可能需要接受绝对权威代理者——地方官员的种种不平等的权责交换。当然，从积极的角度来看，在近代以前的国家中，随着生产力的进步，个体在满足基本生存条件以后，对于美好生活的主张或多或少能够映射到国家权力上，国家权力开始分化，部分满足臣民需要的管理权开始分离出来。如中国封建社会也出现了兴修水利、修桥铺路工程的国家机器。国家“既包括执行由一切社会的性质产生的各种公共事务，又包括由政府同人民大众的对立而产生的各种特殊职能”①。对于国家而言，统治权力和管理权力是相互强化的。加强对社会的有效管理，为臣民提供更好一点的生产和生活环境，如新修水利、道路，保障自发市场的交易秩序，提供司法管理等，调节人与人、人与社会的关系，为绝对权威的统治秩序夯实基础；在统治权和管理权的相互强化下，臣民不得不服从绝对权威及其代理者确定的制度体系，即使这种制度体系中存在一定程度的权责失衡。

具有特殊性的是中世纪的欧洲存在教权与俗权分离聚合的历史现象。“基督教义是将世界分为‘精神王国’与‘世俗王国’的，作为上帝的子民，人既有‘世俗生活’的一面，又有‘精神生活’的一面。人的世俗生活的一面是归于国家的，而精神生活的一面则被归于教会，这样一来，中世纪也就有了教会与国家两种不同形式的权威，

① 《马克思恩格斯全集》第25卷，人民出版社1972年版，第432页。

它们各自规定人类生活的一部分内容。”① 教权和俗权之间是倾轧和反倾轧的关系。早期，俗权是不能脱离教权而单独存在，教权控制了俗权，神权国家就是这两种权力对比的结果。神权统治下的欧洲长期落后于世界上其他地区的农业文明。个体不仅要接受现实世界的权责不对等，而且需要将自己精神世界的权力交付出去。平等、自由以及一切作为人的基本价值都得不到承认，以至于人们一直将中世纪称为“黑暗时代”。新教改革给了俗权扩张的可乘之机。“新教和天主教都希望谋求世俗权力的支持，所带来的必然结果就是世俗权力的壮大。正是由于这个原因，宗教改革之后，不论是在新教国家还是天主教国家，教会的地位都呈现出大幅下降的趋势，只是在新教国家中显得更为明显一些而已。”② 当教权逊位于俗权已成基本事实的时候，法国思想家布丹的“主权在国家”理论为绝对国家的风行提供了理论上的支持。“就‘自然法’本身而言，其实也只是在对抗把持‘神法’的教会时，才从理论上推导出来的，‘自然法’概念的提出以及这一概念的实质，完全应当看作是出于证明世俗权力正当性的需要而提出来的。当布丹要求主权者遵守‘自然法’与‘神法’时，其实是在这一判断的背后潜在地包含了俗权与教权应当统一在主权则身上的思想，其中也包含了提出‘绝对国家’概念的逻辑，尽管他尚未明确提出绝对国家的概念。”③ 绝对国家的出现将臣民从精神世界的权责失衡中解放出来，这是历史的伟大进步，因为至少人们在精神上是自由的。

从权责的角度来看，启蒙思想所孕育的现代国家表现在两个方面，一个是公私领域中权责的均衡，即“人民主权”和“限权政府”；另一个是国家权责的分化和细化。启蒙思想者大多是从自然状态出发展开论证的。在他们看来，自然状态下人与人处于战争一样的状态。战争的结果就是，“在这种状态下，产业是无法存在的，因为

① 张康之、张乾友：《公共生活的发生》，高等教育出版社2010年版，第2页。

② 同上书，第5页。

③ 同上书，第6页。

其成果不稳定。这样一来，举凡土地的栽培、航海、外洋进口商品的运用、舒适的建筑、移动与卸除须费巨大力量的物体的工具、地貌的知识、时间的记载、文艺、文学、社会等都将不存在。最糟糕的是人们不断处于暴力死亡的恐惧和危险中，人的生活孤独、贫困、卑微、残忍而短寿"①。为此，必须建立一种权力体系来消除战争状态。"像这样统一在一个人格之中的一群人就称为国家，在拉丁文中称为城邦。这就是伟大的利维坦（Liviathan）的诞生，用更尊敬的方式来说，这就是活的上帝的诞生；我们在永生不朽的上帝之下所获得的和平和安全保障就是从它那里得来的。"② 因而，国家是人们订立契约的产物，国家的权力是公众权力的让渡。现代国家成立以后，公民是最高主权者。"任何人的行为，只有涉及他人的那部分才须对社会负责。在仅涉及本人的那部分，他的独立性在权利上则是绝对的。对于本人自己，对于他自己的身和心，个人仍然是最高主权者。"③ 这就意味着，在私人领域中个人以所保留的权力对应保留的责任，在公共领域中国家行使个人所让渡的权力来承担全体公众授予的责任。无论从总量还是性质上看，只要严格按照最高的契约准则执行，公私领域中的权责是完全对等和均衡的。

在国家权责细化分化上，宪政家们展开了"接力式"的论证。最早表述现代分权思想的是洛克。洛克完整地见证了英国的光荣革命，激烈碰撞的现实政治启发了他在理论上的灵感。在洛克看来，人们组成政府的目的在于需要政府保护他们的财产（洛克的财产包括生命、特权和地产等），而毫无约束的政府专断权力最终会侵犯人们的财产。解决这一问题的方案是，"立法权"和"执行权"必须分开，"立法权"不必长期存在，而"执行权"应当长期存在。孟德斯鸠继承并发扬了洛克的思想，第一次提出了立法、行政和司法三权分立，取代

---

① ［英］霍布斯：《利维坦》，黎思复、黎廷弼译译，商务印书馆 1995 年版，第 94—95 页。

② 同上书，第 131—132 页。

③ ［英］密尔：《论自由》，许宝骙译，商务印书馆 1982 年版，第 10—11 页。

了教会、议会和贵族王公三种权力。在欧洲形成的三权分立学说很快被传递到北美大陆，并在美国的政治实践中转化为现实。北美大陆上的政治实践不是对欧洲思想的简单复制，而是创造性的试验。在国家的分化和制衡上，杰弗逊等人认为，仅靠三权之间的分立制衡是不够的，会出现“三权融为一体”或“某一种权力过大”两种情况。权力的分化制衡必须在纵向政府间寻找平衡点。因而，既要推行立法、行政、司法三权分权的联邦政府，又要使这个政府受到各州政府的限制，这样才能防止产生权力集中到个别人手中进而演变为专制政体的可能①。

政府的设计历来是当时社会最有发言权（无论是个人还是集团）的利益体现，并以其自身利益的实现为旨归的。现代国家中社会治理环境日益复杂化和公民需求日益多样化情景决定了政府权责的必然走向丰富化的趋势。实践证明，从自由资本主义到国家垄断资本主义，再到福利国家，政府权责日益细化和丰富化的轨迹清晰可见。在斯密时代，管得最少的政府是最好的政府，政府的权责被限定在维护整个社会经济生活的基本秩序，保证国家安全和抵御外来侵略的范围内，政府一般不介入经济生活。即使像社会保障这种后来被各国高度重视的职能，在自由资本主义时期也不是政府权责配置的范围。垄断资本主义时期，经济的剧烈动荡和各种社会问题的频频出现让作为个体的人在社会生活中倍感无助，人们良好而稳定生活的欲望迫使政府不得不承担起更多这方面的公共产品和服务。政府不仅要介入宏观经济的运行，还需要将权责配置到基础设施建设、社会保障、科学技术发展、教育医疗等领域中去。可以看到，在一些福利国家，人们在享受“从摇篮到坟墓”的高福利的同时，已经将私人领域众多的权责让渡给了公共领域，同时还在迫使政府在更多陌生但却关系公众福祉的领域中承担权责。随着社会生活的高度复杂化和公众需求的日益多样化，这种趋势有加速的倾向。

政府权责的细化和丰富化不仅是人类社会生活高度复杂和主观需

① ［美］杰弗逊：《杰弗逊文集》，王华译，商务印书馆1963年版，第25—28页。

求日益多样的必然要求，还体现了人类管理日益专业化和技术化的客观现实。管理科学的专业化水平在工业化进程中不断深化，并成为建立现代国家的基础。管理科学的专业化为细化现代政府的权责提供了技术支撑。例如，一般而言，刑事案件自发生开始，先后要经过立案、刑事拘留、侦查、审查起诉、审判、执行等若干阶段，先后涉及公安、检察、审判和监狱等若干国家机关。各个国家机关之间相互配合，互相衔接，彼此制约，形成环环相扣的完整回路。在这一过程中，一个国家机关的操作失误都可能影响整个案件的顺利进展，也可能给整个案件的公正审判和有效执行带来不利影响，因而，对整个环节中相关国家机关进行严格的权责界定就成为案件有效执行的关键因素。从现实来看，这种权责配置的严格落实仍是司法实践的难点和重点。总体来看，工业化进程中"技术至上"的苛求让这种权责界定已经成为政府管理活动中的基本因素。而随着信息网络技术的提升和普及，人类在管理中的权责界定将具备日趋细致的硬件基础。电脑赋予了人类更为强大的计算能力，而网络则让不同空间的人们能够即时沟通和交流，这一切大大降低了权责界定的成本，从而让过去因为成本过高而不得不放弃的权责界定在未来成为可能。

第二节　农业社会和工业社会的权责配置

权责配置是人类社会治理模式中的重要内容。根据权责的来源、基本特征和运行方式，本书将它分为三种基本形态：权威化权责、制度化权责和伦理化权责。三种权责形态普遍存在于人类社会的治理模式当中。但在不同历史阶段中，它们分别在特定文明时期发挥主导性作用，成为影响特定时期人类社会生活的关键因素。总体来看，农业社会中发挥主导作用的是权威化权责，工业社会发挥主导作用的是制度化权责，而在即将到来的后工业社会发挥主导作用的应当是伦理化权责。

一　农业社会的权责配置

在农业社会中，治理活动是建立在少数权威对权力的运用上，社会治理具有很强的人治色彩。权威中心的权力来源于暴力和以暴力为基础的强制力。当少数权威通过武力征服而登上权力中心以后，他开始居高临下地俯视和泽被苍生，并以生杀予夺的权力治理天下。权威化权力的大小与权威中心的综合素质高度相关，其中权威者的政治业绩、对权力的控制能力和学识才德等居于核心地位。这就很容易理解为什么中国古代的成吉思汗生前能够维持辽阔帝国的统一，而死后帝国很快分崩离析。权威中心的权力基础主要是外在的暴力和以暴力为基础的强制力，在一般情况下，这种“能”既不具有经常展示和向周围扩散的特性，也得不到权力客体的内心认同和自我强化，因而，权威化权力需要借助于两个基本工具来维持其常态化运行，一是等级序列，二是伦理化权力。

等级制度是农业社会的基础。等级从自身利益出发努力维护权威中心，同时又在不断耗费权威中心的能量。显然，与权威中心最接近的那一等级受到权威中心的辐射最大，并与权威中心的意愿保持得最为一致；之后，他们需要将这种辐射向次一级的外围传递，以此类推，直至整个治理系统的最末梢。这一过程中每一次传递都存在较大的信息漏出和能量耗散，当权威中心的意志传递到最末梢的时候，其信息所剩无几，能量丧失殆尽，这就是所谓的“皇权不下县”。这就如同向平静的湖水中投掷石头所产生的震荡一样，远离震荡中心的水域产生的涟漪会越来越小。因而，在中国农业社会的基层治理中，由于缺乏权威中心的有效辐射，往往出现“乡绅治理”来填补权威中心缺失。

权威化权责是农业社会治理中主导性的权责配置方式，但这并不意味着其他权责配置方式的绝迹；相反，伦理化权责所具有的独特价值让它成为这一时期权威中心维持统治的重要工具。伦理化权责所具有的内在性和持久性大大填补了权威化权责的“短板”，成为治理形态的补充形式。在张康之看来，农业社会是统治型的治理模式，道德伦理都是统治者实现统治的工具和手段。“整个农业社会的一切社会治理原则和措施都是从属于权力关系的稳定性的，道德规范也是服务于这种权力关系的，是在有利于维护权力关系的情况下才会得以倡导和推行的工具。比如，‘父母在，不远游’的伦理规定在客观上就是要把人束缚在既定的人群中，甚至束缚在农业社会的基本生产资料—土地之上。因为，一旦出现频繁的人口流动和迁徙，权力关系的稳定有序就会受到破坏……在这种情况下，不得不用户籍制度强化对人的约束。归结到一点，都是为了维护权力关系的稳定性。”① 从农业社会的政治实践来看，一幅幅血淋淋的宫闱政变、父子反目、弑兄杀弟的历史剧照无不向人们宣示权威对伦理的藐视和抛弃。在孔武有力的权威面前，伦理和道德只能低下高傲的头颅。除此之外，在权威化权责居于主导地位的农业社会中，制度化权责依然存在。统治者依然会采取法律规范的方式实现社会一般管理，但制度同样服从于权威中心的需要，制度不会上升为权力运行的主要方式，而只能屈居于权威中心的淫威之下，“刑不上大夫”“权大于法”等规则的风行是农业社会治理模式中这两种形态权力对比的真实写照。

权威化权力是以社会动员的方式显示自己的存在。由于不具有经常展示和扩散的内在机制，权威化权力需要借助于伦理化权力和制度化权力来推动社会的常规运行。但在农业社会权威中心的压制下，后两种力量发育不完善，不具有自我平衡能力，一旦缺乏权威中心的统率，很可能出现整个社会运行失序的不良状况。因而，统治型治理模式下，权威中心必须通过周期性社会动员的方式显示自己的存在，张扬自身价值，否则，整个社会将因为出现权力真空而失序，并最终被内外的敌人消灭。

权威化权力的运行具有随意性和无约束性特征，这是权威化权力运行的“痼疾”。这一痼疾来源于权责的不对等。权威中心是依靠暴力取得权力的，因而其责任是自发的，是不存在制度支持的。建立在暴力基础上的权力不具有责任约束的内在平衡能力，完全依靠权威中心的认知能力和道德素养约束权力的扩张。少数明智的统治者在穷尽历史兴衰的规律后能够发出“水能载舟亦能覆舟”的感叹，而一些统治者却在“草菅人命”的行为方式中走向败亡。当权威中心丧失自我约束权力的责任意识时，就是权力肆意扩展并走向自我否定的时

① 张康之：《论伦理精神》，江苏人民出版社 2012 年版，第 160—161 页。

候。不受约束的权力最终会剥夺权力客体的生存基础，侵蚀社会稳定的基石。农业社会里，权威化权力是生成异己力量的根源，人们能够在卷帙浩繁的历史文献中读到王朝周而复始的兴衰更替，就是权威化权力自我否定的必然结局。

二　工业社会中制度化权责主导社会生活的必然性

制度化权责代替权威化权责上升为工业社会的主导性权责配置方式是有其历史必然性的。从历史的进程来看，市场化进程塑造了“原子化”的市场交易主体，自由平等逐步替代了人身依附成为他们价值观念中的核心原则。“各个主体通过等价物而在交换中彼此发生关系，他们是价值相等的人，而且由于他们交换了彼此有利的物化形态，更加证明了他们是价值相等的人。”① 频繁活跃的市场交换不仅带给个体充分的物质资料，使得他们无须依附于某个权威也能维持良好的生活状态，而且在潜移默化中向其精神内核中植入了自由平等的理念。个体在努力挣脱对权威依附的同时，试图最大限度将这种最早生成在经济领域中的价值观念推向政治领域和法律制度层面。市场化祛除了千年来笼罩在个体头脑中的奴性，极大地解放了他们的思想。相信制度而不屈从于权威成为绝大多数人的信条和行为准则，传统的治理方式在人们的怒吼中发生着艰难却无可逆转的转型。从本质来看，制度化权责是对权威化权责的反思和扬弃，从人治走向法治是人类对更美好生活不懈追求的必然结果。

工业社会的权力责任来源于制度的规定，制度被推到史无前例的高度，接受着人类的朝拜。宪法是最高层次的制度，它规定了国家生活中最根本、最重要的原则，成为社会生活中任何个体和组织都必须遵循的准则。制度化权责实现了公私权责的均衡，也就是说，人类在确立了公共权责是私人权责让渡的理念的基础上，通过制度设计让公共权力和责任保持了从性质到数量的对等，责任成为抑制权力扩张冲动的外在压力。制度化权责具有非人格化和持久性

① 马克思：《政治经济学批判大纲》第二分册，人民出版社1975年版，第7页。

的基本特征。所谓非人格化，就是制度不会因为权威而改变，制度统率权威而非权威统率制度。制度虽然不能消灭权威，但能将权威的异动控制在制度的范围内，从而消除了权威化权力的随意性和不确定性，为社会生活的确定和有序创造了环境。所谓持久性，就是制度化权责一旦确立就成为高悬在运用权力者头顶的“达摩克利斯之剑”，谨慎用权是无须时时强调的基本准则，制度持久地存在且自动发挥作用。

三 工业社会权责配置的阶段性

工业社会早期，受到权威化权力的惯性作用和制度建设缓慢的影响，公共组织内部的权责配置并不均衡，权威化权力仍有较大的表现空间。权力责任在组织体系内部的不同层级、不同部门之间不对等。上级组织在“追权弃责”的“理性经济人”心理基础下可能充分利用自己手中的权力模糊权责界限，利用制度赋予的权力汲取更多的权力资源，弱化可能承担的责任。这些表现本质上都是权威对权力主导地位的恋恋不舍。工业社会早期是制度化权责与权威化权责较量的关键时期，可能出现初生的制度落败于权威的“逆潮”现象，但制度战胜权威成为社会治理的主导因素将是无法逆转的大趋势。

工业社会中期，制度彻底战胜权威成为三种权责配置方式的统帅，权责配置走向高度制度化。高度制度化的社会生活为工业社会的快速发展提供了制度基础。鼎盛的工业社会创造了惊人的物质和精神文明，同时将人类社会带入了高度复杂和不确定的社会生活中。“从20世纪80年代开始，随着复杂性和不确定性的增长，人类社会迅速进入了高度复杂性和高度不确定性的状态。这种状态与低度复杂性和低度不确定性有着质的区别，按照黑格尔所谓‘量变’、‘质变’的说法，整个工业社会在复杂性和不确定性的问题上都是一个量变过程，可是进入20世纪80年代后，这个量变过程开始转化为一场突变。所以，现在人类社会开始在高度复杂性和高度不确定性的状态中实现量的增长，而且，这种量的增长呈现出加速度的态势。”[①] 在高度复杂和不确定的社会生活面前，完全制度化的治理模式显得十分笨拙，工业社会走向鼎盛的时期也是其即将走向自我否定的时期。

工业社会后期，制度依然处于主导地位，制度化权力总是试图通过技术的修正实现对社会的控制。“到了20世纪，随着法治模式建立起来，随着法律体系的逐步完善，政府在法治的前提下努力去引入可以增强控制的新知识，希望从新知识中获得提高控制能力的技术。特别是在20世纪后期以来，随着新技术革命的迅速发展，政府运用新知识、新技术来增强控制能力和刷新控制技巧已经成为一种主流意义上的追求。”[②] 但是，依靠工业社会的控制模式和官僚制组织难以应对日渐复杂的人类生活，工业社会后期新的治理模式正在孕育之中。构成这种模式的部分要素“小荷初露尖尖角”，伦理化权责就是其中之一。同时，人类作为“共同体”的矛盾已经超越了其内部的各种矛盾。“全世界人民可以管理他们的相互依存关系，制定、展开和落实新的规则，为我们共同居住的地球村提供一个灵魂，一种意义，一些规则，一种公平和一种前途。”[③] “共同体”所面对的矛盾成为颠覆人类生存状态的主要矛盾，工业社会制造的生态危机就是例证。“共同体”矛盾让人类释放伦理和道德精神成为现实。事实上，高度完善的制度化权责已经将制度和规则理念深深植入人们的头脑中，制度的精神成为伦理的基础。“总之，真正能够抑制犯罪的乃是守法的传统，那种传统又植根于一种深切而强烈的信念之中，那就是，法律不仅是世俗政策的工具，而且还是生活的终极目的和意义的一部分。”[④] 制度深入人心而构成他们行动中的自觉，形成一种内在于人的强大的精

① 张康之：《全球化、后工业化时代的社会特征》，《河南大学学报》（社会科学版）2012年第5期。

② 张康之：《论政府行为模式从控制向引导的转变》，《北京行政学院学报》2012年第2期。

③ ［法］皮埃尔·卡蓝默：《破碎的民主——试论治理的革命》，高凌瀚译，三联书店2005年版，引言第1页。

④ ［美］伯尔曼：《法律与宗教》，梁治平译，三联书店1991年版，第43页。

神追求来实现作为人类“共同体”的生存保障，伦理应当是在高度制度化的基础上展开。工业社会后期伦理化权责的强势登场不仅是社会矛盾高度聚集的召唤，也是制度化权责高度完善的必然结果。

可见，工业化社会中同样存在权威化权责和伦理化权责。权威依然在社会生活中推动权力的运行，但是权威是在制度的框架下操作的，制度大大限制了权威的弹性空间，防止它给社会生活带来的不确定性。工业社会早期，伦理是受到排斥的，在制度极度彰显的空间中，伦理被高度压抑。但在工业文明后期，制度在面对复杂社会生活疲惫不堪时，伦理的价值逐步显示出来。实践证明，20世纪80年代以来，人类在治理领域所进行了种种探索，从“治理理论”的勃兴到“协商民主”的扩散，从“多中心体制”的尝试到“整体政府”的再造，都无不体现了人类已经关注到不同社会主体在面对政府治理困局时所迸发的责任感和能动性，这难道不是人类作为“共同体”在面对共同困境时所激发出来的伦理精神吗？

制度化权责极度推崇规则和理性，这既是工业文明走向繁荣和鼎盛，也是它走向自我否定的关键因素，正所谓“成亦萧何败亦萧何”。规则本来是人类在迈向工业文明的进程中制约权威随意性的工具，但在工业文明达到鼎盛的时候，它的弊端就显露无遗。对规则的高度强化造成了领域的割裂，就如同灰色幽默所调侃的那样：陆地的警察不管水中的事情。工业社会无形地撕裂了整体的概念和合作的精神，人们只忙于固守自己的阵地，兢兢业业于规定的责任，而将整体的利益和合作的价值放在次要的位置。这种“碎片化”的被动防守即使在局部能够取得暂时的胜利，在整体上的业绩只会是差强人意。正如张康之所言，“用哲学的术语来表达，工业社会在一切方面都丧失了总体性，它在形式上的一体性也只是一种有形无质的整体性，是失去了总体性的整体性”①。

理性是制度建立的一个重要基石。工业社会的制度是建立在个体趋利避害的“理性经济人”的基础上的，同时，制度的设计和实施

① 张康之：《论伦理精神》，江苏人民出版社2012年版，第78页。

又在无形之中强化了它。人与人的关系，人与组织和社会的关系，所有的亲情、友谊和各种社会关系都被纳入精密的计算之中。理性割裂了人类的精神联系，让人们处于冰冷的世界，失去了作为人的最本质的那些东西。不仅如此，理性中对于利益的过度追求让人类无视人与自然和谐的价值。工业社会的商业模式中，商家在竭尽全力包装自己的商品和服务，刺激人们消费的欲望。消费者在精神空虚的世界中追逐着物质的享受和放纵。可以说，工业社会是在创造欲望，创造需求，却没有创造真正的福利。“物质力量本身通过驾驭人控制了人类的一切，从国家制度和个人生活的方方面面都表现出了物质力量的巨大威力。人类通过物质力量打破了人类自身给予的枷锁，却进一步被另一种更大的异化力量所禁锢。”① 理性的算计和利益的追逐是将工业文明的气球无限吹大直至破灭的罪魁祸首，因为它让人类在榨干了自然所赋予人类的资源以后却没有获得福利的提升，却换来了自然对人类疯狂的报复。

工业社会治理模式在创造了高度文明的同时，也创造了高度复杂和不确定的社会生活；工业文明给人类带来物质的极大满足，也带来了精神的空虚和人际的冷漠；制度一方面创造了守规则、重理性的社会生活，另一方面却把整个社会治理推到了“碎片化”的边缘，将人异化为身陷囹圄的囚徒。总体来看，控制导向的治理模式无法应对工业社会后期的危局，工业社会的治理模式将被迫转型。作为这一模式的核心内容，制度化权责也将失去自己的主导地位，后工业社会中，伦理化权责呼之欲出。

第三节　后工业社会与伦理化权责

一　伦理化权责主导后工业社会的历史必然性

制度化权责的巧妙配置足以应对工业社会的低度复杂和不确定

① 曾海龙：《马克思对工具理性的批判与异化的扬弃》，《理论界》2011 年第 6 期。

性，但是制度的成本和官僚组织的“顽疾”极大地阻碍了制度自我进化和完善，剥夺了它对更高人类文明的适应能力。在走向后工业社会的历史进程中，制度的主导地位终将被伦理所取代，成为伦理统率下的重要工具。

（一）制度化权责的运行模式难以应对后工业社会的高度复杂性

虽然现在还无法肯定地说我们正在迈进后工业社会，但网络、全球化和越来越多的“危机事件”显示我们正在面对一个日益复杂的社会生活，而且可以肯定的是后工业社会所呈现的复杂性比较现在而言有过之而无不及。正如托夫勒所言：“人类正面临着向前大跃进的年代。它面临着极其深刻的社会动乱和不断的创新和改组。尽管我们还没有清楚地认识它，但我们正在从头开始建设一个卓越的新文明。”[①] 在张康之看来，农业社会是“简单社会”，工业社会是“低度复杂社会”，而后工业社会将是“高度复杂社会”。“人类社会在自己的行进中进入了一个复杂性和不确定性迅速增长的历史时期，人类社会的这种复杂性和不确定性也同时映射到了自然界中，或者说，在人作用于自然过程的时候，把这种复杂性和不确定性带入了自然界。”[②] 人类未来将面对的是高度的复杂性、不确定性和风险，这是宇宙自然演化的必然结果。高度复杂的后工业社会需要与之相适应的社会治理模式。显然，工业社会所遗留下的那一套治理模式难以胜任。作为工业社会治理模式核心内容的制度化权责将面临力不从心的窘迫。

后工业社会，制度化权责的“时滞”显露无遗。在制度化权责的运行体系中，治理者是社会分工体系中的专门人员，是经过严格的程序选择出来的从业者。治理者与被治理者之间存在“委托—代理”关系，一个授权让责，另一个用权担责，形成了权责运行的闭合回路。一项社会治理活动的开展大多要经过被治理者的诉求，治理者发现问题、寻求目标、科学决策和执行，被治理者对治理的反馈等若干程

① ［美］阿尔温·托夫勒：《第三次浪潮》，朱志炎等译，新华出版社 1996 年版，第 4 页。

② 张康之：《时代特征中的复杂性和不确定性》，《学术界》2007 年第 1 期。

序。毫无疑问，从被治理者的诉求到矛盾的最终解决所经历的程序复杂，耗时较长。而且，制度化权责所依赖的官僚体系笨拙而低效，它缓慢的行进只会把这一回路所耗费的时间拉得更长。“官僚制变成一个巨大的机器，缓慢且笨重地在最初确定的方向上蹒跚前行。它仍然提供服务，或许数量与质量都不错。但其动作的速度与灵活性却在逐步下降。”① 如果说在一个低度复杂和运行相对缓慢的社会中，从问题的出现到解决的“时滞”可能还不至于影响整个社会生活的有序运转，那么可以想象，在一个高度复杂的社会中，各种矛盾和问题在没有征兆的前提下迅即而至，而解决矛盾的机制却总是处于“慢三步”的滞后状态中，社会生活将会面临何种程度的失序。传统的权责配置模式所带来的“时滞”在面对后工业社会的高度复杂和不确定时可能招致致命的危险。

不仅在时间上，在其他成本上，制度化权责也远远高于伦理化权责。制度化权责严格依赖成文规则的制定和实施。精巧的制度设计不仅需要科学理论的支持，还需要制度设计者深入考察治理活动中权力的划分和责任的界定，并将笼统的权力责任分割到不同的机构、部门和岗位。制度的设计还是一个政治过程，众多的政治主体将围绕这一活动展开博弈，他们甚至为了实现狭隘的集团利益而不惜将海量的社会资源投入其中。制度的实施既是行政行为，也可能还伴随着司法活动，这些过程都需要耗费大量的人、财、物。制度化权责从制定，到广为社会接受，再到具体实施将是一个耗费巨大的工程，制度化权责的巨大成本大大限制了它的适用空间。如果制度实施所带来的收益难以获得足够的补偿，制度将难以为人所接受。后工业的社会治理活动将会出现一些新的变化，一些直面公众需要的基层治理活动被突出和强调，那些快速形成且表现各异的、平民化的、小型化的个案将不断刷新人们的治理思维。公共组织无法为这样的个案支付足够的成本，公众也无法为此向公共组织做出过多的要求。这些治理活动不是制度

① ［美］安东尼·唐斯：《官僚制内幕》，郭小聪等译，中国人民大学出版社 2006 年版，第 171 页。

化权责的展示舞台，因为其硕大的成本和滞后的反应会错失治理的最佳时机。

制度化权责千篇一律的治理形式和结果将难以适应后工业社会需求多样化的客观现实。后工业社会，“我们正朝着生活方式丰富多彩人的性格个性化的社会迈进。现在看到的是，‘打破标准化后的思想’及‘打破标准化后公众’的兴起”[①]。多样化不仅表现在生产和消费领域，还表现在文化艺术、思想观念、政治信条、教育方法、饮食习惯等领域，社会生活的超级多样化对公共领域提出了挑战，制度化权责所造就的标准化和单一化受到人们的质疑和责难。在人们的眼中，只有在那些来自普通公众并且熟谙他们客观需求的权威的主持下，在共同向善的精神指引中人们充分交流和协商，才能既实现“共同体”的利益，又能满足大多数人对多元化的追求。这显然不是墨守成规的制度所能承担的，这种辉煌的治理境界只能产生在伦理统率的治理模式中。

（二）伦理化权责将人从制度的压抑中解放出来

近代以来，制度是在与权威的对抗中愈加强大起来，成为人类从神秘阶段演化到理性复杂阶段的重要基石。“重要的是制度、法规和正式职务，而不是个性；是公事公办，而不是个人关系；是技术专长，而不是心血来潮，一时聪明。”[②] 但制度在对规则和秩序的过度追求中，日益走向反面，将人类变成了社会机器中的一颗螺丝钉。死板的规章制度压抑了人的主动性和积极性。在制度中的人们看来，只需要按照制度的规定办事就能维持机器的运行，创造性的思索是多余的，反而可能因为超越制度的规定而遭受惩罚。制度怂恿了行动者的惰性，泯灭了他们的创造精神和求真意识，诚惶诚恐、战战兢兢、不敢越雷池一步是对他们行为方式最真实的描写，不经意之间，他们成为“装在套子里的人”。

---

① ［美］阿尔温·托夫勒：《第三次浪潮》，朱志炎等译，新华出版社 1996 年版，第 282 页。

② 孙耀君：《西方管理学名著提要》，江西人民出版社 2005 年版，第 279 页。

制度是建立在官僚制的组织基础上的。一直以来，研究者们对于官僚制的反思其实就是对制度在工业社会后期走向自我否定的证明。以“合理性”为取向的官僚制设计是服从于管理和统治目标的。为了达成这一目标，官僚制需要通过严格的权威分层实现组织内部的等级控制，权力被操纵在少数处于组织体系的上层官僚手中，而中下层的“职业官僚只不过是为其规定着完全固定行动路径的不断运转的机制上的一个小小的齿轮而已”①。少数垄断权力的官僚缺乏平级和下级的必要制衡和约束，不断膨胀的权力欲望将他们变成目空一切的狂人。而中下层官僚则不得不成为这部庞大机器上的一颗螺丝钉或齿轮，在备受压抑的情绪中他们日益自卑和冷漠，追逐权力，由权力边缘走向中心是他们最大的梦想。事实上，官僚制度中各级官僚的“精神异化”是司空见惯的。他们在这种彼此的精神背离中上演着各种矛盾和冲突，成为官僚组织效率低下的重要原因，这是官僚制度自生的“毒瘤”。

不仅如此，官僚制内在地生成了一种惰性机制，妨碍了组织成员对自身缺陷的认识，总是以一种近乎完美的心态看待组织的精神和信条，并通过组织动员的方式强化这种信念。“官僚制还有一种塑造人格的功能。共同的价值取向将官僚们锻造为一个特殊的社会团体，他们的工作有既定的程序，他们的行为有保障其有效性的标准，久而久之，这些程序和标准成为官僚制组织的共同信条和精神。这些信条和精神一旦被美化，就可以动员其成员，激励他们将时间和精力投入工作。但是，一个难以避免的风险是，这些信条可能唤起组织成员的幻想力，从而妨碍他们对现实的观察，使他们脱离实际，最终妨碍组织目标的实现。他们会对一些显而易见的问题和缺陷视而不见，从而形成一种‘多元性漠视’。”②

制度对人性的压抑还体现在制度建立的人性假设上。先秦诸子中

---

① ［美］戴维·奥斯本、彼得·普拉斯特里克：《摈弃官僚制：政府再造的五项战略》，中国人民大学出版社 2002 年版，第 17 页。

② 陈国富：《官僚制与政府治理模式的变革》，《南开学报》2006 年第 4 期。

的法家是对制度最为重视的一派。在他们看来，人都有“好利恶害”或者“就利避害”的本性。管子认为：“夫凡人之性，见利莫能勿就，见害莫能勿避。其商人通贾，倍道兼行，夜以继日，千里而不远者，利在前也。渔人之入海，海深万仞，就彼逆流，乘危百里，宿夜不出者，利在水也。故利之所在，虽千仞之山，无所不上；深渊之下，无所不入焉。”① 所以，法家代表人物都倡导充分利用人的本性来制定相关制度。韩非说：“凡治天下，必因人情。人情有好恶，故赏罚可用；故禁令可立，而治道具矣。”② 在近代西方，对人性不端的必要防范成为思想家们建立宪政制度的基础。法国资产阶级启蒙思想家孟德斯鸠认为人性卑鄙，有权而没有制约必然带来权力的滥用。因而必须对国家权力进行分割，坚持行政权、立法权和司法权三权分立的政治制衡原则。英国历史学家阿克顿曾说：“权力总是使人败坏，而绝对的权力则绝对地使人败坏。”③ 因而，民主行政能够有效实行的最好原则是对权力运行者采取怀疑的态度，永远提防他们用手中的权力牟取私利，绝不能无原则地信任和崇拜他们。

实际上，制度的重重设计和对技巧的高度追求就是试图将所有的权力纳入互相监督的恢恢法网之中，从本质上都是出于对人的本性的警惕和防范。对人性不端的防范在管理技术的不断更新中演绎到极致，同时，也将人性中的恶意放大到极致。正是在这种彼此强化的逻辑中，人性中的道德和良善离我们越来越远。事实上，陷入人性善恶的争论无疑是重回历史的起点，并没有多少价值，人不是绝对善或者恶，在一定环境中的恶者可能有向善的潜质。如果总是戴着有色眼镜放大人性中的恶意，却没有发现人的道德和良善，更没有激发良善的积极措施，人类的道德和伦理将永远处于被压抑的状态。制度可以防范恶，但它天然缺乏激发善的诚意和胸怀。制度统率的社会生活中，

① 《管子·禁藏》。

② 《韩非子·八经》。

③ 转引自［美］胡克《历史中的英雄》，王清彬等译，上海人民出版社1964年版，第159页。

人性的良善和道德是见不到雨露和阳光的，唯有在伦理精神的感召下，人性中的善才会被解放出来。

（三）伦理统率下制度和道德的统一是制度化权责发展的终极形态

制度话语的流行反映的是对秩序的追求，但制度并不一定能实现真正的秩序。制度是依赖外在的强制而获得的表面秩序，而真正的秩序来源于人们内心的认同和自觉的遵守。“秩序的真正形成是整个民族的事业，必须从人们的社会生活中通过反复博弈而发生的合作（广义的）中发生，因此它必定是一个历史的演进过程。……制定法事实上对社会秩序的影响并不如同法学家想象得那么大，有时甚至是毫无影响；即使在最好的情况下，它也仅仅是促进人们合作的一种机制。因此，当人们渴求秩序、呼唤法治之际，立法者和法学家的眼光也许应当超出我们今天已习惯称之为‘法律’的那些文本以及与之相伴随的国家的活动，看到、关注并注意研究任何社会中总是存在且并不缺乏的那些促成人们合作、遵守规则的条件，那才是一个社会的秩序的真正基础。”① 制度就如同制定法一样，只有在内化为人们的信仰和自觉追求后，才能实现自己的价值和功效。如同美国学者伯尔曼所言，“正如心理学研究证明的那样，确保遵从规则的因素如信任、公正、可靠性的归属感，远比强制力更为重要。法律只有受到信任，并且因而并不要求强力制裁的时候，才是有效的，依法统治者无须处处都仰赖警察”②。

虽然无论社会发展到何种程度，制度及其与强制力的关联不会消失，它们还会是社会治理中的重要工具和存在形式，但作为工业社会支柱的制度会发生演进。后工业社会中，人类的制度意识将在素质的整体提升中升华，制度不仅仅是外在的强制和被动的执行，更是深入人们内心的精神和观念，是人们的基本认识和自觉行为。同样，制度也会发生变化，那些不符合道德理念的制度如同流星一样会在历史的

① 苏力：《二十世纪中国的现代化和法治》，《法学研究》1998 年第 1 期。

② ［美］伯尔曼：《法律与宗教》，梁治平译，三联书店 1991 年版，第 43 页。

演化中被淘汰，只有那些具有伦理价值的制度才会在历史的天空中闪烁恒星的光辉。从这个意义上讲，制度存在的最高方式应当是：制度在与社会广泛而深刻的博弈中彼此形塑，法治意识能够深深嵌入人们的内心，制度不是基于外在的约束而是内心的认同在广泛地发挥作用。这时，制度实现了质的飞跃，制度同道德统一起来，制度是在伦理精神的统率下发挥作用的。因而，制度发展的终极形态应当是伦理主导下道德和制度的高度融合。

二 伦理化权责的内涵和运行特征

伦理是指人类在社会生活中应当遵循的符合某种道德标准的行为准则。在内在的约束下，人们将某些准则通过自己的行为表达出来，期待达成心目中的善意，进而实现美好生活的追求。这种基于人们内心某种道德标准而非外在强制的自觉生成的权力责任关系就是伦理化权责。因而，伦理化权责生成的前提是特定领域中某种道德标准的深入人心，且制度化权责和权威化权责处于不易发挥作用的状态。

事实上，农业社会和工业社会都存在伦理化权责。只不过，农业社会中它是权威实现有效统治的工具，而在工业社会中它受到制度的压抑没有多大的表现空间。伦理化权责来源于人类最内心深处的道德观念，具有较强的自觉性。“与权力和法律相比，道德的优越性在于，能够催化出人的内心的道德意义，使人在外在的道德规范和社会伦理机制的作用下形成内在的道德力量，这种力量促使他把他人融入自己的生命活动之中，把他人的事业、他人的要求看作促使他行动的命令，同时又把自我生存的意义放置在为他人的服务之中。”① 后工业社会中，社会生活更加复杂，人类面对的更多的是“共同体”的矛盾，制度和权威无法应对日益复杂且多样的社会矛盾，这为伦理化权责提供了空间。同时，公众思想意识和道德水平的整体提升让伦理主导整个社会治理成为现实。伦理并没有排斥权威和制度，但将这两者置于自己的统率之下。后工业社会伦理、制

① 张康之：《论伦理精神》，江苏人民出版社 2012 年版，第 188 页。

度和权威三种力量能够更好地融合在一起，它们在不同的场合灵活应变，随机组合，挥洒各自的独特气质，成就人类治理的辉煌。权威是社会治理主体中的组织者和参与者，在某些场合中他能在制度约束的范围内发挥自身的主动性，彰显自身的价值。值得注意的是，此时的权威不是确定的少数人物，而是特定领域中的关键行动者，他们可能是专家、资深管理者或者是社区志愿服务者，他们更具服务意识和道德精神，他们在社会治理中主要承担支持人和引导人的角色。相对于工业社会而言，制度的表现空间将会缩减，但它会在应该发挥作用的核心领域表现得更加完善和富有逻辑，更加坚定执着。同时，制度会在某些领域部分或者完全退出来，留下弹性空间，这些空间会成为伦理精神的表演舞台。伦理贯穿了整个社会的治理过程，它不仅承担了较大部分具体的社会治理任务，而且是权威和制度的灵魂，是整个社会治理的精神支柱。

伦理化权责主体的多元性，他可以是处于社会生活中的任何人，只要他能发现自己内心的良善和对于社会的意义。相比而言，权威化权责的主体是特定社会中的少数权威，制度化权责的主体是组织体系的专业管理者。后工业社会中，治理主体呈现多元化的特征。这样，今天的治理者可能是明天的被治理者，此时的治者可能是彼时的被治者。治者和被治者之间频繁换位，交叉互动是后工业时代两者关系的基本形态。因而，后工业社会中治者同样是被治者，这就意味着，治者能够感受被治者的需求和愿望，被治者能够体会治者之艰辛和不易。道德这种一直受到压抑的客观存在就是在这样一种制度环境中显示出来。“如果制度能够成为社会理性、群体理性或职业理性的代表，那么人作为个人的道德存在就是有保障的，当制度贯穿着人类全部历史沉淀下来的伦理精神，那么人的那种作为个人的道德存在就无非是这种伦理竟是发展的结果和具体展现。”① 后工业社会伦理意识在治理中的统帅地位就是建立在治理者“将心比心”实践体验和道德展示的基础上的。

---

① 张康之：《论伦理精神》，江苏人民出版社 2012 年版，第 208 页。

伦理化权责的行为方式具有自觉性。与工业社会相比，后工业社会人类的行为空间大大得到扩展。不论愿意与否，人类在工业文明中积累的文明成果同人类制造的各种矛盾将人类裹挟进入后工业社会，人类被迫面对许多工业社会未曾见过的问题，复杂性和不确定性成为这个时代的特征。生态问题就是其中的典型，“环境问题的凸显本身应当增强人的整体意识，因为生态问题不是任何一个国家和民族可能单独面对的问题，因而调整利益冲突和矛盾，在解决环境问题上共同行动、共同负责是决定人类是否有未来、文明是否能够持续永存、所有生命是否和谐共处的关键之举”①。后工业社会人类面对的“共同体”问题呼唤人类的自觉，这也是道德精神外显的基本特征。复杂的社会生活要求每个处于社会生活中的个体能够主动地而不是被动地、即时地而不是拖沓地、发自内心责任而不是源于制度规定地处理可能危及群体生存和发展的事务。高度复杂社会中，在面对“共同体”问题时即使生成的权力同样需要受到责任的督导和制约，这种责任也是自觉的，是对人类共同生存状况的高度关切和积极行动的终极情怀。

伦理化权责的配置成本低廉。在权威、制度和伦理三种权责配置方式中，制度化权责的配置成本是最高的，权威化权责的配置成本虽然较低，但是却有运行不确定和权责不对等的弊端，只有伦理化权责兼具二者的优点。制度化权责需要完善的制度支撑。在生成这些制度的过程中，设计者需要深刻科学考察权力责任在不同主体之间分割的基本规律，并在规律的指导下，形成规范的文件。制度的生成还需要经过严格的政治过程，防止权力责任被少数利益相关者篡改和滥用。制度生成以后，传递和实施同样需要耗费各种成本。总体而言，制度化权责的生成和实施存在巨大的成本耗费。当然，制度的实施一般能够获得收益，这种收益主要体现在对于社会生活的确定和秩序。但是，当收益高于成本时，制度的生成和实施

① 刘湘溶等：《我国生态文明发展战略研究》（上），人民出版社2013年版，第80页。

才具有实际价值，否则制度要么不会生成，要么生成了却不能付之于实施。现实中，制度面临的尴尬比比皆是。例如，邻里之间对于地界的矛盾，如果不存在较大的利益或者情绪冲突的话，人们可能因为制度的成本而束之高阁，或者直接通过私下的感情沟通解决。事实上，制度的高昂成本为伦理的展示提供了广阔的空间。伦理是人们道德存在的自主展示，实现成本很低甚至不存在。成本优势让这一权责配置方式即时生成、快速发挥、灵活多样，充分应对后工业社会人类在社会生活中面临的诸多不确定性，大大拓展了它在后工业社会治理中的表现空间。

三 生态伦理对伦理化权责的启发意义

生态危机将是工业文明以后人类面临的最棘手的问题，因为工业文明的发展方式、思维模式难以从根本上解决这个问题。生态危机是工业文明的丧钟，也是开启后工业文明的钥匙。在工业的狂欢后，人类遭遇生态危机的惩罚并不断进行痛苦地反思，最终形成了人与自然关系的新的价值标准。这个标准的扩展所引发的价值主体之间的伦理关系就是生态伦理。因而，生态伦理“是指人与自然之间的价值关系中价值主体之间的伦理，或者说，是指社会成员面临全球生态危机应当如何协调和合作的伦理”①。

生态伦理的生成将是一个漫长痛苦的蜕变过程。正如研究者所言，“生态伦理思想从创立到发展，经历的是一段艰难曲折的过程，这种过程仍在进行之中，即使在今天它还没有获得西方主流哲学文化的完全认可”②。生态伦理在工业文明中期启蒙，在工业文明后期快速发展并不断发挥作用，在后工业文明时期走向完善。在启蒙时期，制度是人类社会秩序的主导者，伦理精神在制度的阴影中无法舒展。当生态危机来临时，传统的制度主导的社会治理模式遭受工

① 傅华：《论生态伦理的本质》，《自然辩证法研究》1999 年第 8 期。

② 曾建平：《自然之思——西方生态伦理思想探究》，博士学位论文，湖南师范大学，2002 年。

业文明以来最大的一次考验。人们总是幻想通过对政府的苛责和制度的完善来应对生态恶魔，但无济于事。对生态治理的悲观甚至让一些人对现代化的历史进程产生怀疑。“现代化是一个古典意义的悲剧，它带来的每一个利益都要求人类付出对他们仍有价值的其他东西作为代价。”[①] 在几近绝望中，人类看到了生态伦理的光芒。“人类在对待人与自然关系的问题上，日渐形成共识：用经济的发展来解决日渐恶化的环境问题，收效甚微。因而人们只有在文化层面上（特别在伦理层面上）反思人与自然的关系以及人类的发展问题。……这也是改变人们的思维方式以及转变人们的伦理原则，更多地倡导以培养美德（包括美德共同体）来实现人与人、人与社会和人与自然的融通和谐，从而到达人类在求真求善活动之上以合于自然形式不断满足灵魂的愉悦。”[②] 生态伦理是人类对工业文明及其治理模式深刻反思的必然结果。在同生态危机的斗争中人类社会碰撞出了生态伦理的火花，并将这一火种带入社会的普遍秩序中。从这个意义上讲，生态伦理光大了伦理的精神，拉开了伦理化权责步入前台并成为主导者的序幕。

四 全球视野中伦理化权责的现实证明

对于绝大多数处于发展中的国家而言，伦理化权责可能如同海市蜃楼一般充满诗意却“可望而不可即”，但在部分步入后工业化国家的理论和实践中，这种权责配置模式所包含的精神并不鲜见，人们不但能够看到，也能够参与到体现这些精神的治理活动当中。尽管研究者尚未形成对未来治理模式的共识，也尚不能完全勾勒出这一治理模式的完整轮廓和细节，但我们仍能将它所具有的理念同西方国家的理论和实践精神进行对比并发现其中的契合点。这些契合点对于刚刚走

① ［美］艾恺：《世界范围内的反现代化思潮——论文化守成主义》，贵州人民出版社 1991 年版，第 212 页。

② 张教和、郭刚：《生态秩序与德性伦理：生态文明建构基础和软向度》，《理论与改革》2014 年第 6 期。

入某种胜景却不曾窥见全貌的人类社会而言既是巨大的精神鼓舞，也是有力的证明。

（一）对社会治理中公平价值的追求彰显伦理道德备受关注的现实

20世纪60年代，在对传统公共行政学说的批判中，一些学者意识到工业社会的“祛魅”所引发的道德危机和治理困境，“返魅”成为走向后工业治理辉煌的重要考量。在这一问题上，新公共行政学说最早量出了自己的观点。新公共行政学说摒弃了传统公共行政“效率至上”原则，高举“社会公平”的旗帜，倡导关注公众需要，主张建立规范价值，提高社会性效率。在新公共行政学看来，公共行政的最终目的是实现人类普遍的幸福追求，而传统公共行政通过苛刻的制度设计和组织控制来实现对效率的过度追求，最终是无法承载这一根本价值原则的。“效率虽然在某种层次上有其积极的作用，但是在公共问题的解决上却一筹莫展，究其原因，这正是由于按照传统公共行政理论设计的政治制度并没有表达公共利益，而只是考虑机械性的量化概念，它未曾顾及到社会性的公平分配，其结果往往促使社会上有组织者、有权势者以及既得利益者受益最多，而造成越来越多且差距日益增大的不公平、不平等现象。”① 社会公平是公共行政的核心价值，正如弗雷德里克所强调的那样，“新公共行政学把社会公平加入到传统的目标和基本原理中。实用的或传统的公共行政学试图找出下列两个问题中任何一个问题的答案：（1）我们怎样才能够利用可以利用的资源来提供更多的或更好的服务（效率）？（2）我们怎样才能够花费更少的资金来保持我们的服务水平（经济）？而新公共行政学则增加了这样一个问题：这种服务是否增进了社会公平？”②。新公共行政要求行政管理者放弃价值中立的原则，用最好的管理实现社会的公平正义。从这个意义上讲，新公共行政认为良好的社会治理应当建

① 丁煌：《寻求公平与效率的协调与统一——评现代西方新公共行政学的价值追求》，《中国行政管理》1998年第12期。

② 同上。

立在管理者向内心的社会公平观而不是向僵化的组织制度负责。新公共行政看到了失去内心价值追求和伦理约束的制度化权责所带来的消极后果，极力劝导人们从对制度和组织的追求转到对伦理和价值的渴望上来。

（二）治理主体多元化夯实伦理化权责的组织基础

在西方，传统的主要依赖于政府的“单中心”治理模式面临挑战，治理主体的多元化正在成为突破治理困境的关键点。对于治理主体的多元化问题，西方研究者做出了较为充分的论证。在波兰尼看来，人类社会生活存在两种基本秩序，一是指挥的秩序，二是多中心的秩序。指挥秩序是权威通过纵向的指挥和服从维系自身的协调和运转，权威通过“深思熟虑”或“有指导的”方式，依赖统一的命令和组织结构将最高当局的控制意图传递到体系中的任何个体。多中心秩序又称为“自生自发”（Spontaneous）秩序，多元的决策者在统一规则的指挥下，在自发追逐利益的过程中选择自己的行为，并在互动中生成秩序。[①] 从治理主体的角度来看，两种秩序的区别在于是单一还是多元治理的问题。自生自发秩序中，多重因素的行为相互独立，众多决策中心并存，它们在基本规则的指导下相互调适，受到统一规则的制约却并不会形成单一的行为模式。而单中心秩序背后隐含着深刻的治理危机，在波兰尼看来，最高决策者只是掌握着有限的知识与技能，在面对数量众多且存在扭曲信息和规避风险的下级时，他很容易超量负荷和难以应对，最终引发协调失效和指挥失灵。

对于多中心治理的理论，奥斯特罗姆夫妇的突出贡献在于将其从经济领域拓展到政府公共管理领域。在奥斯特罗姆看来，在“利维坦”和“私有化”两个极端的方式之间，存在多种有效的治理方式。地方社区可以独立管理好湖泊、森林和渔场等公共资源。地方社区中“一群相互依赖的委托人如何才能把自己组织起来，进行自主治理，从而能够在所有人都面对‘搭便车’、规避责任或其他机会主义行为

① ［美］文森特·奥斯特罗姆：《美国联邦主义》，上海三联书店2003年版，第231—232页。

形态的情况下，取得持久的共同收益”①。多中心意味着在社会治理中“政府不再是单一主体，而只是其中一个主体。政府的管理方式也从以往的直接管理变为间接管理。在多中心治理中，政府更多地扮演了一个中介者的角色，即制定多中心制度中的宏观框架和参与者的行为规则，同时运用经济、法律、政策等多种手段为公共物品的提供和公共事务的处理提供依据和便利”②。

在实践中，西方国家的非政府组织数量急剧扩张，影响日益扩大，涉及领域遍布社区管理、医疗卫生、社会福利、文化艺术、教育培训、国际交流与合作、宗教事务等各个方面。相关资料显示，2008年美国有179万个非营利组织遍布各行各业，它们独立性强，组织严密，制度完备，运行规范，以强烈的责任感赢得美国公众的青睐。③无论从理论还是实践来看，治理主体的多元化正在打破政府在社会治理中的垄断地位，夯实伦理化权责走向治理前台的组织基础。

（三）社会治理不同主体之间的权力依赖、伙伴关系和日益增强的协商意识成为伦理化权责走向前台的意识启蒙

在西方对近二三十年社会治理变化趋势的总结中，强调政府与不同社会主体在市场原则、公共利益和相互认同基础上的伙伴关系，合作、协商和互动成为时代的关键词。传统的政府管理中，政府是权力的唯一行使者，它在社会管理中凭借自己的强制性和权威，运用法律制度和公共政策，对公共事务实施单向度的管理，其他主体只能被动服从政府的意志。20世纪90年代以来西方社会的政治实践改变了这一管理传统，它向世人宣誓展示了这样一种治理状态，包含政府在内的不同社会治理主体在社会生活中发挥作用，它们之间相互依赖并结成伙伴关系，采取合作、协商和充分的互动实现社会生活的和谐。治理理论就是对这种新型政治实践的总结。正如里夫金所言：“从前政

① ［美］埃莉诺·奥斯特罗姆：《公共事物的治理之道》，余逊达、陈旭东译，上海三联书店2000年版，第51页。

② 刘峰、孔新峰：《多中心治理理论的启迪与警示——埃莉诺·奥斯特罗姆获诺贝尔经济学奖的政治学思考》，《行政管理改革》2010年第1期。

③ 戴昌桥：《论美国的非政府组织》，《求索》2009年第11期。

治家把社会划分为两块：一块是市场，另一块是政府；而今天被看成由市场、政府和公民社会形成的三足鼎立。第一足构成市场资本，第二足构成政府资本，第三足构成社会资本。在旧框架下，所讨论的中心议题是市场与政府之间的平衡，而在新框架中，则是市场、政府和公民社会之间寻求平衡。”① 全球治理委员会（Commission on Global Governance）于1995年在《我们的全球伙伴关系》研究报告中是这样评价治理的：治理不是一整套规则，也不是一种活动，而是一个过程；治理过程的基础不是控制，而是协调；治理既涉及公共部门，也包括私人部门；治理不是一种正式的制度，而是持续的互动②。

作为一种特定的范式，近二三十年来治理在理论上备受研究者的关注，在实践中备受垂青。尽管西方政府的治理在实践中还存在一些矛盾和问题，还受到多种因素的影响，甚至不乏研究者提出了这一治理范式本身的内在缺陷和受到传统政治体制排异的现实困境。但治理范式的勃兴应当不是人们一时的冲动，也不是某一种因素作用下的结果，而是人们在展望后工业社会时的基本判断，是具有包容性和适应能力的政治体系的雏形。“尽管它作为一种新的民主范式还远未成熟，其建构的多中心治理框架究竟能在多大程度上真正被付诸实践，还有待于大量‘试错’实践来检验、修正，但这一话语体系具有的包容性、开放性，却使它能够广泛吸纳其他民主理论的创新成果，吸纳世界各地民主实践的成功经验。就此而言，我们宁可将治理民主理解为一种当代民主成长的‘朝向’，一种不断提升公民在民主实践中的主体性地位，使民主的实现形式不断趋近于人类的民主理想的动态过程，而不是一种新的民主范式的完成形态，或者某种特殊的民主体制或制度安排的建构。”③ 从深层次来看，治理理论的勃兴是以制度化

① ［美］朱莉·费希尔：《NGO与第三世界的政治发展》，社会科学文献出版社2002年版，第2页。

② Commission on Global Governance, *Our Glo Neighborhood*, Oxford: Oxford University Press, 1995, 23.

③ 何显明：《治理民主：一种可能的复合民主范式》，《社会科学战线》2012年第10期。

权责为核心的工业社会治理模式的即将丧失主导地位的丧钟，是人类走向后工业时代后伦理化权责的启蒙。在对比中我们不难发现，治理范式中体现的多重主体间的伙伴、协商和互动关系与伦理化权责运行的基本原则和精神要义有着异曲同工之妙，这是二者之间的彼此印证。

（四）西方社会中日渐醒目的平民化、随机化和小型化的治理活动是伦理化权责的演练

伦理化权责是对制度化权责的扬弃，它将更为关注制度化权责覆盖的“盲区”。相对于制度化权责侧重于宏大的国家治理和形式化的选举民主而言，面向后工业时代的伦理化权责需要将更多的关切放在直接面对公众的，服务色彩更浓的，即时回应性更强的治理领域和层面，在这种平民化、小型化的治理模式中培植公民的协商精神和治理民主。志愿者业已成为西方社会治理中重要力量，他们无偿的公共服务不仅是对日渐复杂的社会生活的回应，也昭示了治理活动的自觉性和平民化。据相关资料证实，2006年有6100多万美国人自告奋勇地为慈善组织及全国服务性机构工作。美国志愿者人数占总人数的56%，人均每周腾出4个小时做义工。[①] 在登哈特的笔下，美国佛罗里达州桔镇社区的治理为我们揭开了后工业语境下社区“善治”的典范。这一小型的社区治理如同一滴水珠折射了伦理化权责这一初升阳光放射的五彩缤纷。公民参与的社区治理成为后工业时期民主精神的发源地和演练场，“小型社区是经典民主的聚集地，这不是因为他们是‘自给自足’的，恰恰相反，仅仅是因为他们让每一个人都能参与到公共的讨论之中”[②]。桔镇社区的治理中展示了佛罗里达州倡导的“公民第一”运动，它要求每个社区人都要像公民一样展示对社区的关心和责任，培养对社区的归属感和认同感，在超越私人利益

① 《西方国家志愿者服务发展概况》，成都志愿者（http：//www.cdvolunteer.org/n/a100.html）。

② Christopher Lasch，*The Revolt of the Elites and the Betrayal of Democracy*，New York：W. W. Norton，171.

的狭隘中实现更多的个人利益，在小型化的治理中向政府展示自己的公民属性。①在面向社区的平民化的治理活动中，公民超越了制度化权责对治理活动的僵化规定，复活了制度化权责中对宏大国家民主的日渐冷漠，锤炼了他们即时应对和互动互助的治理精神，这些都是走向后工业治理模式中公民的基本品质。

① 杨丹华：《西方社区治理中的公民参与——从登哈特新公共服务理论实践谈起》，《陕西行政学院学报》2009年第2期。

第三章　制度化权责及其在当代中国的实现

就平均水平而言，无论当代中国还是世界整体上都处于工业化中后期，这一阶段正是制度化权责走向辉煌的关键时期。因此，有必要分析这一权责配置在政府治理活动中的基本原则，并将这些原则运用到当代中国的具体实践中，探讨实现的基本思路、策略和路径。

第一节　当代中国政府权责配置的转型背景[①]

20 世纪 80 年代以来，中国迈开了从计划经济向市场经济转型的历史步伐。从权力的归属而言，这实际上是中央将高度的垄断权力向地方政府、市场组织、公众等多重主体下放的历史进程。应该说，时至今日，这一过程尚处于进行时态。一些研究者将这一历史进程归纳为“社会转型”宏大乐章中的重要旋律。[②] 权力归属的变迁是当代中国政府权责配置的重要历史背景，但其内容宏大，涉及众多，关系繁复，限于篇幅，本书无法完整描述这一宏大的历史变迁，只能不计“以管窥豹”之嫌，对其中最为核心的环节，即中央和地方政府权力关系的调整简单归纳。

一　转型期中央地方权力关系的调整

对于市场化改革三十多年以来中央地方权力关系的调整，研究者们作出了描述和回应。部分研究者用“分权”来界定这种权力关系

---

① 本节以《从行政性放权到制度化分权：中央与地方权力关系改革趋势分析》为题，发表于《理论导刊》2015 年第 2 期。

② 沈亚平、王骚：《社会转型与行政发展》，南开大学出版社 2005 年版，第 4—14 页。

的变化，并借用国内外众多的分权的理论解释这种权力关系调整带来的影响。从一般情况来看，一方面，分权改革后的地方政府能够获得较大的自主权，主动精神大大提升，并在区域竞争中最大限度释放市场的活力[①]；另一方面，分权能使地方政府全面均衡地履行其职能，推动经济社会的均衡发展；并通过与中央政府的相互制约，形成稳固的市场环境[②]。但从实践来看，前者能够被显著地观察到且呈现不断增强的趋势，而后者却出现背离，地方政府在经济建设、民生领域、生态文明和政治进步等多方面的表现不均衡。多重领域发展的非均衡性反过来影响到地方政府的政治发展甚至合法性，正如朱光磊所言，"非常突出、值得注意的现象就是地方政治发展程度明显低于中央层面，甚至也不如基层自治工作活跃，并且很不平衡"[③]。

显然，简单地用"分权"一词界定过去三十多年中央地方权力关系的调整有些随意，难以准确表述这种变化的内涵和特征。事实上，对于快速变化且具有较强独特性的中国央地关系而言，"我们迄今所发展的概念工具基本上不能令人满意。在很大程度上，我们试图将中国经验的销子插入西方理论的洞口"[④]。考察相关文献，我们不难发现，"在中国特定的正式官方语境中，从未有过'分权'这个词汇，自毛泽东主席以降，历代国家领导人都是用'下放权力'（以下简称'放权'）来论述或理解中央与地方权力划分问题，这不是一个单纯的遣词用句差异问题，而是反映了在执政者处理中央地方关系问题上的一种制度取向，有其特定的内涵"[⑤]。

从字面上来看，分权强调的是权力在若干主体间的划分。如果用于

---

① 徐斌：《财政联邦主义理论与地方政府竞争：一个综述》，《当代财经》2003 年第 12 期。

② 钱颖一：《现代经济学与中国经济改革》，中国人民大学出版社 2003 年版。

③ 朱光磊：《滞后与超越：中国地方政治发展总体观》，《武汉大学学报》（哲学社会科学版）2010 年第 3 期。

④ ［美］托尼·赛奇：《盲人摸象：中国地方政府分析》，《经济社会体制比较》2006 年第 4 期。

⑤ 殷存毅、夏能礼：《"放权"或"分权"：我国央—地关系初论》，《公共管理评论》2012 年第 12 期。

中央地方之间的话，强调的是中央和地方作为两个主体在特定政治框架下基于正式制度而各自获得的权限，并根据制度化权责的基本精神确定承担责任的过程；而放权则是强调作为权力所有者的中央政府在特定情境下，根据经济社会发展的需要对掌握权力的灵活分解和下放。更进一步对两个概念进行比较不难发现它们内涵的差别。从主体来看，分权存在非中央政府和地方政府的第三方，只有具有权威的第三方才能行使对这两大机构权责关系的界定，而放权的主体是中央政府；从行动依据来看，分权依据的应当是正式的具有较高权威的制度，而放权依据的是法律效力较低的政策；从行为方式上看，分权应当是对中央地方关系的制度化、规范化和稳定性的分割，而放权更多的是中央政府在特定环境下对中央地方关系中的策略性处理；从行为结果来看，分权可以形成中央地方之间稳定的关系，并且这种关系是相对平等的，而放权应当是中央地方关系的过渡状态，中央在其中的主动和强势远大于地方。

综合以上分析可见，三十多年的改革中央地方权力的调整应当是中央政府的“放权”而非“分权”，是中央政府在传统的计划方式难以实现有效率的经济运行但又缺乏改革整体思路的特定情境下做出的权宜和试探，并不是中央政府和地方政府在权威制度和第三方约束下有计划的权力分割。之所以将这种放权称为“行政性放权”，是专门强调这种放权所依赖的手段和工具。对三十多年改革历史的考察可以看到这种放权大多是通过法律效力并不高的政策手段进行的，是行政力量强制和约束的结果。这其中，虽然能够看到分税制这样的制度化程度较高的分权方式，但总体来看，这一制度仍然表现出较多的随意性和不规范性，最终还是沦为依靠行政力量和政策主导的“半拉子工程”。事实上，分税制改革与初衷的差距被研究者证实，“自1994年以来直至今天，我国各省级行政区以下的地方财政体制，总体而言始终未能如愿地过渡为真正的分税制，实际上就是五花八门、复杂易变、讨价还价色彩仍较浓厚的分成制和包干制”①。

① 贾康、梁季：《配套改革取向下的全面审视：再议分税制》，《中共中央党校学报》2013年第5期。

二　行政性放权下地方政府权力运行的特征

（一）从纵向来看，政府权力运行方式具有较强的“同质化”倾向

在纵向政府体制和运行方式上，学者朱光磊提出了“职责同构”的概念。[①] 这种体制特征既为行政性放权提供了制度基础，也在行政性放权中得到了进一步强化。行政性放权需要地方政府在职责和机构上保持与中央政府的一致性，否则，地方将为没有对应的机构承接下放的权力而苦恼，1988 年海南“小政府、大社会”的政府体制就曾经遭遇这种困境。同时，中央的训导和地方政府的模仿学习也强化了这种特征，地方在特定领域中的成功经验能够被中央总结并宣传推广，在基本相同的大环境中其运行方式也较易被其他地方学习借鉴。这样，地方呈现出从机构设置、职能设定到权力运行方式的“同质化”，它们在相同的时间内用相同的方式做基本相同的事情。

（二）在横向上地方政府具有不断强化的集权倾向

行政性放权是在特定历史时期实现市场化转型这一战略目标的重要手段。虽然这种权力下放具有笼统性，但并不是没有约束措施和激励机制的。具体来看，“政治承包制”和“晋升锦标赛”充当了这种放权的约束措施和激励机制。地方政府为了完成这种辖区内的任务，实现最大的政治利益和经济收益，往往不得不将中央下放的各种权力以及辖区内能够发动的资源统筹起来综合运用。而转型期相对粗线条的监控机制并没有对这些行为方式在局部层面的不合法性予以确认，地方政府的横向集权在中央政府的默认中逐步常态化。

横向集权的逻辑在不同时期针对不同主体存在不同的表现形式。在市场化改革早期企业法人治理结构没有完善以前，地方政府既截留了中央下放到企业的权力，又截留了企业上缴中央的利润。[②] 而在企

---

① 朱光磊、张志红：《“职责同构”批判》，《北京大学学报》（哲学社会科学版）2005 年第 1 期。

② 陈周旺：《从放权到分权：国家与社会关系的转型》，《求索》2000 年第 5 期。

业改制完成并建立了较为完善的法人治理结构以后，地方政府虽然不能直接干涉企业组织的生产经营，但能够动用土地、财政、公安等职能部门引导各种资源的流动。在某些特定情境下，这种倾向还是可以演变为地方政府超越权限动员企业资源的现实。相比较而言，市场化转型中政企关系尚属先行一步。地方政府对产权主体相对清晰的企业资源尚且具有如此强大的能动能力，那么它对辖区内的事业单位以及与它保持较密切关系的社会组织所具有的“强势地位”就更为明显了，这种案例在现实中比比皆是。一般而言，地方政府的横向集权与地方关键行动者的能动性、地方政府所面临的压力等因素相关。地方领导越强势，地方面临的政治任务和经济压力越大，这种集权表现得越明显。

（三）地方政府的权责配置走向失衡

毫无疑问，行政性放权是主政者在现代政府管理知识和市场经济知识等均较为匮乏的情境下的试探性选择。对于权力的下放，缺乏周密的计划和整体联动的机制。这样必然带来一个后果，那就是权力的下放与责任的配置出现脱节，而且这种不良现象会随着权力下放的深入推进而愈演愈烈。从理论上讲，权责配置应当遵循权责对等、主体明确、表述规范、配置稳定和能力保障等基本原则，但行政性放权打破了权责配置的基本原则。具体地说，随机和不规范的权力下放破坏了权责对等的初始状态，让有权无责、有责无权、权大责小或者权小责大等众多权责不对等现象广泛存在于地方政府中；权力和责任主体规定的不明确带来了权责主体的虚化；变动不居的公共政策助长了权责配置的不稳定性①。

（四）地方政府的权力运行透明性较低，缺乏自下而上的有效监督和制约

虽然近十年来信息网络的飞速发展为政务公开提供了技术上的支持，在外部压力和技术改善的共同作用下，地方政府权力运行的透明

---

① 鲁敏：《变迁与失衡：转型期地方政府的权责配置研究》，《云南社会科学》2012年第1期。

度有所改善，但总体来看，这还远未达到公众的期待和要求。清华大学发布的《2013 年中国市级政府财政透明度研究报告》显示，我国市级政府财政透明度仍然很低，即使排序在前 30 位的市级政府的财政公开情况也远未达到良好披露的水平。① 地方政府权力运行的较低透明度是计划经济权力运行方式的惯性，且难以在行政性放权中得到根本改观。究其原因，行政性放权是中央对地方政府的权力转让。从地方政府来看，中央是行政权力的“元主体”，是授权者、考核和监督者，因而，接受中央政府权力让渡并向它负责是实现权责循环的“主要回路”。虽然近年来中央更加注重地方公众的诉求并试图将这种诉求的回应纳入对地方政府的考核中，但效果并不明显，对于地方政府而言，它们与辖区公众的权责关系仍然处于次要的位置。而且，行政性放权中地方政府权力运行的非规范性让它们自觉“丑媳妇难以见公婆”，丧失接受公众检验的底气。在这种逻辑下，地方政府没有向公众开放权力运行“观察窗口”的主动性。结果自然是地方权力运行的不够开放阻断了公众的知情权，公众对地方的监督和制约自然不能落到实处。

三 行政性放权的影响

毋庸置疑，行政性放权是主政者试图打破计划经济的沉闷和低效而仓促选择的权宜性举动。对于这种放权的最终目标、实现方式和具体步骤，中央政府缺乏明确思路。它们试图通过边改边看，相时而动，能在复杂的政治经济环境中“蹚出一条路”。总的来看，市场化转型三十多年的历史证明这种策略是有效的，它释放了潜藏在地方政府层面的创新精神和发展动力，并通过地方政府的护佑培植了市场主体，释放了市场潜能；它灵活而高效地应对了改革中各种难以预计的风险，同时，为纵向间政府关系的发展积累了丰富的经验。

但任何社会实践都具有社会历史性特征，都是一定历史条件下的

① 《市县级政府 2015 年前将全面公开三公》，经济参政网（http：//dz. jjckb. cn/www/pages/webpage2009/html/2013 －07/18/content_ 77290. htm？ div = －1）。

产物，也必将随着历史条件的消失而最终消失。正如马克思所指出的那样，“甚至当我从事科学之类的活动，即从事一种我只是在很少情况下才能同别人直接交往的活动的时候，我也是社会的，因为我是作为人活动的。……因此，我从自身所做出的东西，是我从自身为社会做出的，并且意识到我自己是社会的存在物”①。可见，人类的实践及形成的社会存在都是特定社会条件下的产物，也必将随着社会历史的变迁而在自我否定中重生。

行政性放权是计划经济向市场经济转轨的必经之路。从当时中国特定的政治经济环境来看，主政者既要面对意识形态的争议和传统观念及其惯性思维方式的束缚，又希望在较短的时期内改变经济贫弱，切换执政的中心内容和方式。在那种情境下，对未来的过度描述和整体规划既没有相应的知识和能力，也会引起不必要的争议。最好的方法就是搁置争议，少说多干，大胆放手，鼓励创新。应该说，行政性放权是那种特定情境下的合理选择，历史也证明了这一选择对于改革开放三十多年的贡献和价值。但随着改革释放的红利将经济社会整体推到“质”的变化，并走向更高层次的矛盾时，这种社会形态就要走向自我否定。

总体来看，行政性放权所具有的消极性表现在：

（一）诱发了地方政府行为的短期化

行政性放权是中央在特定时期为了激发地方的活力而将自己所拥有的权力下放的权宜性举措，因而权力的下放具有相时而动的特征。在地方政府看来，中央地方的权力关系具有临时性特征，中央的优惠政策“过了这一村就没这个店”。权力关系的时效性使得“抢”字当头的机遇意识占据地方政府的主导地位。在特定的激励机制下，为了抢占先机，地方政府往往就会选择只顾一时，不求长远的短期行为，奉行“一锤子买卖”的机会主义策略。地方政府行为的短期化带来的弊端是显而易见的，不仅如此，这种行为模式在官员不稳定的任期制和交流制中被充分放大。表现为，地方官员通

① 《马克思恩格斯全集》第1卷，人民出版社1995年版，第122页。

过制造政绩泡沫和表面工程造成虚假的繁荣，将各种不利因素留给下任，留给本地民众；破坏了地方契约基础，导致市场中的诚信意识淡薄；可能在中央政府的放权时期制造过量的产能，降低中央政府宏观调控的政策效果①。

（二）强化了纵向上下级政府的“庇护和附庸”关系

行政性放权的主动权基本掌握在中央政府的手中，权力什么时候放、怎样放和放多少，甚至只放给谁等都取决于特定时期中央政府的意图。地方政府尤其是地方的基层政府基本没有左右的余地。权力是一种稀缺的资源，获得权力尤其是独特性的权力是地方能够在竞争中处于优势的重要前提。为了能够获得政策上或者财政上的支持，地方在向中央政府争夺各种资源的问题上非常“上心”，这一点从地方“驻京办”的撤而不销和地方政府的“跑步钱进”可以充分体现出来。事实上，中央地方政府的这种不对称关系广泛存在纵向政府之间。当这一点与“下管一级”的干部管理权限结合在一起时，必然强化上级对下级政府的势能。在监督机制尚不完善的情景下，上下级间严重不对等关系很容易被异化和庸俗化，下级会通过正当的甚至非正当的手段寻求上级的关照，并最终沦为“庇护和附庸”的关系，这一点越到基层越明显。

（三）制度化监控的缺失使地方政府呈现日益严重的违纪和腐败

与行政性放权相对应的是“考核替代型监控”。行政性放权具有较大随机性和不规范，中央地方间的权力责任处于变动不居的状态，这就决定中央政府不可能对每一次权责的变化做出细致的规定和严格的审查。适应这种需要，中央简化了对地方政府的监控机制，建立了“一套以主要经济指标为中心，兼顾意识形态忠诚度和其他社会发展指标（社会稳定，计划生育等）的考评体系……这套业绩考核系统是一种任务导向型的考核方式，它将考核的结果作为评判地方政府行为效果的重要依据，以相对简单和直观的阶段性考核结果代替对地方

---

① 东方早报：《中国式产能过剩的逻辑》（http://epaper.dfdaily.com/dfzb/html/2013-10/08/content_822247.htm）。

政府复杂的日常性考核"[①]。"考核替代型监控"是一种粗线条的监控方式，缺乏制度化监控的细致、稳定和规范，它给地方政府留下了过多的灰色地带。不规范的放权和粗线条的考核机制助长了地方政府的顶风违纪，甚至寻租和腐败。

（四）不利于区域间和经济社会的均衡发展

从理论上讲，政府权力来自公众意志的让渡，回应公众的要求并实现社会的均衡发展应当是政府的价值追求。但中国是一个形态超大且发展极度不均衡的国家，各地民众在生产环境、生存状态和生活要求上存在较大的差异。源自中央统一意志的行政性放权简易直接，不可能对每个地方的实际情况考虑得那样全面和具体，这种状况在行政性放权早期表现得尤为明显。大多数情况下，中央的放权是基于整个国家的"中间量"进行的，对那些处于特殊情况的"两头"很可能缺乏针对性。这种放权模式实际上不利于增强那些先天发育迟缓地区的内生发展动力。而且，行政性放权是中央政府基于特定时期的战略任务而进行的简易处理，而到了地方层面，这种简易就会更甚。本来就处于高度紧张状态的地方政府势必将有限的资源用在中央政府最为强调的战略目标上，对于其他目标则视情而定；实际操作中，绝大多数情况下次一级的目标被忽视。这一点从改革开放以来"经济建设型政府"的形成逻辑可以看出。

（五）破坏可能生成的制度化分权，阻碍了进一步的改革

"过去三十多年的速度型发展过程中，包括政策目标、损益分布、心理贴现、绩效评价等方面的制度安排已经形成了很大的惯性。在这样的制度惯性下，规制型发展政策不可避免地会被扭曲和变异。"[②]从这个意义上讲，行政性放权所具有的惯性制约了制度化分权的形成，并成为阻碍未来改革深入推进的关键所在。这一点在分税制实践

① 鲁敏：《考核替代型监控：转型期纵向政府监控机制的解读》，《中共浙江省委党校学报》2013 年第 5 期。

② 薛澜、陈玲：《制度惯性与政策扭曲——实践科学发展观面临的制度转轨挑战》，《中国行政管理》2010 年第 8 期。

中表现明显。应该说，分税制是用制度的精神塑造政府财税关系，进而影响整个纵向政府关系的重要变革。部分研究者将这一举措誉为“财政联邦主义”，并认为是中国大陆经济快速增长的动力之源。但这个在西方市场经济国家中表现成熟的制度化分权却在中国停滞不前。新千年（1801—2000）以来，这一制度与行政性放权及在此基础上产生的政府机会主义联系起来，不仅阻碍了其自身的进一步完善，而且可能诱发地方向反改革的方向演变。这些分别可以从省级以下分税制改革的停顿，近年来房地产市场的非理性增长和地方发展的畸形模式中观察到。不难看出，在缺乏制度化分权的大环境中仅凭单打独斗分税制改革势必难以深入推进。

第二节　当代中国地方政府制度化权责配置的现状①

行政性放权是中央政府为了推动经济管理体制改革而不得不在中央地方权力关系上做出的权宜性调整，在特定历史时代这种调整曾产生的积极性大于消极性。但行政性放权本质上还是人治方式在国家治理层面的体现，具有较强的过渡性特征。正如前面所强调的那样，行政性放权只是权力归属变迁下中央地方关系的表现，而转型期各层次各领域中存在大量类似的非规范性、临时性的权力归属变化，它们同中央地方间的行政性放权一样，都是过渡时期的策略性选择。这种策略性行为虽然能够有效应对转型过程中出现的各种难以预计的问题，但相关步骤程序的脱节、配套措施的缺位却对地方政府的制度化权责造成影响。

一　权责不对等

转型期以来，地方政府权责配置的现状大大偏离了权责对等的应然状态，有权无责、有责无权、权大责小或者权小责大等现象在不同

① 第二、三节已经以《变迁与失衡：转型期地方政府的权责配置研究》为题，发表在《云南社会科学》2012 年第 1 期上。

层级的地方政府中存在。

一是市场化转型过程中权责下放的非均衡性。一般而言，权力的下放和责任的转让应当保持均衡配套，权力下放一点，责任转让一部分，这样才能从总体上保持权责的对等和均衡。但转型期以来，灵活但却无章可循的策略性放权破坏了权责对等的基本原则和客观要求。权力的下放和责任的转让不同步，注重任务布置却忽视对任务完成情况的检查，注重权力下放而缺乏对同等责任的强调。同时，疾风骤雨般的改革和灵活多变的措施让地方政府在权责配置过程中只能是被动应对，疲于奔命，没有时间和精力去深入思索权责配置背后的深层逻辑。权责下放的非均衡性是转型期权责不对等的起点，也是改革初期无法回避的矛盾。

二是非规范化的权责下放为地方政府及其部门“追权弃责”留下了较大的空间。从理论上讲，权力是一种能动的力量，也是一种重要的资源，而责任是个人或组织的负担。权力能给地方政府带来利益，而过度的责任则可能带来压力和损失。转型期，中央政府行政性放权事实上是没有明确制度规定的非规范性放权。在这个过程中，具有“理性经济人”特征的地方政府可能从自身的利益出发，抓住制度缺失中存在的博弈机会，最大限度“追权弃责”，寻求额外收益。权力下放的非规范性可能导致组织体系中越是有权力的部门可能获得的权力资源越多，因为它们可以动用原本具备的优势追逐更多的权力资源，形成“滚雪球效应”。

三是科层组织中权力的垄断运行带来的纵向权责配置的不均衡。政府管理体系是典型的官僚科层结构。这种传统的管理体系是一个金字塔式的等级化组织，处于该体系中的组织和个体都拥有与其地位相当的权责范围。总体来看，上层政府在权责体系的配置中处于优势地位。于是，它们会充分利用这种优势地位“追权弃责”，将权力的垄断性和强制性转化为权责配置的优势。这样做的结果是，上级政府拥有更多的权力和其他资源，而将责任推给下级政府；下级政府拥有更少的权力和其他资源但却承担了更多的责任，甚至在某些情况下，不得不充当上级政府的“替罪羊”。

二 权责主体虚置

权责主体虚置是指在地方政府权责配置中，主体不明甚至主体缺位的不正常状态。从理论上讲，主体明确是地方政府权责配置的基本原则和客观要求。只有在主体明确的情况下，权力才能被正常行使，责任才能被有效追究，才能防止权力有人争，而责任无人负的局面。但转型期以来，权责主体明确的局面被打破，政府之间争权抢权不时存在，推责诿过屡屡发生。不仅如此，界定这种权责的归属还常常成为一项艰巨的工作任务。权责主体不明导致政府之间关系紧张，破坏了权力运行和责任追究的基本秩序，成为转型期亟待解决的问题。

转型期权责主体虚置是特定政治体制和行政管理模式下的产物。如果对纵向政府的职责进行比较的话，人们不难发现：每一级政府管理大体相同的事项，承担大体相同的责任，设置“上下对口，左右对齐”的机构。纵向政府之间职责的雷同模糊了纵向政府间的权责关系。除了国防、外交等少数职责外，在具体的事务上，所有的政府都有权力去管，也都应当承担相应的责任。这也带来了另一方面的问题、由于缺乏明确的责任归属，处于中间层的政府完全能够采取机会主义策略，追逐权力而遗弃责任。而且，转型期纵向事权的分配不是建立在宪法和法律的规定基础上，而是建立在灵活度大但是权威性不足的政策规定上。权力和其他资源的分配是通过纵向政府之间讨价还价的方式完成，而责任的认定却因为政策多变而含混不清。在转型期改革措施频繁、非常规性事项众多的背景下，这种随意性和非规范性增大了权责主体认定的难度和工作量。

权责主体虚置直接损害到政府信用和形象。现实中，人们常常能够看到不同层级和部门的政府上演了一场场争权夺利、推诿弃责的闹剧。为了局部利益，它们不惜同中央政府、同级政府、政府部门甚至企事业单位等争夺权力；而一旦需要承担责任时，就上推下卸，敷衍塞责。更有甚者，当其违反制度规定而应当受到追究时，它们就会试图“把水搅浑”，进而逃之夭夭。当公民在权益遭受伤害且难以准确判定责任归属的情况下，只能忍气吞声，这无疑将会增加公众对“广义政府”的不满和指责。权责主体的虚置所带来的权责关系的紊乱让少数地方政府从中获益，这助长了它们的侥幸心理和投机行为。如果任由这种惯性思维大行其道，必将降低政府机关的运行效能，败坏政府在公众心目中的信用和形象。

三　权责回路过大

转型期地方政府的权责配置明显呈现出“大回路”的特点（见图3－1）。从政府的具体组织形式来看，地方政府自上至下以此设置了省、市（地区，盟）、县（自治县，县级市，旗）、乡镇四个层级，四级地方政府层层授权，层层节制。如果根据宪法的规定：“中华人民共和国的一切权力属于人民，人民行使国家权力的机关是全国人民代表大会和地方各级人民代表大会”，那么各级地方政府应当是直接从人民手中获取授权，并直接向人民负责的国家机关。但从实际权责配置来看，各级地方政府都是从其上级政府那里得到的授权，并直接向其上级政府负责的。这样自然就形成了中央政府的权力来自全国人民的授予，并向全国人民负责。而省级政府的权力主要来源于中央政府并对它负责，市（地区级）政府的权力主要来源于省级政府并向它负责，县级政府的权力主要来源于市（地区级）政府并向它负责，乡镇政府的权力主要来源于县级政府并向它负责。虽然它们名义上都是向公众负责，但是客观存在的权责制约模式让它们的直接责任对象只能选择授权给自己的上级政府，对于公众，它们的责任是间接的。

之所以将这种权责配置称为“大回路”，是因为地方政府运用权力和承担责任的过程是一个较大的封闭型回路。人民主权理论认为，政府的公共权力来源于人民的授予，因而政府应当向人民负责并接受人民监督。据此推定，无论权力责任实现路径的长短，地方政府的权力和责任的最终对象都应当是公众。以市（地区）级政府为例，从图3－1可以看出，市（地区）级权力是经过县级政府、乡镇政府最终指向民众，而其责任流向是经过省级政府，中央政府最终指向公众。虽然市（地区）级政府最终权力对象和责任对象都是公众，但其权责履行却跨越了从中央政府，省级政府，到县级政府和乡镇政府

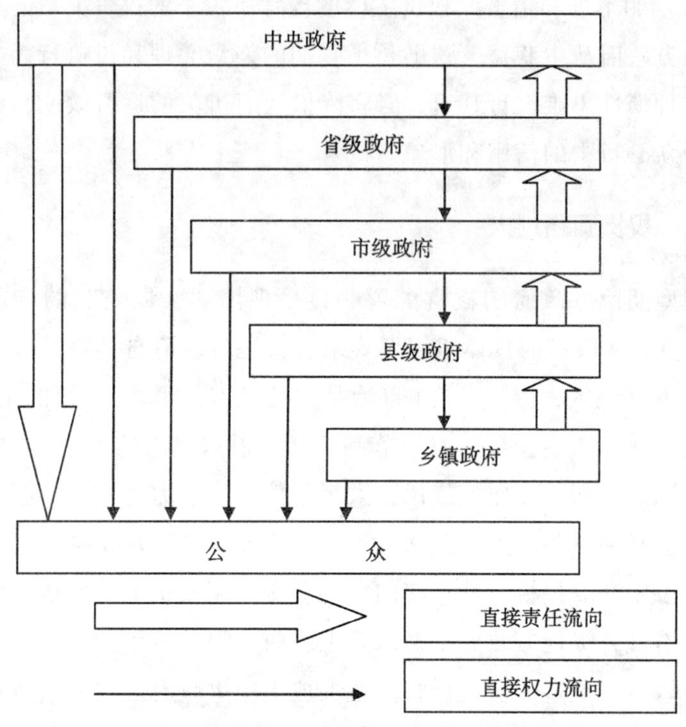

图3－1　大回路的权责模式

等多个层级，是一个跨度很大的封闭型回路。仔细分析这种权责配置模式，不难发现，地方政府直接的权力对象和责任对象是分离的。以县级政府为例，县级政府是从市（地区）级政府获得授权，并向市（地区）级政府负责的，因而其直接的责任对象是市（地区）级政府。从权力运行对象来看，县级政府的一部分权力是指向乡镇政府，另一部分权力是直接指向公众的，县级政府的直接权力对象是乡镇政府和公众。在直接的权力对象和责任对象分离的情境下，地方政府完全具备利用信息优势追求自身独立利益的主客观条件。地方公众在让渡出自己的权力之后，却不能直接对权力的行使者予以评价和监督，而上级政府虽然具有监督和控制权力行使者的能力，却因为缺乏对权力运行最直接的体验而难以对其作出公正的评价。行使权力的地方政府可能阻止权力接受者和权力监督者之间的信息沟通，或者向权力监督者灌输虚假信息达到自身的各种目的。在地方政府的关键行动者看来，既然通过某种毫不费力的方式就能够轻松应付权力监督者的制约，那还需要煞费苦心地对待自己手中的权力吗？既然可以在运用权力的过程中获取利益而无须承担足够的责任，那为什么不呢？直接的权力对象和责任对象分离是地方政府奉行机会主义策略的关键因素，也是“大回路”权责模式的天然缺陷。

大回路的权责配置模式很容易导致各种信息的失真和扭曲。政府的运作是无法离开信息的传递的，无论是从下至上的信息采集还是从上至下的政策宣传、任务分派、政策执行，都伴随着信息传递的过程。回路过大，必然带来信息的损耗，这是不可避免的客观现实。除了客观因素以外，官员们在信息传递过程中的各种主观意图往往能够借助于这种“大回路”实现。“不当约简”“本底噪音”“主观滤波”① 等有意无意的信息处理常常让信息传递过程演变成为信息的加工过程。于是，从基层政府传递到高层的信息往往是“假、大、空”的伪信息，而从中央或者高层地方政府传递下来的各种政策可能早已背离其初衷。

大回路权责配置模式中的固有缺陷降低了地方政府对公众的回应能力。信息链条过长带来了地方政府和公众反应的“时滞”，造成了各级地方政府的木讷和迟钝。信息传递的失真可能让地方政府的行为选择难以准确满足公众的需求，甚至作出南辕北辙的判断和行为选择。据报道，除“紧急”性文件外，一般性文件从中央传递到基层要经历多个层次，最少也需要 70 天。② 与此同时，权力和责任对象的分离带来了地方政府责任机制的缺乏。上级政府是地方政府的直接责任对象，而公众虽然是最终的责任对象，却只是地方政府的间接责任对象。特定情景下，当直接责任对象的要求同公众的需求出现矛盾时，只对直接责任对象负责，忽略公众的感受将很可能是地方政府的“理性选择”。

---

① 朱光磊：《当代中国政府过程》（第三版），天津人民出版社 2008 年版，第 206—207 页。

② 新华网：《调查称中央文件传递到基层行程至少需 70 天》，http://news.xinhuanet.com/local/2012-10/20/c_123847256.htm。

四 权责配置的不稳定性

转型期地方政府权责配置的不稳定性表现在多个方面，其中，公共政策的多变是一个较好的视角。公共政策是“公共权力机关经由政治过程所选择和制定的为解决公共问题、达成公共目标、以实现公共利益而进行的社会资源配置和社会价值的分配”①。公共政策是实现政府对社会事务管理职能的重要手段，是政府保障社会秩序的基础和前提。对于它的重要性，美国经济学家曼昆指出：“一个社会的兴衰在某种程度上取决于政府所制定的公共政策。”② 作为现代政府的重要输出产品，公共政策包含了大量界定地方政府权责关系的制度规范，它对地方政府权责配置起着至关重要的作用。

转型期以来，公共政策远远谈不上稳定。这种不稳定性不仅表现在政策制定上，而且表现在政策执行、政策监督和评估上；不仅表现在政策本身中，而且表现在政策的领导者和执行者中。一方面，在快速的经济和社会转型中，政府职能的调整远远超出常规状态下的变迁，政府职能的快速调整引发了政府的公共政策的不稳定；另一方面，转型期中央“相机抉择”的调整策略虽然能够有效应对改革过程中不断出现的风险和问题，但是却加剧了公共政策的调整频率，影响到公共政策的稳定性。

在公共政策多变的环境中，人们不得不用“抢抓政策机遇”的口号来表达他们的应对策略，也不得不奉行“捞一把就走”的短期行为模式。对于政策缺乏稳定性所带来的弊端，研究者赵根成作出了归纳，他认为：第一，政策频繁变动往往导致政策显失公正。政策是社会价值的权威性分配，政策的频繁变动可能成为特权阶层牟取利益的工具。第二，政策不稳定将导致政府成本增加和资源浪费。政策的变动势必引起与政策相关的组织机构，工作程序甚至社会心理的适应性

① 宁骚：《公共政策学》，高等教育出版社 2006 年版，第 447 页。

② 转引自徐家良《公共政策：价值与途径的内在平衡》，《北京行政学院学报》2000 年第 1 期。

调整，变化过于频繁无疑会加大政府资源的浪费。第三，政策的不稳定性会诱发各种短期行为。由于对未来的不可预见性，人们更倾向于做“一锤子买卖”的短期交易，这样势必影响某些领域的可持续发展。此外，政策的频繁变动还会导致公共政策的结构性紊乱，撕裂了政府和社会之间的信赖关系。而一旦人们对公共权力产生不信任的情绪时，各种的非正式组织和社会力量将取代公共组织和公共权力，占据权力的真空，社会秩序将走向混乱。[①]

第三节　政府制度化权责的基本原则

工业文明用制度的思维方式改造了农业文明权威治理的随意性和无约束性，到了工业文明后期，制度主导社会治理活动，接受人类的顶礼膜拜，整个社会都将浸润在制度思维和法治理念当中。制度化权责不同于权威化权责和伦理化权责。制度化权责是通过繁复的制度将公众的权力和责任收集起来，在一定在社会组织系统中进行配置，以实现公众对美好生活的追求。可以说，制度化权责是科学而理性的，相对而言，权威化权责是自发的，伦理化权责是自觉的，它们都不存在要在较大社会组织体系中转移、重新设计和定位的过程，没有制度化权责那样的规定性和科学化过程。这样，制度化权责就有其他权责配置方式不同的原则。工业化鼎盛时期，制度分为不同的层次，分布在不同领域，制度之间相互衔接，巧妙组合，互为支撑，构筑了一张庞大的网，覆盖社会生活的方方面面，人类运用高超的社会技术实现了权责体系的制度化。

作为社会生活的重要参与者，政府同样将制度的精髓贯穿在其权责配置和运行当中。相对于农业文明而言，工业文明的政府制度完备、内容完善、结构合理、更替有序、富于逻辑。最为重要的是，法治理念弥漫了整个社会生活，制约了权威的弹性空间，保证了社会生活的确定和有序。总体来看，工业文明成熟期政府的制度化权责的基本原则可以归纳为：

① 赵根成：《论公共政策的稳定性和政策秩序》，《中国行政管理》1998 年第 1 期。

一 权责对等

所谓权责对等原则也就是权责一致原则，是指政府所拥有的权力应当与其所承担的责任相适应。也就是说，政府有什么样的权力就应当承担什么样的责任，权大责就大，权小责就小，无权就无责。在社会契约理论者看来，政府的权力是公众权力的让渡，公众同政府之间存在委托—代理的关系。代理者正是由于承担了委托者交付的某种责任才能获得与之对应的权力，权力是实现责任的保证，责任是权力正常运行的制约。这种委托关系当中，权力不能大于责任，否则，可能存在权力资源的滥用、浪费，甚至出现代理者对委托者利益侵犯的不良现象；权力也不能小于责任，否则代理者将不具备履行责任的能力。需要注意的是，权责对等不仅意味着它们总量上的对等，还意味着结构上的对应。也就是说，政府权力配置的内容和结构应当直接对应于责任的边界、内容和实现方式。

二 主体明确

主体明确是指在权力和责任配置的过程中，权力主体即是责任主体，权责主体应当明确并且一致，不能存在多方抢权或者无人负责的现象。政府权力是履行职责的重要行政资源和基本前提，它一般与政府组织的利益联系在一起；而政府责任是组织体系必须承受的控制、约束和负担。一般而言，个人趋利避害的“理性经济人”属性会映射在组织体系中。具有利己动机的组织和个人存在“追权弃责”的天然倾向，这会促使组织最大程度上利用手中的已有权力和资源，降低可能承担的责任并追求更多的权力资源。一旦对于权力和责任主体没有作出明确的界定，组织会在有意无意之间试图模糊权责的界限，最终导致权责运行过程中出现有人争权而无人负责的现象。现实生活中，经常出现的“有利时人人都在管，出事时处处无人管”[①] 现象，

① 争夺庐山：《有利时人人都在管　出事时处处无人管》，新华网（http://news.xinhuanet.com/fortune/2013-01/22/c_124262846.htm）。

就是违反这一原则的必然结果。

三 行文规范

行文规范是组织中权责配置的技术性因素。所谓行文规范，就是采取规范的语言、结构和形式明确组织权责配置过程中的内容、程序和实现方式等，形成科学完善、便于执行、没有歧义的文本框架体系。从一般意义上讲，组织的权责配置应当是具有权威性的法律文书，而不能仅仅是思想的统一或者口头的协议。政府的权责配置应当作为公共管理的权威文件，体现在各种规范的法律制度当中，这其中应当包含各种形式的实体和程序法、政府的公共政策和内部管理规定等。

四 回路短小

公共组织的权责是民众对公共组织的让渡，这种让渡关系形成了权责的委托—代理关系。所谓回路短小原则是指权责委托者（公众）和代理者（公共组织）之间应当最大限度保持较小的权责循环体系。从委托者和代理者的权责关系来看，委托者将权力让渡给代理者的同时，也就将责任赋予了代理者；代理者在接受委托者责任的同时，也就获得了委托者的权力，代理者和委托者之间形成了完整的权责回路（见图 3－2）。因而，权责回路就是委托者从代理者手中获得让渡的权力，并通过有效运行权力，向代理者负责的循环关系。

权责回路短小是信息传递的客观要求。从信息传递的一般规律来看，若信息传递的回路过大，则容易造成信息传递的过滤、变形甚至失真，直接影响传递者和接收者之间的交流和沟通。要想实现委托者和代理者之间良好的信息沟通和交流，保障委托者对代理者有效的监督和控制，防止委托—代理关系中可能出现的“道德风险”和“逆向选择”等问题，就应当最大程度上减少委托者和代理者之间的权责交换回路。委托者和代理者之间发生的权责交换应当是直截了当而无所阻隔，任何试图将委托—代理关系进行的二次或者多次委托代理转换，都可能会降低委托—代理的效力而伤害到委托人的权利。

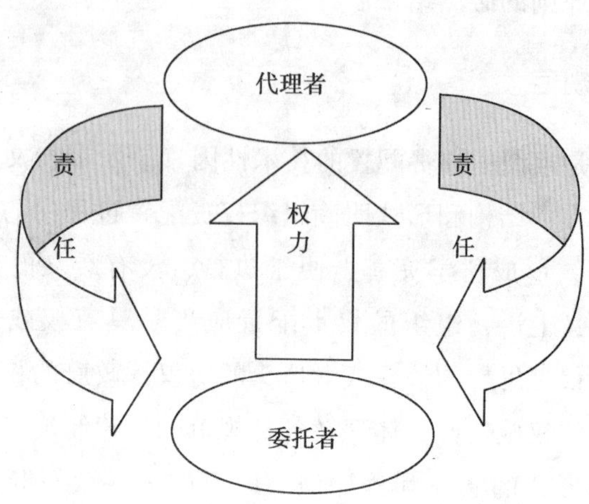

图3－2 委托者、代理者间的权责交换回路

政府权责配置的回路短小原则还是保证公众权利的有效手段。在公共领域的委托—代理关系中，委托者是人数众多的而且素质参差的公众，多次委托—代理无疑会加剧“集体行动的困境”，导致委托者的权利难以得到及时的追诉，形成代理者的责任迷失和委托者的权利受损。相反，权责回路短小是权责关系明确的基础和前提。它有利于增强政府对公众的回应性，有利于增强委托者对于自身权利的追诉能力，进而能保证委托者有效地监督和制约代理者，形成良性的委托—代理关系。

五 配置稳定

权责配置是连接宏观政治体制和具体行政运行模式的中介，也是特定条件下行政权力运行和责任追究的基础和前提条件。在实践中，它规定了政府运行的方式、内容、程序等，也明确了政府不同层级、不同部门之间的关系，还界定了政府同市场主体、社会组织之间的互动方式和运行边界等。因而，一定的政府权责配置是整个社会有序运行的基础和前提。权责配置一旦形成以后，务必保持稳定。我们很难想象一个变动不居的权力责任运行状态，那将是权力责任主体客体，程序内容和实现方式处于高度不确定的场景。在这种状态下，行政主体将无所适从，行政关系会处于紊乱，社会的基本秩序难以保证。

六 适度更替

从政府生态学的角度来看，现实中政府是处于动态而复杂的环境系统中的，政府必须与环境之间保持密切的交流，寻求与环境中诸要素的互动平衡。环境系统中相关因素的变化都可能对政府产生影响，也就是说，环境的变化需要政府权责做出必要的回应。例如，计划经济需要政府在微观经济领域中实现更为细致的权责配置，但是，走向市场经济的政府将更多的政府权责配置在宏观领域，通过总量的调节实现经济的均衡发展，而不再专注于绝大部分具体产品的生产和销售情况。从产生的角度来看，两种环境的变化可能会导致政府权责配置的变化。一是随着经济社会的发展，公众在一些新的领域中增加了诉求，必然要求政府将权责的触角伸展到这些领域中来。例如，计算机网络的兴起要求政府增加对网上信息及时引导和监控的权责。再例如，工业化的不断发展日益侵蚀了人类的生存环境，在基本生活得到满足的前提下，人类对自然和生态环境的诉求占据要津，政府对生态文明建设的问题必将由过去的“被动防范”转为“主动进攻”，政府在生态建设领域的权责将会大幅增加。二是已有的政府权责不适应新形势的变化，要求政府及时修正和补充。例如计划经济时期政府在社会养老中的权责不能适应市场经济条件，必须做出相应的调整。总体来看，政府权责需要在稳定和适度更替上寻求平衡，既不能呆滞死板而不适应环境的变换，也不能朝令夕改而损害政府的权威。

七 监督有效

从权力责任的关系来看，责任本身就是对权力运行的监督和制约。但需要强调的是，责任同样是一个能动的力量。监督他人的人同样应当受到监督。无论是权力的运行还是责任的追究，都必须受到第三方的监督和制约。现实的政治实践表明，人们很注重对于权力的有效监督，但常常遗漏了对监督者的必要制约。无论如何，处于公共领域的任何具有能动性的力量都有必要受到其他力量的监督和制约。各种能动性力量之间应当互为补充，彼此牵制，形成监督和制约的网状结构，防止任何一种能动性力量逃出恢恢法网。实现政府权责的有效配置，既要注重以责控权，还要注意责任追究的有效性。现实中人们能够看到对政府权力运行的严格界定，也能看到对权力失范的准确判断，但却往往缺乏对权力运行失范的有效追究。这其中固然存在各种阻止责任追究的“人情风”“官场惯例”等负面因素，但缺乏对责任追究者的监督却是不容忽视的问题。

八 资源均衡

从理论上看，权力是建立在资源占有的基础上，没有“能”的支持，权力将面临运行困难甚至难以发挥作用。权力的大小和实现程度最终取决于人力、财力、暴力、制度、权威、信息、合法性等多重资源复杂聚合的“能”的大小。政府权力是建立在多种资源的基础上，人力资源、财力资源、权威资源、文化资源、信息资源、制度资源等都是政府权力的重要基础。在很多情况下，某种资源的缺失可能让政府权力的有效性大打折扣，即使其他资源再充裕也于事无补。政府权力所依赖的各种资源之间应当保持相对的均衡，形成“木桶效应”，否则，某一种资源的缺乏将会影响政府权力的整体有效性，成为支持政府权力运行诸因素中的“短板”。如地方政府在实施生态建设的过程中，即便是其他的资源再丰富，如果缺乏相应的财力或者人力支持，也难以得到有效的执行。

资源均衡要求政府通过有效的分配机制将权力运行的各种资源均衡分配到各级政府和不同政府部门之间。不能让某个层级或者某些部门的政府资源占用过多或者资源不足。例如，目前县乡政府的财力困难成为其权力有效履行的关键制约因素，这一资源的窘迫已经逐步侵蚀地方政府的权威和信用资源，并最终影响到地方政府权力的运行。在官僚组织体系中，上级政府往往拥有获取更多资源的能力和倾向，结果就是在资源分配机制不够规范科学的情况下，上级政府可控资源越来越多，而下级政府越来越少，最终可能影响到行政组织的有效运行。也就是说，官僚组织具有自动向上集聚权力资源的能力，如果缺乏必要的制约措施，这种资源汲取能力会带来组织体系在资源分配上的不均衡，成为组织健康运行的大敌。这一点在当代中国政府体制中较为明显。如改革开放初期中央政府主动下放的各种权力，在20世纪末21世纪初期出现较大比例的上移，并成为制约社会和市场成长发育的阻碍。中共十八大以后的班子向社会和市场简政放权正是看到了这一弊端而做出的主动调整。但如果仅仅将这种调整寄托于主要领导者的意志而不是规范科学的资源分配机制上，这种行为将会在后来演变为一种周而复始的循环。

第四节　地方政府制度化权责失衡的基本逻辑和现阶段对策①

计划经济向市场经济的过渡可以看成从权威主导走向制度主导的历史演变。但是中国不仅有计划经济的短暂历史，更有几千年农业文明的强大惯性，社会对制度的认同度普遍较为缺乏，制度的精神还远远没有成为社会秩序的灵魂，走向制度化权责的历史过程必将是痛苦而漫长的过程。现阶段地方政府权责失衡正是这种痛苦过程的侧面反应，因而，有必要厘清地方政府权责失衡的基本逻辑，最大限度缩短历史阵痛期。

一　阻碍转型期制度化权责完善的一般分析

制度化权责的本质是整个社会围绕一定的制度运行，制度而不是权威成为社会秩序的主导者。在这里，制度是与权威相对应的一种秩序，制度是超越权威意志的规则，它更强调一种对规则而非少数权威服从的制度精神。在走向制度化治理的历史进程中，我们并不缺少对制度的热情和理想，也不缺少制定制度的行动，但却不一定能得到真正有效的制度。张康之将人类社会治理结构的演进归纳为三个基本历

① 本节以《地方政府权责失衡的基本逻辑》为题，发表于《中共中央党校学报》2015年第6期。

程：农业社会的统治型社会治理模式，工业社会的管理型社会治理模式和后工业社会的服务型社会治理模式。管理型社会治理模式是法治的，制度在这种治理模式中被赋予了最高权威，而且制度完全战胜权威并成为社会秩序的主导者应当发生在工业化中期。[①] 从基本逻辑来看，工业化早期制度虽然不断走向强大，但不够成熟。制度的不成熟与工业化早期市场没有完全扩展并形成稳定的秩序紧密相关。在这一时期，各种市场主体还在“通过生产而发展和改造自身，造成新的力量和新的观念，造成新的交往方式，新的需要和新的语言”[②]。直到工业化中期，市场才趋于稳定，市场所衍生的制度才完全成熟，并稳定持续地发挥主导作用。尽管制度战胜权威是历史的必然趋势，但在特定的社会实践中，这个过程是一场痛苦的蜕变。存在这样或者那样的不确定性因素会在特定时期主宰历史进程，成为延缓制度化权责主导社会秩序的插曲。

总体来看，影响制度化权责完善的原因可以归纳为内外两重因素。内因是制度化权责自身的科学性。权责对等、主体明确、行文规范、回路短小、权责稳定、适度更替、监督有效、资源均衡等是制度化权责配置过程中应当遵循的基本原则，这些原则保证了制度运行的稳定、精确和效率。但人类对制度设计的认识是一个不断深化的过程，在制度形成早期违反基本原则的情况并不少见。当制度设计不符合权责配置的基本原则时，权责就会在运行中根据自身的逻辑撕裂设计者精心设计的制度，并生成了一套与设计的正式制度相互冲突的非正式制度。正式制度和非正式制度的冲突不得不诉诸组织中权威的调停，这样，组织的权威中心将重新发挥调节者的角色，组织可能退回少数权威主导社会秩序的历史当中，制度化权责可能要丧失战胜权威的机会。可见，制度设计自身的科学性问题是制度化权责能否站稳脚跟，主导社会治理的内在因素。

除了内在因素以外，对制度的外在干预也是阻碍其走向完善的重

---

① 张康之：《论伦理的精神》，江苏人民出版社 2012 年版，第 134—140 页。

② 《马克思恩格斯全集》第 46 卷（上），人民出版社 1979 年版，第 494 页。

要因素。这种外在的干预分为两种情况，一是主政者站在历史的高度有意识地调节转型节奏，在社会改革的力度、速度和可承受度之间寻找平衡，控制制度走向完善的节奏。当处于特定敏感的转型历史时期，政治权威不得不将政治稳定和秩序放在优先位置。“经济的发展，集团的分化，利益的冲突，价值观的转变以及民众参与期望的提高，这些急剧的变化远远超过了政治体制的承受能力，导致社会的紊乱……欲根除国内政治的动荡和衰朽，这些国家必须建立强大的政府，舍此无他路可走。”① 而强大的政府及其对社会灵活机动的干预很大程度上同稳定但却死板的规则存在一定的冲突。政治权威基于对转型期不断涌现的各种风险的灵活应对而暂缓制度完善的历史进程，这在总体上是积极的。二是少数利益集团基于自身利益的阻挠和破坏。相比第一种情况，这种情况就非常消极了。利益集团是寄生在特定环境中的获利者。它们善于发现这种环境中的机会，并构造了与之相适应的组织体系，一旦与特定的环境达成协调以后，它们就占据组织体系的关键资源，成为其中的重要角色，进而动用自己占有的资源，强化现存规则，阻碍制度的完善，这一点在当代中国就有充分的体现。正如厉以宁所言，改革开放30年来所形成的利益集团认为改革有损于它们的利益，就会通过不同的方式反映它们的诉求并采取某些措施。②

制度战胜权威成为社会秩序的主导者应该是一个反复并且痛苦的过程，因为制度需要在人类反复“试错”的行动中走向成熟。从另外一个角度来看，正是因为制度的不成熟，社会生活中所架构的多种体制机制和运行模式就必将在制度与权威的反复拉锯中无所适从。转型期依托各种正式制度建立起来的体制机制却在制度的沦丧中重新回到权威主导的秩序中。而权威却无法支撑起现代社会生活所需要的稳

① ［美］亨廷顿：《变化社会中的政治秩序》，王冠华、刘为等译，上海人民出版社2008年版，序言第Ⅴ页。

② 厉以宁：《利益集团和制度惯性是当前改革两大难题》，http://www.chinanews.com/gn/2014/03-06/5919629.shtml。

定基础，依托先前制度所建立的体制机制缺乏稳定的动力来源而陷入失衡的境地，当代地方政府权责失衡正是这一历史进程的侧面反映。

二 影响当代地方政府制度化权责完善的基本因素

马克思将国家职能明确地划分为管理型职能和政治型职能，“既包括执行由一切社会的性质产生的各种公共事务，又包括由政府同人民大众的对立而产生的各种特殊职能”①。政府是国家职能的重要承担者，国家的这两种职能都将在政府的权责中体现出来。即政府不仅是管理的机器，而且承担复杂了政治功能。因而政府不仅要遵循制度化权责的管理规律，还要考虑多重复杂的政治因素。上文谈到的内因和外因在政府制度化权责中自然就分别转化为管理规律和政治因素。

地方政府的权责配置同样是管理规律与政治因素这两个方面的复杂糅合。当代地方政府的权责体系是整个政府权责体系的组成部分，而且，相对于中央政府而言，地方政府总体上是被动的。因而，对当代地方政府制度化权责的分析既要坚持一般性管理原则，又不能脱离对现实政治因素的考量，尤其是纵向政府间关系这个关键的政治因素。两种因素的基本逻辑既具有独立性，又相互补充。它们在特定历史情境中此消彼长，分化组合构造出不同的形态，使政府权责在面对多变的社会生活时呈现出高度的复杂性。

这种复杂性表现在主政者需要根据经济社会发展的基本态势平衡管理规律和政治因素间的关系。当一个社会处于稳定的社会形态时，根据管理原则构建政府权责，实现政府效率是主政者的理性选择；反之，当一个社会的社会秩序处于变迁过程中，政治因素的重要性将上升。社会秩序越是处于急剧变迁的时期，对政治因素的考量越显得重要。当代中国正处于经济社会转型的宏大历史进程中，变化中的社会秩序客观上需要将政治因素放在更高的位置上考量，否则，基本的社会秩序将无从保障。因而，当代政府权责配置中政治因素高于管理原则。

① 《马克思恩格斯全集》第25卷，人民出版社1972年版，第432页。

如果仅从管理的角度来看，地方政府的制度化权责应当遵循“按需定责、据责授权、以责控权”的基本思路。所谓“按需定责”，就是地方政府应当根据地方公众的需求确定自身的责任体系。政府本身就是为了实现公众的良好愿望而建立的公共组织，公众的需要就是政府应当承担的责任。当然，这里的需要首先应当是公共需要，而非个体通过自身、市场机制或者社会组织能够得到满足的需要。其次，遵循管理效率和规模效应相结合的基本原则，部分需要基于普遍性和规模效应应当由高一级政府供给，而部分需要基于地域性和独特性则要由低一级的政府供给，至于究竟交由哪一级地方政府供给则要根据上述两方面特征的综合比较来决定。所谓“据责授权”，就是地方政府应当根据其所承担的责任而获得相应的权力资源。这些权力资源应该包括法定的授权、人力、财力、物力等。所谓“以责控权”，就是地方政府的权力运行必须受到相应的责任控制。公众将他们追求美好生活的愿望和实现这一愿望的权力资源交给了地方政府，并通过规范的文本确定了地方政府的责任，地方政府行使权力的目标就是实现这一责任。任何权力的不用或者滥用都会影响其最终责任的实现，相应地，通过有效的责任追究就能够防范和纠正地方政府权力运行的偏离。

但处于经济社会转型期的中国更要高度关注权责配置中的政治因素。基于这种逻辑，中央政府对地方政府保持较强的权威和控制至关重要。这种控制不仅是转型期对政治稳定考量的结果，还至少与以下两个方面相关。一方面是转型期的地方政府尚未形成“独立化人格”[①]。经济社会转型期是地方政府人格的形成和完善期，在直接与公众建立明确的权力责任关系上，地方政府既缺乏必要的体制和机制支撑，又没有充分的经验积累。在转型之初，基于对地方政府行为能力的顾虑，中央政府必须对它保持必要的控制，但这种控制将随着地方政府行为能力的提高而逐步弱化。另一方面是出于对既得利益集团

① 鲁敏：《转型期地方政府的角色定位与行为调适研究》，天津人民出版社2013年版，第72—78页。

的防范。相对强势有为的中央政府能够跳出一定组织环境中利益集团的“锁定”，在关键时期重新构造必要的制度安排，向更高层次的社会形态跨越。

转型期中央政府从保持政治稳定的角度出发对地方政府所实施的有效控制必然投射到权责配置中，成为政府权责配置的体制基础。这表现在，从静态的角度来看，为保持政治稳定和实现特定政治目标，中央政府承担了过多的权责，同公众建立起了大回路的权责关系。所谓大回路，就是无论哪一级政府，其与公众的权力责任不是直接的，都要经过其他层级的政府传递。[①] 中央政府需要通过层级节制将权力责任分解到各级地方政府，将地方政府纳入这个庞大的回路体系。从动态的角度来看，在向地方政府下放权责的过程中，中央一直处于谨慎的试探状态，这点从改革开放以来中央地方在权力收放上的循环中可以看到。为了实现管理效率，改革之初的中央政府往往试探性地将部分权责交由地方政府履行。获得相关权责以后的地方政府在中央政府追求管理效率的导向下展开激烈竞争，将某些行为演绎到极致，并最终影响到中央政府的权威和转型期的政治稳定。这一点从2009—2012年地方政府在房地产领域中的表现可以看出。在谋求地方政绩的冲动下，地方政府对中央房地产调控政策选择性执行，引发了房地产市场“愈调愈涨”的怪圈，影响了公众住房福利的改善以及他们对中央政府政策调控能力的质疑。于是，出于政治因素的考虑，中央政府收回部分权责。收回权责后地方政府缺乏行动的主动性，政府的运行效率大大降低，陷入管理的低效，中央政府不得不再次放权。结果就是，中央政府在管理原则和政治因素的徘徊中陷入权力循环收放的怪圈。

总之，对于当代地方政府而言，阻碍制度化权责完善的因素固然有一些管理技术方面的问题，但最根本的还是政治因素高于管理原则所带来的体制机制问题。当代中国政府的权责回路过大、权责关系调

① 鲁敏：《“多中心小回路”的地方政府体制探讨》，《中共中央党校学报》2012年第4期。

整过于频繁有违制度化权责配置的管理原则，也是一般性管理原则无法得到落实的本源，但这却是经济社会处于转型时期的被迫选择，是特定历史时期政治因素高于管理原则的体现。

三 基本因素冲突中地方政府的权责失衡

转型期复杂的经济社会环境下对管理原则和政治因素的准确把握超常困难，这不可避免地引发它们之间的冲突。基本因素的冲突将波及地方政府层面，成为地方政府权责失衡的关键因素。归纳起来，这种失衡体现在以下几个方面。

（一）中央政府被迫陷入“事务主义”的泥潭

在向市场经济转型的过程中，地方政府虽获得了一定的自主性，但并没有获得“独立化人格”。这样，地方政府就不具备自主构造权责体系的独立行为能力，地方政府的权责体系基本来源于中央政府。中央政府直接或者间接地决定了地方政府包括政治性、管理性和服务性在内的众多权责，并深入权责的分配、使用、界定和追究等各个环节。由于不是经过自己思考并且主动承担的结果，地方政府对相关权责的理解仅仅停留在表面。而且，受制于知识、信息和精力，中央政府不见得能够准确把握不同地方的特殊情况，不能为所有地方量身定做权责体系。在这种逻辑下，盲目理解和被动执行成为地方政府的常态。实践中，地方政府缺乏履职的主动精神，观望等待气氛较为浓厚，只在上级政府高度重视和严肃考核的领域如招商引资、维稳和社会治安综合治理等工作中才会“动真格”。而且越到基层，中央地方之间的互动越弱，地方政府对权责配置的理解程度和影响能力越小，就越陷入应付功利性考核的被动状态。

由于地方政府缺乏主动精神，激励其履行权责又成为中央政府的重要工作内容。对于中央政府来说，在特定的国情中（包括纵向的多级政府、横向的广阔地域和日益复杂的经济社会等）配置地方政府的权责已经是一个纷繁复杂且技术性很强的工作，再加上对地方政府权责履行的考核重任，的确是不堪重负。总之，在大回路的政府体制中，中央政府包揽的权责越多，地方政府对权责的理解越是浅显和不系统，越是陷入表面应付的状态，中央越是需要花费更多的精力监控地方政府。在这种恶性循环中，中央政府越陷越深，分身乏术，陷入“事务主义”的泥潭。

（二）地方政府责任理念的淡薄

责任政府是现代政府的基本理念。从理论上讲，公众组建政府的目的是“谋他们彼此间的舒适、安全和和平的生活，以便安稳地享受他们的财产并且有更大的保障来防止共同体以外任何人的侵犯”①。政府的权责来源于公众权责的让渡，公众将自己的权力赋予政府，同时也要求政府履行公众期待的责任。从这个意义上讲，各级地方政府都应当是从公众获取权力并向公众负责的一级组织。而且，这种权力责任关系越简单明了且易于执行，越符合现代政府的本质。因为权责关系越简单，地方政府就越能够准确把握其权力来源和责任对象所在，从而更容易确定自己的行为选择。同时，公众也能在这种简单明确的权责关系中直接找到应当担责的政府及其部门。

大回路的政府体制中，公众和地方政府之间不明确的权责关系助长了地方政府责任淡薄心态。地方政府实际上是同中央政府直接发生权责关系，它从中央政府那里获得权力资源，并直接向中央负责。虽然地方政府最终的权力和责任对象都会指向公众，但这一过程是间接的。由于公众不是地方政府直接的权责对象，地方政府就不会自觉建立为公众用权、向公众负责的平台和机制。地方政府只是在被动中应付公众对公共管理和社会服务的诉求。对于大多数不熟悉政府管理的普通公众而言，确立地方政府的责任更难。当遭到不公正待遇时，他们不能准确断定自己的权利所在，也不明确具体的责任对象，只能疲于奔命于各级地方政府和各个政府部门之间。在某些特殊的情况下，公众甚至感到投诉无门，最终只能通过极端的群体性事件表达不满。

在模糊的权责关系中地方政府责任淡漠的意识很容易被放纵。从信息来源的角度来看，地方政府处于双重信息的交叉点——一是公众

① ［英］洛克：《政府论》（下篇），瞿菊农、叶启芳译，商务印书馆 1997 年版，第 59 页。

的诉求，另一个是中央政府的指令。前一种信息简单明了，而后一种信息就复杂得多。从本质上讲，中央政府的指令同样来源于公众的诉求。但大回路的政府体制中，信息的传递同样是大回路的，中央政府所得到的信息传递要经过多个环节和主体。多环节的信息传递中势必产生信息失真，如不当简约、本底噪音、主观滤波等。[①] 中央政府还要对这些信息进行分析、综合并形成指令。最终的结果是，中央政府对地方政府发出的指令与初始的信息存在较大的差异。面对来自中央和公众之间部分信息的差异甚至冲突，地方政府就变得盲目了，它不得不在“掌握下情”和“吃透上情”之间搞平衡。相比较而言，面对差异化的信息时地方政府更倾向于“吃透上情”，毕竟在公众和中央政府的天平上，后者明显分量更重。于是，地方政府的这种纠结心态很容易演变为公众诟病的形式主义和形象工程，即为了获得中央政府的认可而不顾客观实际搞形式，盲目上华而不实的大项目等。同时，地方政府又具备阻断中央、地方之间信息直接交换的能力。中央政府很可能在地方政府的瞒报虚报中难以认清地方的真实情况，再次陷入信息失真的境地，失去对地方政府及时有效监控的能力。总体来看，大回路体制中的信息失真助推了地方政府的投机心态，纵容了地方政府责任观念淡漠。

（三）中间层的地方政府追权弃责

毫无疑问，地方政府也是“理性经济人”。追求更多的权力资源、推卸责任是理性选择。在简单明确的政府权责体系中，地方政府这种投机心理会在“金鱼缸效应”中被及时匡正，但在大回路的政府体制中，这种投机心理很容易被放大。

由于当代中国政府在纵向上是层层节制和层层授权的，纵向政府中上级政府所拥有的权威和信息远大于下级政府。这样，一方面上一级的地方政府可以凭借这种优势不断截留来自中央政府下放的各种权力资源，形成“漏斗效应”；另一方面，它又可以将各种责任强制性

① 朱光磊：《当代中国政府过程》，天津人民出版社2008年版，第170—171页。

地压给下一级政府。在“职责同构”① 的纵向政府关系中，这一行为本身就具有争议性。同时，受制于精力和信息资源的约束，中央政府无法监督，下一级政府在上级权威面前不敢监督，公众因缺乏专业知识和信息又无力监督，因而对这一行为的监督和匡正就非常困难。这样，中间层的地方政府在多重监控失效的背景下重复演绎这种行为模式。追权弃责不断循环，带来的直接后果就是基层政府组织权不当责。而中间层地方政府的投机心理却在普遍的默认中被不断放大。

由于能够轻松地截留下级政府的权力资源，并将各种责任推卸出去，中间层的地方政府缺乏必要的成本意识和责任意识，行政的运行效率大大降低。而且，它们往往产生了这样的幻觉，那就是基层地方政府同它们一样拥有如此宽松的环境和充分的资源。这一幻觉很容易助推它们盲目决策，上大项目，搞各种形象工程。结果是，基层地方政府在中间层地方政府的推动下耗尽各种资源，满足它们的要求，并再度陷入权不当责的境地。

（四）基层地方政府权不当责

一级政府在面对一定的行政责任时应当有相应的权力资源，权责对等是政府有效施政的基础。但当前地方政府尤其是基层地方政府面临严重的权不当责——一方面是枯竭的行政资源，另一方面却是海量的行政责任。结果导致基层地方政府只能是被动应付，不能向公众提供完整的公共产品和服务，施政时有所选择，将有限的行政资源用于上下高度关注的领域中，而在其他领域得过且过，守住“不出事的逻辑”②。

综合来看，基层地方政府的权不当责有两种形成逻辑，并且都有循环强化的趋势。一种逻辑是中间层级地方政府追权弃责留下的权责缺口，这一点在前文中已经明示。另一种是中央政府为了应对地方政府行政行为的低效而不断抽取行政资源带来的权责缺口。这一逻辑表现为：中央政府配置权责，地方政府片面理解和被动执行权责→地方

① 朱光磊、张志红：《“职责同构”批判》，《北京大学学报》（哲学社会科学版）2005年第1期。

② 贺雪峰、刘岳：《基层治理中的“不出事逻辑”》，《学术研究》2010年第6期。

政府的被动执行导致权责运行的低效→中央政府不得不汲取更多的权力资源，强化对地方政府的监控和责任追索→权力资源的上移和责任的相对下移→地方政府的权责缺口加大→权责缺口加大带来地方政府工作的进一步被动和低效→中央开始新一轮的汲取权力资源和责任追索……最终是，中央政府集中了越来越多的权力资源，但却陷入越来越多的界定责任和监控地方政府中，而地方政府在权责缺口中愈加被动和低效，纵向政府间的权力责任在动态的调整中走向模糊和不确定。这一过程可以从图3-3表现出来。

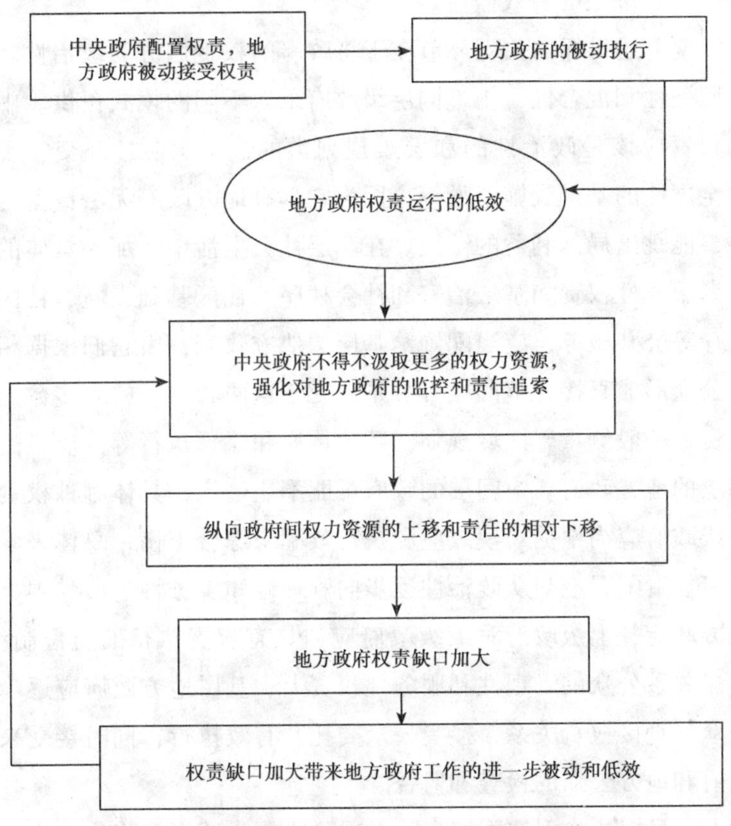

图3-3　基层地方政府权不当责的形成机制

四　优化地方政府权责体系的思考

坚持管理原则能够保证权责配置的准确、稳定和效率，考虑政治因素能够确保转型期的社会稳定和政治目标的实现。当代中国脱胎于高度控制的计划经济，在走向市场经济的过程中，中央政府的放权让责应当注意这两种因素的适时平衡。如果说转型之初，中央政府承担过多的权责是出于保持政治稳定和实现政治目标，那么随着经济社会的深入转型，中央政府则要根据地方政府行为能力的提升而降低刚性的政治行为，更多地从管理原则优先的角度来思考权责配置的问题。中央政府需要将那些非政治性和非宏观性的权力逐步转交地方政府行使，并在公众和地方政府之间构建直接的权责回路，同时保持对地方政府行为合法性的有效监控。

实现上述目标的关键环节在于将政府的权责区分为政治性、管理性、服务性和混合性，由不同层级政府采取不同的模式提供。中央政府的权责应该是政治性的和宏观规划类的，如国防、外交、宏观调控、全国性的基础设施建设等，因为它具有地方政府无法比拟的宏观理性，能跳出局部利益的干扰。在基层社会生活中，那些具体的管理性或者服务性权责如基层治安和社会秩序、社区基础设施、社区的养老医疗等公共服务，应当配置给基层的地方政府，由它们根据相关制度与公众形成直接完整的权责关系。处于这两者中间的大多数是管理性权责，一般侧重于区域规划、政策传递和监督执行等，应该配置给中间层的地方政府。中间层的政府可能不止一个，具体哪种权责交由哪一级政府应当根据规模效应和执行效率来综合平衡。总体来看，纵向政府权责配置应当从政治性逐步向管理性和服务性过渡，中央政府对地方政府、上级政府对下级政府应当具有权责执行的监督制约权；在直接关系公众的管理性和服务性权责上，基层地方政府应逐步形成与公众的直接权责关系，接受公众委托并有效执行，同时接受来自上级政府和地方公众的检查和监督。

上述目标一步到位不切实际。现阶段要尝试逐步将集中在中央和地方中高层级政府手中的服务型权责转移给基层地方政府，建立公众与基层地方政府在这些领域的完整的权责回路。例如，可以通过法律赋予基层地方政府自主设立处理部分地方性公共事务的机构以及一定权限的征税权等，同时，通过改革基层选举制度尝试建立公众对基层地方政府制约的能力。在这一问题取得突破性进展以后，尝试将这一模式向更高层次递延，扩大地方政府与公众间建立完整权责回路的范围。解决这一问题的关键在于学会对政治行为作“社会化处理”。“就是要求主政者尽量减少使用刚性的政治行为，充分发挥法律、规则、程序等‘形式’的作用，善于使用管理和服务职能，努力体现政权的公共性和普遍性。”① 在取得最初的进展后，将更多的权责进行“社会化处理”，配置给低一级的地方政府，逐步提高地方政府与地方公众间直接建立权责关系的比重。

转型期中央政府需要根据形势的变化拿捏好权责下放的度。总体来看，放权让责是主旋律，适度控制是手段。适度控权是为了更平衡地、更稳定地、更彻底地放权；在某些特殊情境下，也可能要出现权责回收的权宜之计，但无论如何，最终目标都是为了放权让责。目前中央政府对权责保持一定程度的集中至少有以下两个方面的意义：一是放权让责是一个系统的工程，涉及的因素太多，客观上要求中央政府站在宏观层面上顶层设计，统率各方，掌握放权让责的节奏和力度。二是市场化改革 30 多年来形成的利益集团“认为改革有损于他们的利益，因此有各种不同的反映”②。他们可能压制新的改革力量的生成，成为向更深层改革的巨大阻力。在这种情况下，中央政府对于权责的集中和控制就显得意义非凡。它能跳出利益集团的阻挠和绑架，培植新的改革力量，推进改革向更深层迈进。除了要把握放权和控权的策略外，中央政府还要把握放权让责的时间节点。转型期是地方政府行为能力逐步提升的时期，只有地方政府与公众建立起成熟的权责关系，并具有独立履行权责的能力以后，中央政府才能实现有效的放权；否则，中央政府不能完全放弃权力，以免出现权力责任转换的真空。从这个意义上讲，培植地方政府与公众之间的权责关系是中央政府放权让责的重点工作。

---

① 朱光磊：《对政治行为作“社会化处理”》，《光明日报》2013 年 11 月 27 日。

② 厉以宁：《利益集团和制度惯性是当前改革两大难题》，http://www.chinanews.com/gn/2014/03-06/5919629.shtml。

在具体操作上，十八大以后中央政府将简政放权作为政府开门“第一件大事”，这实质上是纠正地方政府权责失衡，理顺纵向政府关系，推动市场化改革的重要措施。应该说，这正是本书所描述的放权让责的第一步。从目前的发展态势来看，这一行动取得了一定的进展，但这其中需要注意这些问题：（1）注意加强对权力归属问题的论证。明确不同政府权力的基本属性，综合判断其应然的归属，只有这样，放权才有目标。（2）放权的同时要强化责任意识，注重责任的配套。放权和让责是同时进行的，没有责任约束的权力下放会失控。对于下放给市场的权力要通过加强市场监管来明确市场主体的责任，对于各级地方政府而言，必要的规章和法律制度需要尽快完善。（3）注意监控问题。现阶段地方政府缺乏与公众之间直接的权责关系，因而简政放权要注意加强纵向政府之间的监管。中央政府要逐步降低对地方政府以 GDP 为中心的超强激励，并对地方政府的监控从早期的“考核替代型监控”[①] 转换到制度化监控，着重监控地方政府的行为是否符合法律的要求。

对于中央政府而言，下一步的工作不仅要继续坚持简政放权，而且要通过相关措施巩固上述成果，为更深入的改革拓展空间。这些措施体现在两个方面：一是要完善地方政府的权力结构，优化运行模式，也就是培植地方政府的“独立化人格”。只有地方政府具有这种独立精神，中央政府才能够超脱并专注履行自身权责，同时地方政府才能具有服务公众的主动精神。当然，独立并不是不接受中央政府的指导和监督，中央可以通过财政、人事和战略规划等引导地方政府的行为，并通过完善的制度监控地方政府行为的合法性。从具体操作来看，改革地方政府的选举制度，尤其是地方人大代表的选举方式是最核心的环节。当然，这一操作可能触及现行政府体制的刚性约束，因而要坚持渐进改革，试点优先，统筹推进的基本原则。二是要提升公众和社会组织参与地方治理的意愿和能力，也就是塑造公众的政治人

① 鲁敏：《考核替代型监控：转型期纵向政府监控机制的解读》，《中共浙江省委党校学报》2013 年第 5 期。

格。政治人格的形成与特定的政治环境密切相关。只有在开放的政治环境中，政治人格才会健全。“政治人格是一种复杂的成品，既需要自我完善、自我纯化、自我提升与自我超越，也需要优化综合环境与重塑政治文化。”[①] 现阶段要不断增加公众对地方政府的话语权和影响力。改变单一由上级政府决定下级官员进退流转的选拔体制，逐步增加地方公众影响地方官员选用的权重。同时要大力发展各种社会组织，鼓励社会组织的自我培育和自我发展，激活社会的自组织功能，让公众在广泛的政治活动中形成积极乐观完善的政治人格。

① 舒绍福：《政治人格塑造与领导力提升》，《学习时报》2010年7月12日。

第四章　应然分析：生态文明建设中的治理转型与政府权责配置

生态文明是后工业文明体系中的重要结构，是对工业文明面临危机的深刻反思和扬弃。人类建设和确立生态文明的过程，应当不仅是批判工业文明的生产方式、生活方式的过程，而且是塑造后工业文明的思维方式、价值观念和意识形态的过程。作为后工业文明重要结构的生态文明应当同体系中的其他构成互动形塑，共同演绎，协同进化。现阶段的生态文明建设应当在充分考虑当代中国现实情境的基础上，展望后工业治理转型的基本方向和趋势，将后工业治理转型中的普遍价值同转型期中国的特殊状况紧密结合，形成具有指导性和可操作性的思路。

第一节　生态文明建设的基本理论

一　生态文明：缘起、定义和特征

工业文明在20世纪达到了前所未有的高度，它在给人类带来了丰富物质财富的同时，也将人类带入了资源、环境和生态问题的严峻现实中。人类对生态文明不断深入的认识是同对工业文明与日俱增的忧思相伴而行的。1962年，美国生物学家蕾切尔·卡逊的作品《寂静的春天》将工业繁荣背后人与自然的冲突呈现在世人眼前；1972年，罗马俱乐部出版的《增长的极限》用详细的数据和学理化的论证表达了对生态平衡问题的极度关注和深刻警示。此后，生态环境问题成为全球关注的焦点问题。无论是中国还是西方，人类很早就用生态的眼光审视自身的文明进程。数千年前，中国人在倡导合理利用自然环境和资源的实践中形成了“天人合一”的哲学观念和思维方式；1935 年，英国学者坦斯勒提出“生态系统”的概念，认为“生态系统是有机体与其生存的环境不可分割并密切相连的一个整体”[①]；日本学者梅棹忠夫则分别在《文明的生态史观序说》（1957 年）和《文明的生态史观：梅棹忠夫文集》（1967 年）中运用生态方法探讨世界文明史，提倡重视自然生态环境对文明史进程的重要作用。相关研究成果显示，第一次较为完整地提出生态文明，并对生态文明观的理论框架和实践模式进行了较为全面和充分论述的是中国学者刘宗超。因在这一领域的贡献，他于 2003 年在《中国国情研究报告》中被誉为全球“生态文明”第一人。[②]

对于生态文明的这一概念的界定，国内学者众说纷纭。总体来看，研究者认为生态文明的指涉存在广义和狭义之分。从广义来看，生态文明是继农业文明、工业文明之后的一种新型文明形态，是对后工业文明形态的归纳总结和特定称谓。如俞可平认为，“如果从原始文明、农业文明、工业文明这一视角来观察人类文明形态的演变发展，那么可以说，生态文明作为一种后工业文明，是人类社会一种新的文明形态，是人类迄今最高的文明形态”[③]。学者王治河认为，“生态文明是人类文明的一种新的形态，是对现代工业文明的反拨和超越。在这个意义上，生态文明是一种后现代的‘后工业文明’”[④]。从狭义来看，生态文明是后工业文明中的特定结构和重要内容，它与物质文明、政治文明和精神文明一起构成未来文明的基本内容。“生态文明应视为人类文明的一种新形态。生态文明是指人们在改造客观物

---

① 《自然科学和社会科学相互融合的学科：生态学》，《学习时报》（http://www.china.com.cn/chinese/zhuanti/xxsb/670286.htm）。

② 贾卫列：《生态文明的由来》，《环境保护》2009 年第 13 期。

③ 俞可平：《科学发展观与生态文明》，《马克思主义与现实》（双月刊）2005 年第 4 期。

④ 王治河：《中国和谐主义与后现代生态文明的建构》，《马克思主义与现实》（双月刊）2007 年第 6 期。

质世界的同时，不断克服改造过程中的负面效应，积极改善和优化人与自然的关系，建设有序的生态运行机制和良好的生态环境所取得的物质、精神、制度方面成果的总和。它与物质、政治与精神文明既有密切联系又有鲜明的相对独立性。"[①] 对于大部分研究者而言，生态文明应当是以上两种含义的综合，即既是新型的社会形态，又是社会结构的构成要素。如卓越认为，"生态文明是区别于原始文明、农业文明和工业文明等传统文明形态，并与物质文明、精神文明和政治文明共同构成现代文明体系的、独立的文明形态"[②]。钱俊生等认为，"生态文明的含义可以从广义和狭义两个角度来理解。从广义角度来看，生态文明是人类社会继原始文明、农业文明、工业文明后的新型文明形态……从狭义角度来看，生态文明是与物质文明、政治文明和精神文明相并列的现实文明形态之一，着重强调人类在处理与自然关系时所达到的文明程度"[③]。

在笔者看来，首先生态文明应当是后文明社会形态中的核心结构，但它是否一定能涵盖未来文明形态的全部内容，并担当后工业时代文明的特定称谓，还需进一步的理论探讨和实践检验。毕竟，在依稀可见的后工业文明中，网络全球化、伦理道德、高科技等关键词同样不断冲击人类的眼球，生态文明与它们协同前行，交叉相连，但无论是所指涉的范围还是所彰显的理念它们都不是完全一致。生态文明并不一定能够涵盖后工业文明的全部内容，也就难以担当后工业时代文明形态的特定称谓。其次，无论是农业文明，还是工业文明，都是按照主导的产业和技术为划分标准，而生态文明虽然涵盖了一些产业和技术的因素，但不是关于产业和技术的准确概念，因而将其与农业文明、工业文明并提需要谨慎求证。再者，生态文明是人类生存和发

---

① 杨国昕：《生态文明应与物质、政治、精神文明并重——经济发展的视角》，《中共福建省委党校学报》2003 年第 9 期。

② 卓越、赵蕾：《加强公民生态文明意识建设的思考》，《马克思主义与现实》（双月刊）2007 年第 3 期。

③ 钱俊生、赵建军：《生态文明：人类文明观的转型》，《中共中央党校学报》2008 年第 1 期。

展的自然环境和生态保障，一直贯穿于人类社会的历史，并且在特定历史条件下也曾经彰显过价值和力量。如盛极一时的古巴比伦文明，由于肆意砍伐森林，过度开垦，而最终遭到大自然的惩罚，于2000多年前消亡在漫漫黄沙中。同样，古埃及文明、古玛雅文化和中国古代的楼兰文明等也曾经历这样的惨痛历史。生态文明问题早已有之，只不过在农业文明时期呈现出小规模、零散化而没有引起人类的重视。工业文明以后，人与自然关系的骤然紧张才让生态文明这一原本存在的课题成为人类关注的焦点，才让生态文明这一文明形态从“隐性”走向“显性”。因而，将这一原本存在的文明结构上升为后工业时代的全部内容和特定称谓可能失之于草率。正如学者欧阳志远所言，“关于生态文明的定位就是一个核心问题。一种有代表性的观点认为，生态文明是集物质文明、政治文明和精神文明为一体的综合文明。这一观点表面上有一定道理，但是从理论角度看却缺乏逻辑架构性，实践中也难以操作”[①]。鉴于此，笔者倾向于生态文明的狭义界定。也即，生态文明是人类在认识和改造自然的过程中，为实现人与自然的和谐，促进人类社会的可持续发展所做的全部努力和所取得的全部成果。生态文明与物质文明、精神文明和政治文明一样，是人类社会生活中特定领域中的文明形态，它与其他文明结构相互作用，共同促进，协同进化。将生态文明界定为狭义的概念，并不意味着生态文明仅限于人和自然的关系上。实际上，人类与自然的关系及所形成的基本理念最终都会扩展到整个人类生活，生态文明是建立在人与自然关系的基础上的，所有与之相关的物质成果和精神观念的总和。

（一）生态文明是后工业文明形态中的重点关注和核心结构

文明是“人类实践活动的过程和结果在时间上延续和空间上的累积，是人类生活整体性和多样性的反映，是人类价值期望的不断实现”[②]。文明牵挂着人类的福祉，是人类在追求美好生活过程中的成果和结晶。从另外的角度来看，只有那些直接或间接关系到人类生活

① 欧阳志远：《关于生态文明的定位问题》，《光明日报》2008年1月29日。

② 刘湘溶等：《我国生态文明发展战略研究》（上），人民出版社2013年版，第4页。

质量和生存发展的，影响未来人类走向的客观存在才会提升为理论和实践上的关注，进而成为人类文明成果的构成要素。正因如此，特定历史条件下人类的关注才是文明成果的基本来源。也就是说，人类的文明成果总是与特定的社会生活状况相关，是特定历史条件下的产物，同时也体现出那一时期社会生活总的特征。

人类在特定历史时期的文明成果风格迥异，各具特征，它们具有自身独特的发展规律和演进逻辑，形成了具有历史阶段性的文明形态。总体来看，人类已经经历了原始文明形态、农业文明形态和工业文明形态。在即将来临的后工业文明中，生态问题已经上升为人类的重点关注。这是因为，工业文明的“人类中心主义”将人与自然的关系推进到了行将崩溃的边缘。如果人类继续沿着这种思维继续走下去，他将在毁灭自然的必然中面对毁灭自身的悲惨结局。后工业文明中，人类需要在工业文明积累的基础上及时地转型升级。在保证人类福利逐步提升的基础上，彻底扭转人和自然之间的对立和冲突，并让这种思维方式主导人类的社会生活。生态文明必将从幕后走向前台，从“隐性”走向“显性”，从原始朴素的、自发的自然观走向现代科学的、和谐的发展观。为了达成这一目的，人类需要在思维方式、经济发展、科学技术、城乡建设、消费模式和人格培育等方方面面上进行深层次调整。生态文明将上升为社会生活的重点关注，成为后工业文明形态下的一级指标，与物质文明、精神文明、政治文明等一样，成为规划、指导和协调人类未来生产生活的最为重要的社会形式之一。

（二）生态文明具有一般文明形式的基本特征

从一般意义上讲，生态文明的起点是人与自然的关系问题。但生态文明不仅限于这一层面。“生活的生产—无论是自己生活的生产（通过劳动）或是他人生活的生产（通过生育）—立即表现为双重关系：一方面是自然的关系，另一方面是社会的关系。”[①] 因而，人与自然的问题最终会扩展到人类社会中去，构成人与人、人与社会关系

① 《马克思恩格斯选集》第1卷，人民出版社1995年版，第80页。

中的基本因素。“生态文明不只是生态、环境领域一项重大研究课题，而是人与自然、发展与环境、经济与社会、人与人之间关系协调、发展平衡、步入良性循环的理论与实践。”① 生态文明是以人与自然的关系为起点的，并扩散到人类社会关系中的反映在物质和精神层面的成果的总和。同其他文明形式一样，生态文明具有普遍性特征。这些普遍性特征可以归纳为集成性、时空性、结构性和演变性等。

首先，生态文明具有集成性。文明是人类在追求美好生活这一原始动力的推动下所获得的物质和精神财富之和。同理，生态文明是人类在追求人与自然和谐状态中所获得的物质和精神成果的总称。生态文明不是缺乏内涵的空洞口号，而是如同空气一样弥漫到人类社会生活全部角落的，同人类生产、生活、治理等具体行为结合在一起的并用生态理念改造这一切所产生的物质和精神成果的总称。人类社会活动领域的多重性和多样化决定了生态文明在不同领域中差异化的表现，如经济发展的生态化、科学技术的生态化、消费方式的生态化、治理模式的生态化、城乡建设的生态化等。显而易见，生态文明不是单一化的简单指向，而是集成性的高度综合。生态文明的集成性意味着我们在建设生态文明的过程中不能简单地将其框定在植树种草、节能减排等具体环节，而要从整个社会生活革新的高度来认识这一问题。

其次，生态文明具有时空性。文明是人类在特定历史时空中的总结和归纳，任何文明都具有特定时空的约束性，没有一条放之四海而皆准的文明法则。生态文明的时空性体现在生态文明不是僵化的主义，而是流动的客观存在。生态文明既在人与自然追求和谐共存的文明进程中展示自己的普遍精神，又将通过有形的空间载体彰显自身的独特内涵。生态文明的时空性意味着当代中国应当探求具有时代特色和个性特征的生态建设之路，而不是盲目借鉴和简单照搬。

再次，生态文明具有结构性。人类文明是一个具有整体性和层次

① 春雨：《跨入生态文明新时代——关于生态文明建设若干问题的探讨》，《光明日报》2008 年 7 月 17 日。

性的庞大系统。“文明至大至重，而且是包罗人间一切事物，其范围之广是无边无际的，并且不断向前发展着。”[①] 从不同的角度去分析，人类的文明呈现出截然不同的纹理形态。生态文明既是人类文明整体系统的有机构成，也将在总体精神的指引下构建自身的小系统。生态文明是人类文明从领域角度来划分的产物，是这一划分模式的一级指标。[②] 在这种一次划分之下，人类还将对生态文明进行二次划分。如有研究者将生态文明划分为生态意识文明、生态制度文明和生态行为文明，也有研究者将其划分为生态理念、生态行为、生态制度以及生态产品等。[③] 生态文明的层次性和结构性意味着生态文明建设必须在系统观念的指导下，遵循协同演进而不是单兵突破，整体谋划而不是局部考量的原则才能获得成功。

最后，生态文明具有演变性。文明不是一成不变的，生态文明也遵循从“隐性”走向“显性”，由低级走向高级，由原始朴素的自发意识走向现代科学的自觉观念的基本规律。生态文明总是处于不断变化的历史轨迹中，因而建设生态文明必须遵循发展演变的阶段性特征。人类不能在奉行一成不变的模式中禁锢了自己的思维。相反，要将生态文明放在人类发展的总体进程中考虑，注重人类发展的阶段性特征和生态文明建设的阶段性要求之间的契合点，并借助于人类其他领域文明演变的阶段性成果来指导生态文明建设。

（三）生态文明建设的独特性

生态文明不仅具有人类一般文明形态的基本特征，还具有自身的独特性，这种特质将成为建设生态文明时需要考虑的特殊因素。

首先，生态文明从“隐性”走向“显性”时具有独特的表现方式。

人类社会生活无一例外地都是在通过自身劳动加工自然资源并获

---

① ［日］福泽谕吉：《文明论概略》，商务印书馆1959年版，第30页。

② 在多数研究者看来，生态文明同物质文明、精神文明、政治文明一样，同属于人类文明体系下的一级指标。

③ 毛明芳：《生态文明的内涵、特征与地位——生态文明理论研究综述》，《中国浦东干部学院学报》2010年第5期。

取价值的过程，因而人与自然之间的生态关联始终伴随着人类进步发展的历程。直到工业社会以前，这个过程还保持在强度较低的水平上，但此后人类改造自然能力却在较短的时间内急剧提升，并很快引发了人与自然关系的失衡。工业文明早期生态问题在人类的不知不觉中潜伏渐进，生态文明在人类的文明体系中一直处于“隐性”状态；但在工业文明中后期生态问题夺门而入，以其庞大且孔武有力的身躯恫吓了狂热吹嘘现代文明成果的人类，而直到这个时候人们才如梦方醒，发现自己周围已经满是生态问题。但此时，生态问题已经全面卷入了现代社会。高度发达而彼此联系的现代社会中，生态问题以其独特的方式全面渗透到人类从思想灵魂到行为方式的各个环节，如同人体内快速扩散的病毒一样。生态问题走向“显性”过程中所彰显的全面性、深刻性和骤然性是生态文明不同于普通文明的一个重要方面。在人类的发展历史中，一般文明形式都是在缓慢渐进的过程中形成和发展起来的，人类都能在较长的历史时间段中通过较为充分的准备应对文明面对的威胁，而生态危机却让人类措手不及。面对“闪电战”般的生态危机，人类骤然醒悟，仓促应战，因而人类生态文明建设的过程必将经历一个被动防御、相对均势和主动进攻的战略过程。另外，生态危机全面卷入人类社会生活也提出了生态文明建设的“人民性”，只有发动一场真正的人民战争才可能在未来的生态建设中扭转颓势，从战略防御、战略相持走向战略反攻。

其次，生态文明从“隐性”走向“显性”时恰逢工业文明的整体转型，两者具有“同步性”。

毫无疑问，生态文明是在工业文明触及发展的“天花板”以后才被人类高度关注，并从幕后走向前台。生态文明是工业文明转型的导火线，但不是工业文明转型的全部内容。工业文明的未来转型必然全面调整人与自然、人与社会以及人的自我认知关系。[①] 未来人类新文明将呈现出新的特征，包括政治、经济和精神文明总体上的和谐、平衡和无冲突，道德可能成为人类社会的主要调节手段，人自身的价值

① 周大鸣：《论文明转型及其未来方向》，《人民论坛》2010 年第 35 期。

得到最大体现等。[①] 工业文明的整体转型将是一个痛苦漫长的历史蜕变，将是多重历史任务挤压在特定历史时空中相互交织和激烈碰撞，进而凤凰涅槃般的过程。生态文明是这个历史转型中的重要支点和关键内容，这就决定了生态文明建设的过程将是与多重历史任务共同演进的过程，需要关注其他历史任务的发展趋势、价值观念和基本特征；同时也意味着生态文明建设将会在其他历史任务的“挤压”下面对相对狭小的战略空间，必须集约化地利用各种战略资源，学会在矛盾的客观现实中妥协、权衡和艰难抉择。

再次，生态文明所涵盖的超越传统的思维方式具有独特性。

生态危机是人类改造的自然能力强大到足以打破自然平衡能力的情况下才发生的，生态危机是工业文明的总体危机，也是见证和推翻工业文明价值观念和思维方式的危机。传统价值观中的“人类中心主义”是单中心的思维方式和治理模式，它难以应对后工业时代人类面临的复杂矛盾，后工业时期的生态文明需要多元化的协同应对。也就是说，生态文明中多重主体充分利用他们在独特岗位和特殊视角中的知识和信息，充分理解“共同体”的困境，主动发挥他们的积极性和能动精神，并展开合作。多元化不仅表现在人与自然中，还表现在国与国、国家与社会、政府与多重微观主体上。只有放弃单一中心的传统观念，发达国家和发展中国家之间、东西方不同文明之间、人类社会的不同阶层之间，甚至人类与自然之间才能真正携手，平等相待，共渡危机。另外，非线性思维是生态文明超越传统思维方式的另一方面。工业文明所依赖的思维方式和技术崇拜总体上是基于机械论、决定论、还原论的，与自然的生态系统有着根本的冲突。生态文明需要摒弃传统的思维模式，用系统化、整体性和非线性的思维方式看待客观事物间的彼此联系，从更高层次认识和处理生态问题。否则，生态治理永远只能是顾此失彼，人类只能徘徊在“污染→治理→另一种形式的污染→另一种形式的治理……”的治乱循环中。

① 李中元：《超越工业文明　开创人类文明新纪元》，《经济问题》2012 年第 8 期。

二　生态文明中的价值因素

（一）多元共存

工业文明强调“人类中心主义”，本质上就在强调一切外在于人的客观实在都是人类的附属物，其存在与否都是微不足道的。按照这种逻辑走下去，世界将变成人类的单一，人类将秉持单一的价值观念指导生产生活方式，并以单一的控制方式对待外部世界。显然，这一逻辑会将人类导向自我毁灭。生态文明是对这一价值判断的颠覆和革命。生态文明条件下，人类将发展到一个全新的高度，其生产方式、生活方式与思想观念将呈现出丰富与多元的状态，不再受某种单一逻辑的控制。

生态文明的多元性体现在人类与其他物种的共存中。恩格斯曾指出：“我们每走一步都要记住：我们统治自然界，决不像征服者统治异族人那样，决不是像站在自然界之外的人似的——相反地，我们连同我们的肉、血和头脑都是属于自然界和存在于自然之中的。”① 同其他物种一样，人类是自然界的有机构成。生态科学表明，不同物种在自然界中形成环环相扣的生物链，一个物种灭绝，就会形成连锁反应，最终对整个生态系统的平衡造成危害。不同物种是自然界长期进化的产物，也是自然界维持相对平衡的重要支点。物种的多元化是自然界生命力和平衡力的重要体现。当地球光秃得只剩下人类的时候，它就会变成一个毫无生机的“坟墓”。

生态文明的多元性体现在人类的价值观念和思维方式当中。多元化的价值观念是维护人类社会中庸平衡，而不是走向某种极端的重要砝码；相反，单一的价值观念可能让人类在某一条道路上越走越远。人类正是在多元价值观念的互动和碰撞中取长补短，正是在交流和融合中推陈出新，生成不同的文明模式。多元化使得人类社会生成了适应多变环境的创新能力。因而，没有理由反对存在于人类社会中的多元价值观念和思维方式，它们都有可能在特定条件下成为人类面对某

① 《马克思恩格斯选集》第4卷，人民出版社1995年版，第383—384页。

种困境的生机和希望。以科学研究为例，事实上，一些科学成果起初并不一定是那一时期的特定关注，也不见得带有强烈的初始目的，但研究者却可能在独自的科学漫步中有了惊人的发现，并开创人类未曾涉足的重要领域。价值观念和思维方式就如同研究者在多重领域中的探索一样，虽然不一定能确切知道发展的方向和具体路径，但多元化的思考或许能带来意料不到的收获。

生态文明的多元性体现在人类的生产生活方式，尤其是消费方式上。工业文明中，在资本逻辑的主导下，人类生成了统一的生产生活模式。为了获得最大的利润，资本家会最大限度地去控制自然资源，提高生产效率。劳动者被固定在生产流水线的具体岗位上，被异化为生产机器。“资本主义的企业管理首要关注的并不是如何通过实现生产与自然相平衡、生产与人的生活相协调，如何确保所生产的产品仅仅服务于公众为其自身所选择的目标，来使劳动变得更加愉快。它所关注的主要是花最少量的成本而生产出最大限度的交换价值。”[①] 另外，从消费者角度来看，那些在劳动中丧失激情的人们似乎只能通过无尽的消费找回作为人的尊严。“人们又误认为不断增长的消费似乎可以补偿其他生活领域、特别是劳动领域遭受的挫折，因此，人们便疯狂地追求消费以宣泄劳动中的不满，从而导致把消费与满足、与幸福等同起来，换句话说，只用消费的数量作为衡量自己的幸福的尺度。”[②] 工业文明中后期，这种统一的生产生活模式不但没有带来人类福利的总体提升，却导致了日益严重的生态危机。“一方面是用日益增加的资源消耗和环境影响来促进经济增长，另一方面是日益膨胀的经济增长，并没有给人类的福利带来持续的增长。”[③] 生态文明必须摒弃这种单一的生产和消费模式，着眼于新的生产生活方式的生成。这就是，用多元自主的生活方式代替单一对物质利益的追求，让

① 陈学明：《“生态马克思主义”对于我们建设生态文明的启示》，《复旦学报》（社会科学版）2008 年第 4 期。

② 同上。

③ 诸大建：《生态文明：需要深入勘探的学术疆域——深化生态文明研究的 10 个思考》，《探索与争鸣》2008 年第 6 期。

人们在更多样化的创造性劳动中尝试生活的意义和快乐，用更具有精神意义的产品代替纯粹物质的生产和消费。正如学者陈学明所论证的那样，“莱易斯还强调，社会把注意力集中于生产领域，让人们在从事自主的、创造性的劳动的过程中获取幸福和满足，并不意味着强迫所有的人都采用一种特殊的单一的生活方式，而是让人们有比现在更富于吸引力的其他种种选择。……如果现代社会的投资方向不是强求人们过一种单一模式的生活，那么各个个人就可以有范围广泛的选择自由。‘在这种情况下，各个个人就可能愿意在不同程度上靠日常需要的生产活动来获得满足，而不是从一般化的市场中的消费来获得满足。’”①

（二）合作共赢

工业文明中，人类构筑了“中心—边缘”的社会结构，生成了控制导向的社会秩序。一般而言，通过某种方式占据社会结构中心地位的主体能够垄断更多的资源，占据各种优势，他们充分运用占据的权力和资源优势，将这种“中心—边缘”的社会结构制度化，稳定地享受垄断地位带来的额外收益。“中心—边缘”结构模式不仅表现在一国之内，还表现在世界范围内。今天，世界的“西方中心主义”就是这种社会结构形态在世界范围内的表现形式。因为结构体系的中心和边缘之间存在如此巨大的收益差别，它们存在激烈的竞争和冲突。处于边缘地位的社会结构总是试图通过某种方式改变自己在结构体系中的地位，最大可能走向中心，至少要防止自己的边缘化。而处于中心地位的社会结构总是最大限度运用占有的资源，强化自身的地位，强化原有制度的合理性。毫无疑问，工业文明的中心边—缘结构是一种“零和博弈”。处于中心地位的社会结构所得到的正是处于边缘地位的社会结构所失去的。

为了将这种冲突控制在一定的范围内，工业文明体系不得不通过建立官僚制的组织体系维持控制导向的社会秩序。“官僚制组织体制

① 陈学明：《“生态马克思主义”对于我们建设生态文明的启示》，《复旦学报》（社会科学版）2008 年第 4 期。

及其运行机制，就是一个倾向于造就和支持控制导向行为模式的体系。比如，官僚制的工具理性以及非人格化等，都无非是要造就标准化的控制行为模式；官僚制的层级节制和控制导向实际上是同义语。当政府依据官僚制组织体系而实现社会治理的时候，也表现出一种无可怀疑的控制导向，在政府所涉入的社会生活的一切领域中，都是以控制的方式而实现社会管理的。"① 事实上，工业文明体系中的控制逻辑不仅体现在对人的控制，而且通过技术的不断改进实现对自然的控制，两者之间相互强化。"莱易斯肯定霍克海默把人类历史的三个特征即对自然的控制、对人的控制和社会冲突联结在一起。社会冲突是对自然的控制和对人的控制的联结因素……由于对自然的技术控制而加剧的冲突又演变为追求新的技术以进行人与人之间的政治控制，加剧了的斗争使人与人更加拼命地彼此反对。在当代社会中，人们可以明显地看到，对自然的技术控制通过操纵需求转化为对人的控制。"②

从形成过程来看，控制是理性主义的人类对利益的过度追求所衍生的敌视情绪的外在表现，控制是"零和博弈"这一游戏规则的必然结果。既然主体间存在你死我活的竞争，那么，暂时处于领先位置的社会结构就势必通过某种方式将已有的分配秩序固定化，这种方式包括组织体系、制度规定和意识形态甚至武力威胁等。

生态文明应当摒弃"零和博弈"的思维惯性，以"正和博弈"作为社会生活的基本规则。从博弈论来看，正和博弈是建立在合作基础上的博弈。正是在合作的基础上，博弈双方才能通过理性的探讨和信息的沟通，获取"合作剩余"。合作剩余可能表现为双方主体利益的增加，或者至少是一方利益增加，而另一方利益不受到损害的"帕累托改进"。生态文明具备合作的社会基础。生态文明是后工业时期的重要内容，后工业时期人类将面临高度复杂性和作为"共同体"

---

① 张康之：《论伦理的精神》，江苏人民出版社 2012 年版，第 116—117 页。

② 陈学明：《"生态马克思主义"对于我们建设生态文明的启示》，《复旦学报》（社会科学版）2008 年第 4 期。

的矛盾。高度复杂和不确定的后工业社会中，理性、控制和官僚制已经不能有效发挥作用了，灵活应对的能力和建立在道德基础上的共识才是人类被迫进化出来的能力。“这说明，合作者并不需要完全把每一项合作行动都严格地放置在形成共识的基础上，而是需要灵活地对待合作共识的问题。……只有在道德的意义上，谋求正义的共识才会变得容易一些，因而，如果一定要把合作行动建立在共识的基础上，也应当是建立在道德意义上的正义基础上。”① 从这个意义上讲，合作共赢是伴着生态文明共同生成的价值要素。

（三）和谐共进

工业文明在带来丰富物质享受的同时，急剧放大了社会中的矛盾和冲突，使人类陷入苦闷和痛楚的边缘。冲突的放大和扩散是人类社会可持续发展的制约因素，当冲突演变到极端状态时，人类将面临血雨腥风的伤害和屠杀。为了人类的可持续发展，必须充分认识这些冲突是如何在旧有的文明形态中生成，并通过反思这一逻辑过程来寻找生态文明中人与人、人与社会、国与国之间寻求和谐发展与共同进步的价值因素和发展道路。

一是人和自然之间的冲突。农业社会中，人类对自然界的破坏是有限的，自然界自我修复的能力足以让人与自然之间保持相对平衡。工业化以后，机器的广泛使用大大拓展了人类的行为空间，人类对自然的破坏强度已经远远超过自然承受的程度。人类在向自然界疯狂索取的同时，将其逼到了一个难以喘息的境地，失衡的自然界不得不以其独有的方式报复人类。正如恩格斯所言：“我们不要过分陶醉于我们人类对自然界的胜利，对于每一次这样的胜利，自然界都要对我们进行报复。”② 人类总是试图将自然变成服务自己的奴仆甚至自己肆意蹂躏的玩物，这种意图越强烈，自然界的报复就越疯狂，这种冲突足以将人类带入万劫不复的悲惨结局。

二是人类社会之中的冲突。自工业社会以来，生态危机与人类社

① 张康之：《从协作走向合作的理论证明》，《江苏行政学院学报》2013年第1期。

② 《马克思恩格斯全集》第20卷，人民出版社2008年版，第519页。

会的冲突“比翼双飞”，二者呈现高度相关性。可以说，生态危机既是人类社会关系紧张的“陈列馆”，也是人类社会冲突的放大器。在国际上，发达国家通过不合理的国家分工体系，将广大发展中国家变成原材料的生产地和低端产品的倾销地，将一些资源消耗大、能耗高、污染重的产业转移到发展中国家，实施它们转移生态矛盾的策略。在耗尽了自然资源资本却没有得到必要的补偿以后，发展中国家将要面对贫困与环境恶化的双重压力。在既有的发展历史中，发达国家占尽了工业化的先机，它们本应当承担更多的责任，但却运用它们在国际社会秩序中的话语权，让广大发展中国家承担本不应当承担的生态责任。如果发达国家不改变这种不合理的生态责任分配体系，生态危机所导致的国家冲突迟早会反映出来。在国内，生态矛盾和社会矛盾相互交织和强化。从自然资源破坏性开采到环境污染的极端案例，从城乡差距到区域发展失衡，再到社会阶层的分配不平，众多的矛盾和冲突都与生态危机直接相关。即使存在一些从表面上看起来同生态没有直接关系的社会冲突，那也是人类固有的“以自我为中心”的控制自然的意识在社会领域中的投射和显现。

三是人类自身。工业文明放纵了人类的贪欲，它通过不断刺激人类的欲望和创造人类的需求来实现生产和消费的循环。为了实现资本的增值，资本家们穷尽各种手段勾引人们对物质的极大欲望，他们资本最大化的过程就是人类对物质的占有情绪扩展到极致的过程。工业社会中“物质至上”既不断地破坏人与自然的关系，又无形中加剧了人类的精神失落。当人们将自己的注意力高度集中到对物质的疯狂时，他们也不经意间关上了精神世界的大门。“内心的贪婪决定了我们对自然的贪婪，精神世界的萎缩堆积起畸形化的人格。”① 工业文明中人类的人格是分裂和失衡的，处于极度的“精神污染”之中。畸形的人格必然撕扯人类的精神世界，当人们普遍奉行享乐主义，沉于感官的享乐而思想堕落、精神颓废时，无数的社会罪恶和大量的经

---

① 刘湘溶等：《我国生态文明发展战略研究》（上），人民出版社2013年版，第76页。

济损失将随之而来，工业文明的成果可能在人类自身的冲突中灰飞烟灭。对此，多年之前美国作家柏忠言在其作品《西方社会病》进行了淋漓尽致的描述。

后工业时期的生态文明必须将和谐共进作为价值的关注点，否则，人类会随时在各种冲突中丧失自我。当然和谐不是绝对地没有矛盾，没有对抗和差异。没有矛盾、对抗和差异的社会是理想中的社会。只不过，和谐需要在矛盾中寻找前进的动力，在对抗中把握协同共进的规律，在差异中实现共同追求的价值。和谐共进是一种目的，也是一种生存的方式，是一种在后工业时期人与自然关系中能够读到的，并映射到人类社会生活中的价值准则。

三　生态文明建设的基本阶段

客观事物的发展总是遵循基本的规律，生态文明建设同样如此。从工业文明繁荣到生态危机的骤然爆发，再到生态文明的全面实现，人类将要走过一个漫长的历史进程。在这一历史中，生态危机将历经初步显现、逐步扩散、全面爆发，同时人类将会充分运用自己的智慧应对生态危机，提升生态治理水平。生态危机和人类的生态治理能力将在一个较长的历史时间段中此消彼长。这样，人类的生态建设将会历经战略防御、战略相持和战略反攻等基本阶段，并最终实现生态文明。当然，生态文明建设不能脱离人类文明发展的总体历史进程。在生态文明建设的每一个阶段中，生态危机的应对方式将会与人类文明进程中的治理模式相互作用、互相启发，共同结合生成兼具人类治理模式普遍性和生态治理方式特殊性的治理文明形态。

（一）战略防御阶段[①]

工业文明在给人类带来物质和精神极大改善的同时，带来了生态危机。这样，生态危机的大规模爆发应该在工业化的中后期。起初人类并没有意识到这一危机可能带来的致命性，或者即使部分人意识到

① 本部分以《生态文明建设的基本阶段及治理模式转型探》为题，发表于《理论导刊》2015 年第 10 期。

了这个问题，也难以让那些沉浸在工业文明狂欢中的多数人清醒起来。战略防御阶段人类社会总体处于被动状态。这种被动性在于，面对具有全面性、深刻性和骤然性特征的生态危机，人类缺乏相应的知识和警觉，缺乏应对能力。这种被动性与工业文明中后期社会生活的基本特征高度相关，它可以从心理基础、治理模式和思维惯性中看出来。

从心理基础上看，工业化中后期是人类整体对物质财富的极度追逐期，在疯狂的财富追逐中“迷失”的人们似乎只能通过无尽的消费找回作为人的尊严。极度的消费刺激和物质生产互相强化，最终人类会在对物质的极度追求中将人与自然的关系推到失衡的边缘。也就是说，工业文明中后期人类在对物质利益的狂热追求中遮蔽了双眼，漠视生态危机的发展。宏观上来看，经济发展处于国家整体战略中的核心地位，高于生态改善。人类对物质利益的狂热追求遮蔽了他们在生态认识中的理性，自然缺乏主动建设生态文明的心理基础。

从治理模式上看，工业化中后期人类正沉浸在官僚制组织的控制导向当中。而官僚组织在理性的算计和严密的等级结构中确定自己的控制秩序。政府成为社会生活的主导者，公众在权力的单向运行和控制逻辑中麻木不堪，缺乏主动的精神。他们一方面寄希望于技术的改善，另一方面通过对政府的责难、敲打来促进政府调整权责配置和运行机制，将生态治理的问题推给政府。这种状态投射到生态文明建设中，表现为政府面对来势汹汹的生态危机却被动地陷入单打独斗，在生态建设中获得的公众有效支持不足。

从思维惯性上看，工业文明所注重的离散对立、分析比较和偏重个体的思维方式具有“反生态”的基本特征，它“先把事物从整体中分离出来，然后把它们孤立地加以认识和研究，它把组成物质的原子作为最终实体来考察，把客体的全部属性归结为要素的机械组合，世界被看成一个松散的‘物质堆’”①。这种思维方式忽视整体与部

① 刘湘溶等：《我国生态文明发展战略研究》（上），人民出版社 2013 年版，第 126 页。

分、部分与部分之间的内在关系，容易陷入片面论和机械主义的旋涡当中。工业文明中后期这种思维方式大行其道。当人类用这种思维方式指导建设生态文明时，往往容易陷入表面性、片面性和割裂化的泥潭中，将生态危机归结为几个孤立的要素，只从“术”而没有从“道”的层面思考，最终陷入被动。

总体来看，当今世界总体刚刚进入这一基本阶段。相关研究表明，除了一些很落后的少数国家还没有开始工业化，欧美等部分西方发达国家已经处于后工业时期的特殊情况外，世界上绝大多数国家及其民众都处于工业化初期、中期或者后期。虽然早发的西方发达国家在一个多世纪以前就经历过生态危机，而对于广大发展中国家而言，这一危机正在凸显。也就是说，就平均水平而言当今世界正处于工业文明的中期和生态危机的加速发展期。转型期的中国总体处于工业化的中后期，基本与世界的平均水平同步。[①] 这样，上述心理基础、治理模式和思维方式普遍地存在于当代中国的社会生活中。政府在生态治理中承担了主要的责任，并陷入“单打独斗”和“一控到底”的路径依赖中，没有与市场、社会结成生态治理的同盟，政府管控生态的力量显得单薄而零散。即使在政府内部，不同地域和部门依然延续官僚科层组织的基本规则，严守界限，没有将生态建设上升为政府工作的中心和重点，更没有形成相互补充、互相合作的态势，部门和地方间各自为政的零散工作模式没有改观。

从国际上来看，战略防御阶段的被动性同样体现在生态治理中的零散性。由于不同国家所处的发展阶段的差异性，它们对生态问题的理解程度和危机感存在较大的差异，同时它们在特定历史阶段所面对的历史任务也千差万别。例如，发展中的国家为了基本的生存可能还是将经济发展放在最重要的战略位置上，而处于后工业化时期的欧美发达国家可能更关注国内生态环境的改善而非单一的经济总量的增长，但它们却不愿意承担更多的世界性的生态责任。太平洋岛国可能

① 黄群慧：《中国的工业化进程：阶段、特征与前景》，《经济与管理》2013 年第 7 期。

对气候变化的影响更敏感些，在生态国际治理中更积极些。战略防御阶段各国不可能形成生态治理的共识，也就不可能形成整体的行动。《京都议定书》的困局就反映了这种现实。

（二）生态文明建设后续阶段的展望

生态危机将在工业文明的继续繁荣中愈演愈烈，而工业文明所固有的零散型的治理模式无法治愈这一“痼疾”，人类最终会在反复的“试错逻辑”中发现这一矛盾核心，并及时调整自身的行为方式。毫无疑问，人类具备这种不断调适的能力。对于这种能力，卢梭将其归结为“自我完善化的能力”。“这种能力，借助于环境的影响，继续不断地促进所有其他能力的发展，而且这种能力既存在于个人身上，也存在于整个种类之中。正是这种能力，借助于时间的作用使人类脱离了它曾在其中度过安宁而淳朴的岁月的原始状态；正是这种能力，在各个时代中，使人显示出他的智慧和谬误、邪恶和美德。”① 可以说，人类对生态的意识觉醒和经验积累提升了他们抗衡危机的力量。在工业文明后期向后工业文明演进的阶段，随着物质资料的相对富裕，科技的进步，产业结构向以三产为主的整体跃升，人类的工业化进程将趋于相对平和。生态危机和生态治理这两种力量此消彼长，并趋于势均力敌。这样，人类进入了生态文明建设的相持阶段。

在战略相持阶段中，人类的生产生活模式、思维方式和治理模式将会出现很多积极的颠覆性变化，有的甚至可以称得上革命。在生产领域，第三产业将会不断细化分化，成为核心增长极，第二产业的产量将会在经历短暂的下调后趋于稳定。第二产业将面临较长时期的技术改进和产业升级，那些对生态环境有较大损害的产业将会被淘汰出局。在生活方式上，简约大方将逐步成为社会生活的主基调。人们不再通过对物质的极度消耗来表明自己的存在，精神上的追求将会开启思维方式的革命。零散性的治理模式将会受到质疑，政府不再是社会治理的唯一寄托，国家间，政府、社会和市场间走向联合，形成生态

① ［法］卢梭：《论人类不平等的起源和基础》，黄小彦译，译林出版社 2013 年版，第 46 页。

利益共同体。在各种场合尤其是基层领域，公众自发组织的小型的随机性的治理成为实现生态和谐的重要工具。新的治理模式将刷新人类的思维，并在不断的社会实践中拓展自己的舞台。

在战略相持阶段，生态治理与生态破坏互有进退，但生态恶魔会在嚣张放肆中凶相毕露，人类会在惊涛骇浪的极度恐惧中联合起来保卫自己的文明，组成“生态利益共同体”，这是所有积极因素中最为重要的一点。个体、组织、国家将不分界限，基于生态伦理的“善的精神”成为指引人们从事生态治理的核心精神，并且这种精神有被传承和拓展到所有的社会治理领域的趋势。

当这种基于善意的精神在社会治理领域中成为统帅时，人类将进入生态文明建设的战略反攻阶段，而此时，人类整体上迈进了后工业社会形态中。人类在后工业社会的巨大变化远远不止于物质层面上。“今天我们看到的，是一场反抗运动的开端，目的在于推翻统治了三百年来的哲学思想。工业时代的主要思想，正在失去信任，不受欢迎，并将把它归纳到更强大更有力的理论中去。”[①]人类不再以单方面的物质创造衡量社会进步，精神生活占据的分量更重。“进步再也不能以技术和生活的物质标准来衡量了。如果在道德，美学，政治，环境等方面日趋堕落的社会，则不能认为是一个进步的社会，不论它多么富有和具有高超的技术。一句话，我们正在走向更加全面理解进步的时代。”[②] 思维方式上，系统化、整体性的思维将克服孤立看待客观事物的狭隘。“这么多的不同部门有这么多的活动，‘整体主义’或‘机能整体主义’等字眼不久将成为普通词汇，这一点是不足为奇的。”[③] 所有的这些将为人类展开对生态危机的反攻并取得生态文明的胜利奠定良好基础。

值得强调的是，惨痛的生态危机教会了人类如何重新认识与自然

---

① ［美］阿尔温·托夫勒：《第三次浪潮》，朱志炎等译，新华出版社 1997 年版，第 320 页。

② 同上书，第 326 页。

③ 同上书，第 335 页。

界的关系，并将这种意识渗透到社会生活的方方面面。人类不再把生态问题看成局部领域的问题，也不再仅仅依靠政府实现生态目标。生态文明将作为一种基本理念内化于人类的思维中，深入社会生活的方方面面。无论是在经济生活、政治实践还是文化培育中，生态精神都不宣而至。生态文明如无形之大道，成为社会生活的基本价值判断和行为准则。这样，在后工业文明时代，人类经历了从生产生活到思维方式，从能量获取、信息传输到工作模式，从组织方式到居住形态的大革命。人类通过各种方式降低生态破坏，并帮助生态恢复。结果是自然本身具备的生态修复能力将超过人类活动的破坏力量，生态文明成为人类文明体系中的核心内容。

（三）生态文明建设中治理模式转型的必然逻辑

之所以对人类的生态治理保持乐观，是基于两个基本判断。一是工业文明所积累的巨大物质和精神财富成为人类走向生态文明的坚实基础；二是人类所具有的顽强地追求美好生活的原始动力以及与这种动力保持一致的“自我完善化的能力”。生态危机是工业文明后人类将要面对的最大敌人之一，人类在走向更高文明形态中必然要千方百计克服生态危机。那些不利于生态文明建设的思维方式、生产生活方式和治理模式都将得到改造。从这个意义上来说，治理模式的转型是生态文明建设中的必然逻辑。

具体来看，在生态文明建设的防御阶段，人类大体处于工业文明的中后期，这一时期正是以官僚制为核心的，以制度化权责为统帅的治理模式的鼎盛期。工业文明的治理模式是适应效率追求和理性控制的必然结果。它在经历启蒙、发展和完善的历史轨迹中见证了人类从农业文明向工业文明的跃升，并在工业文明的经济繁荣和社会稳定中走向僵化。工业文明在鼎盛时期内生的“反工业文明因素”正在考验这种治理模式，生态危机就是考验者之一。结果将证明，工业文明的传统治理模式将在这场考验中落败下来。

一是传统治理模式中的控制导向压抑公众主动应对生态危机的激情，自然难以实现生态文明建设的全面性。官僚组织是一个等级森严的控制系统，系统中的高等级通过所掌控的组织资源实现对低等级的控制，并维持整个组织体系的合法性。控制导向中的个体和基层组织是被动的，他们在简单而无休止的劳动中丧失了对周围环境的敏感性和责任心，变得日益冷漠、顺从和被动，这种行为模式显然无法应对日益严峻的生态危机。从工业文明中后期开始显现的生态危机绝非一般属性的社会矛盾，它植根于工业文明的灵魂，广泛联系而非孤立存在，狂暴肆虐却“起于青萍之末”。相比而言，应对生态危机需要更广泛的公众参与，需要从思维模式到生产生活方式的革新，需要更具有后工业意识和主动精神的公民，这一切都是被动压抑的控制导向所不能提供的。也就是说，控制导向中政府单打独斗的治理格局不能点燃公众参与的激情，难以实现生态治理的全面性。

二是传统治理模式中的碎片化性割裂了政府部门之间、政府和社会之间的合作，难以实现生态文明建设的整体性。看起来整齐划一的政府实际上处于“四分五裂”的零散状态。Perri6、Leat 等将其归纳为碎片化政府（fragmented government），也就是不同职能的政府部门在面对共同的社会问题时各自为政，缺乏相互之间的沟通、协调和合作，导致政府的整体目标难以达成。[①] 实际上，碎片化的状况不仅存在于政府内部，而且存在于社会生活的方方面面。“工业社会在一切方面都丧失了总体性，它在形式上的一体性也只是一种有形无质的整体性，是失去了总体性的整体性。”[②] 碎片化是工业文明治理模式的内在特征。理性主义的灵魂和专业化分工的躯壳共同浇筑了这一治理体系，不同主体看似在谨守“不越雷池一步”的规则，实际却步入了画地为牢的狭隘。显然，碎片化无法满足生态治理的整体性要求。工业文明所孕育的生态危机深深嵌入高度复杂的社会生活，具有隐蔽联系和快速扩散的基本特征，社会生活的高度复杂性和不确定性成为生态危机发酵的温床。在这样的背景下，治理环节的零散性很容易将小的生态事件酿成大的生态危机，甚至生态灾难。

---

① Perri 6, Diana Leat, Kimberly Seltzer & Gerry Stoker, *Towards Holistic Governance: The new Reform Agenda*, London: Palgrave Press, 2002, p. 33.

② 张康之：《论伦理精神》，江苏人民出版社 2012 年版，第 78 页。

三是传统治理模式中的高成本抑制了生态治理中的效率，难以实现生态文明建设的高效性。实际上，官僚制要将很多的资源用于组织的协调和控制，而且组织的规模越大，消耗资源的比重越大。不仅如此，官僚组织是依靠明确的制度推动的，而在传统治理模式中，制度的产生一般需要通过正规的渠道，经历起草、审理、修改、公布和执行的众多环节，在立法、执法和司法的相互制衡中追求公正。可以说，传统治理模式中无论是组织形态的构建还是制度的实施都将消耗原本并不宽裕的资源，因而，官僚组织总是在“慢半拍”的节奏中勉强维持，这是无法满足生态治理的效率要求的。工业社会中后期的生态问题寄生在社会运行系统中，并可能与其他社会问题交织、组合和放大。生态问题可能在其他社会问题中推波助澜，其他社会问题也可能借助于生态问题发酵放大。快速演化的节奏和复杂多变的社会为这些问题的发生提供了基础，“拖沓”成为传统治理模式失效的关键因素。

总体来看，工业文明中后期人类沿用的治理模式已经难以驯服其内生的最大敌人——生态危机，人类的治理模式必须进行转型，否则，生态危机就是人类衰亡的丧钟。传统的官僚制组织和制度化权责主导模式将失去统帅地位，但这不是一蹴而就的，而是一个痛苦而漫长的“试错”过程。可以说，生态危机及其所引发的治理危机是其中最重要的推动力量之一。

在生态文明建设的战略相持阶段，人类正在从工业文明后期向后工业文明演进，人类在生态建设的危机中看到了治理转型的必要性，也在后工业社会的曙光中看到了未来治理模式的构成要素。物质资料的充裕、科技水平的提升、产业结构的变化等为治理模式的转型提供了外在条件。最为重要的是，人类在大量的社会实践中意识到治理主体的多元化、理念的和谐化和方式的合作化是必然的选择。于是政府开始放弃单一主导的治理模式，降低自身在社会治理中的角色比重，更加注重社会力量在生态治理中的拓展。为了将各种治理问题消化在萌生状态，小型化、随机性和贴近基层的治理方式更受到重视。治理模式的转型大大提升了生态治理的力量，尽管生态危机仍然持续，但两种力量基本均衡。在后工业时代，人类将不断完善和确认新生的治理模式，这将为生态治理的最终胜利奠定基础。

第二节　生态文明建设中的治理转型——基于协同论的视角[①]

生态文明是工业文明的生产生活模式走到历史尽头后的改弦易辙，是后工业时代文明形态的重点关注和重要构成。作为人类文明系统的子系统，生态文明与其他子系统具有协同的基础，它们会在相互作用和关照中推动工业文明的演化和提升。在即将走向后工业文明的历史关头，用协同论的视角观察生态文明及社会治理的协同基础和作用机制，将有助于认清社会治理转型的趋势和特征。

一　协同论：内涵、协同基础和机制

1971 年联邦德国斯图加特大学著名物理学家哈肯（Haken）首次提出了协同概念，此后，协同学逐步发展成为新型学科。对于复杂系统而言，存在两种截然相反的作用力，一种使得系统向无序状态演化，另一种使系统向有序状态演化，系统的演化就是两种力量比较和均衡的结果。如果构成复杂系统的子系统之间是合作而非对抗，支持而非摩擦，系统将会在后种力量的主导下由无序走向有序，以及从有序向更高层次的秩序演化。协同就是研究这种力量的存在基础、作用机制和演化过程。在哈肯看来，协同学是“一门在普遍规律支配下的有序的、自组织的集体行为的科学”，其目标是“在千差万别的各科学领域中确定系统自组织赖以进行的自然规律”[②]。协同的基本原理表现为，复杂系统通过子系统和序参量之间的相互作用，借助于宏观

---

① 本节以《生态文明建设中的治理转型研究——基于协同论的视角》为题，发表于《湖北社会科学》2014 年第 4 期。

② ［德］哈肯：《协同学：大自然构成的奥秘》，凌复华译，上海译文出版社 2013 年版，第 9 页。

量的“涨落”和子系统之间的交互演化，自发地由无序混乱演化为宏观有序状态的过程。[①] 协同学被广泛地用于物理学、化学、生物学、生态学等自然科学领域和社会学、经济学、心理学、行为科学等社会科学，成为打通自然科学和社会科学联系的综合性科学。因而，协同学既是一门研究复杂系统自组织规律的具体科学，也可以被看成认识宇宙演化基本规律的世界观和方法论，从这个意义上讲，协同学可以归于哲学的认识范畴。

复杂系统的协同存在一定的基础，这表现为：一是系统的要素在竞争中将系统推到远离平衡的“临界点”。竞争是系统内部要素之间的普遍关系。竞争源于差异，而差异又是事物具有绝对运动性的表现。也就是说，子系统的运动性及其带来的差异是它们在系统内展开竞争的基础。正如贝塔朗菲所言，“任何整体都是以它的要素之间的竞争为基础的，而且以‘部分之间的斗争’为先决条件。部分之间的竞争，是简单的物理—化学系统以及生命有机体和社会体中的一般组织原理，归根结底，是实在所呈现的对立物的一致这个命题的一种表达方式”[②]。竞争必然导致子系统差异和不平衡性的扩大，并推动系统整体走向远离平衡的“临界点”。从这个意义上讲，竞争既是造成系统走向远离平衡的自组织条件，又是推动自组织实施并向新的秩序演化的天然力量。二是系统必须存在信息和能量的输入。热力学第二定律证明，在自然过程中一个孤立系统的总混乱度（即“熵”）不会减小，它会在熵值最大状态达到平衡。只有在开放的前提下，通过与外界发生能量和信息的交换，从外界引入“负熵”来抵消自身熵的增加，系统才能在总熵减少的过程中向有序演化。复杂系统只有通过与外界的交流，才能获取自组织所需的各种物质、信息和能量。三是子系统之间的非线性相关。非线性联系是复杂系统存在的基本属性，也是协同发生的前提。“自组织系统中的相互作用，是非线性相

---

① Hermann Haken, “Synergetics of Brain Function”, *International Journal of Psychophysiology*, 2006, 60 (2): 110 - 124.

② 贝塔朗菲：《一般系统论》，清华大学出版社 1987 年版，第 61 页。

互作用，正是非线性相互作用导致的竞争和协同，系统才有整体行为，才有系统的牵一发而动全身，矛盾才成为系统的发展源泉和动力。"① 复杂系统正是通过子系统之间的非线性关联才可能生成"整体大于部分之和"的涌现性，才可能使系统宏观量的"涨落"具有放大性。

总的来看，复杂系统的协同机制可以分为三个阶段。第一阶段是"协同预备"。开放系统的子系统本身存在一定程度的竞争和差异。差异导致竞争，竞争强化差异。在系统同外界进行物质、信息和能量的交换中，这种竞争和差异被强化，最终将系统推到了某种"临界点"。第二阶段是"协同发生"。在系统接近不稳定或者临界点时，原本并没有决定作用的"涨落"被无形放大，成为决定系统变化的关键因子，它们的瞬间涨落和扰动所造成的偶然性将支配系统选择的方向；复杂系统中变量的表现迥异，根据反应的速度，将它们分为快变量和慢变量；快变量试图使系统在某种新的结构上稳定下来，而慢变量可能刚刚脱离旧的结构，快慢变量之间的差异、联系和制约让协同效应呈现出来；快变量需要照顾慢变量的惰性并激发其演化的积极性，慢变量将会以快变量为参考值并向其靠拢，快变量指示着系统演化的方向，而慢变量制约快变量并决定系统演化的节奏（注：就是"伺服原理"）；第三阶段是"协同完善"。在系统变量和子系统的交互作用中，系统的序参量逐步显示出来；序参量是子系统合作效应的指示和表征，它反过来支配子系统，成为系统演化的指挥者；同时，序参量在系统的衍化中不断完善，成为系统宏观走向新秩序的指示和标志，当序参量达到最大时，复杂系统生成一种宏观有序的结构。

二　生态文明建设与治理转型的协同基础

（一）人类正处于工业文明"相变"的"临界点"

工业文明系统在20世纪末触及发展的"天花板"，未来人类无法在既有的生产生活方式中继续下去，最直观的原因是工业文明造成了

① 魏宏森、曾国屏：《系统论的基本规律》，《自然辩证法研究》1995年第4期。

人与自然对立和紧张的状态。这一状态并非在短时间形成的，而是工业文明的子系统经过数百年竞争和演化的结果。可以说，工业文明要么在沿袭旧有的模式中走向毁灭，要么就在改弦更张中重获新生，走向新的文明。毫无疑问，人类已经认识到了这种转变的必要性，并在加强生态文明建设这一核心关注上形成了共识。可以说，从工业文明走向后工业文明的秩序中人类将会面临一定时间段的无序状态。在这一状态中，人类文明的子系统将在交互作用中协同演进，共同推动文明系统的转型升级。

（二）生态文明与社会治理是同处于人类文明系统下的子系统，它们具有较强的关联性

人类文明既是客观实践的产物，也是科学系统的归纳。作为一个高度复杂的巨型系统，人类文明可以从不同的角度划分为不同的子系统。从表现形式来看，人类文明可以划分为物质文明、精神文明、政治文明和生态文明；从发生领域来看，可以划分为生产文明、生活文明、治理文明等。可见，生态文明和社会治理同属于人类文明系统下的子系统，只不过它们是两种归纳方式下的不同表现形式而已。生态文明不仅体现在生产生活中，也体现在社会治理中；而社会治理文明既可以表现为物质的、精神的和政治的形式，也可以表现为生态的形式。可见，生态文明与社会治理中“你中有我，我中有你”，存在隐蔽的、非线性的关联。

不仅如此，两者间还存在复杂的互动机制。生态建设必将影响人类的生产生活方式，而人类的治理模式是建立在一定生产生活方式的基础上。当生态化的生产生活方式形成之时，与之对应的生态化治理模式终将形成。同样，人类的治理模式可以影响生态文明建设的进程，它能够通过自身的能动性延缓或者加快人类走向生态化的步伐。生态文明与社会治理要么通过其他子系统或者环境间接影响对方，要么直接发生作用，在互动中彼此塑造。需要指出的是，生态文明与社会治理的差异在于它们对变化的反应速度存在较大的差异。一般情况下社会治理滞后于其他社会存在形式。从这个意义上讲，社会治理对环境变化的反应较慢，可以划归为“慢变量”的范畴；而生态文明

是后工业文明系统的重点关注和核心内容，它会在这种高度的关注中发生急剧变化，可以划归为“快变量”的范畴。

（三）生态宏观量的“涨落”正在处于相对强化阶段

协同学认为，涨落是系统宏观量所表现出来的偶然的、杂乱无章的偏差，是系统内在不稳定的表现。在系统处于稳定状态时，这种偏差相对宏观量而言是很小的，几乎可以被忽略；但当系统进入临界点时，部分子系统进入宽幅震荡的活跃期，子系统之间的各种耦合频繁剧烈，涨落在无形中被放大了。同时，处于混沌边缘的系统本身的稳定性大不如前，也“反衬”了涨落的强化。在两种力量的此消彼长间，涨落成为能够引领系统突破旧有秩序束缚的重要力量。在向后工业转型的历史关头，数百年中积累的生态问题似乎转瞬即至，生态成为人类社会高度关注的“一号问题”，生态宏观量的“涨落”成为人类文明系统自发向更高层次演化的核心要素。而且，不论在理论上还是实践中人们发现，仅仅通过局部领域的治标之策难以从根本上遏制生态恶化的趋势，人类需要从经济发展、科学技术、社会治理、消费方式甚至是思维方式和人格特征上做出适应生态化的根本性调整，才有可能免遭劫难。生态正在突破狭隘的指涉范围，在与社会生活其他子系统的互动中彰显自身的价值追求。生态宏观量的“涨落”成为牵动政治、经济和社会生活方方面面的中枢系统，在人类的日益瞩目中引领工业文明向后工业文明的演化。

三　生态文明建设与治理转型的协同机制

在工业文明的快速发展中，人类高度关注物质文明、精神生活和政治建设，却忽略了人与自然关系的协调。生态文明的滞后和其他文明的超越存在强烈的反差，终于将工业文明系统推到了演化的“临界点”。子系统的竞争和差异为人类向后工业文明的演化做了“协同预备”工作。在工业文明系统转型的历史进程中，人类对生态建设的急切心理是显而易见的。尽管至今在这一问题上还没有产生良好的合作机制，也没有见到明显的成效，但他们在局部领域的积极行动已经打破了沉闷的气氛。可以说，在后工业秩序的自组织中，生态变量是

“快变量”，它指示了新型文明系统的“落脚点”。生态文明所体现的价值观念应当是整个文明系统的指导方针，也必然是社会治理子系统的价值取向。

在“协同发生”阶段，生态变量要受制于社会治理这一“慢变量”。从整体上看，后工业文明系统的自组织节奏最终控制在类似于社会治理转型的“慢变量”手中。社会治理具有被动适应性的特点，它牵扯了众多的子系统和变量，还兼具“集体行动逻辑”的部分特征。从实践来看，后工业的社会治理表现出这样的苗头，那就是既要在生态价值观念的指导下协同演化，也要受到全球化、公民社会、合作协商、伦理治理、善治等多重关键词的影响。社会治理要在众多因子的支配下通过“反复试错”来决定其最终的价值观念和表现形态。而且，后工业的社会治理不再是建立在政府单一主体的基础上，市场、社会组织和公民等多重主体都有发言权，他们难于在短时间内达成一致。从这些情况来看，后工业的社会治理将会呈现出“慢三步”的节奏和步伐。

但任何文明都不可能是没有社会治理的残缺系统。社会治理虽然行动缓慢，但却是文明系统演化的指示和标志。它会通过“伺服原理”决定其他快变量乃至整个文明系统的演变节奏。也就是说，在社会治理没有成功演化并趋于稳定的情况下，文明系统的自组织就没有完成；只有当社会治理模式步入稳态时，社会秩序才算整体得以实现。后工业文明系统的演化同样遵循这个道理。只有适应时代要求的社会治理方式趋于稳定时，人类向后工业文明的自组织才算完成。

后工业文明系统的演化是庞大而繁复的。笔者并不想将这一过程简化为生态文明和社会治理这两个子系统之间的协同关系，只是试图对两者在系统自组织过程中的基本归属和协同机制予以描述，并发现社会治理的演化趋势和节奏。上述的论证可以得到两个方面的结论，一是生态文明建设中社会治理必然发生转型，而且这种转型要高度关注和积极响应生态文明中体现的价值因素；生态文明所倡导的多元共存、合作共赢和和谐共进是治理转型的基本价值导向。二是社会治理转型将较大程度上落后于生态文明建设的基本步伐。当生态文明建设处于启动阶段时，社会治理将会依旧停留在原有的模式上；当生态文明建设步入快速发展阶段时，社会治理才开始关注到生态文明的基本价值导向并进入转型轨道；只有当生态文明的价值基本成为人类的共识，生态文明进入较高的发展阶段时，适应生态文明的社会治理模式才能基本成型，多元、合作和和谐才会成为治理模式中的基本价值取向。

四　生态文明建设中社会治理转型的基本特征

毫无疑问，生态文明建设是人类文明在接下来的系统转型中的必然选择，人类在这一行动中所体现的价值导向既是影响行动效果的关键因素，也会成为后工业文明系统的重要参考。从人类对工业文明的反思和对生态文明的寄托出发，确定这个阶段的价值准则，并以此认识、规划和指导社会治理活动，对于顺利实现治理转型和“少走弯路”具有重要意义。

（一）治理主体的多元化

工业文明强调“人类中心主义”，本质上就在强调一切外在于人的客观实在都是人类的附属物，其存在与否都是微不足道的，人与自然的征服关系最终会投射到人类社会中去。根据这种逻辑，人类在工业文明中生成了以政府为单一治理主体的具有控制导向的社会秩序。这种控制导向在人类社会之中生成了“中心—边缘”结构[①]。处于社会结构中心地位的主体为了牢固地占据这种优势，并稳定地享受垄断地位带来的额外收益，不得不对社会其他结构采取控制的方式，社会活动主体天然地被分成治者和被治者，社会治理是政府垄断的单一模式。这一治理模式难以应对后工业时期人类所面对的高度复杂性和不确定性。表现为，一是被治理者在治理领域中是被动的，他们不会主动承担治理责任，不仅难以应对后工业时期人类社会频繁的矛盾和冲突，而且不能有效应对后工业出现的类似于生态建设这样的“人类共同体”的命题；二是治者和被治者之间周期性的冲突会大大降低社会

① 张康之：《走向合作治理的历史进程》，《湖南社会科学》2006 年第 4 期。

的稳定，破坏已有的文明成果；三是治者需要通过完整的官僚体系、意识形态甚至武力来维护既有的社会秩序和分配规则，治者对被治者的控制本身就需要消耗大量的精力和资源。

治理主体的多元化是人类对工业文明反思的结果。在后工业的复杂社会生活中，官僚制的科层组织结构可能不再是社会的主流，类似于扁平化的“矩阵组织”将成为人类的选择。就如托夫勒所描述的那样，“这些第三次浪潮的组织机构彼此比较平等，上层机关的压力比较少。它由很多小单位组成，机构比较容易改变。每个小单位有自己的对外政策，也就是说，它的活动不需要经过中央。……这种结构并不是由任何人来调整的，而是由参加这个结构的成员自我调整的，因此我们也可以称之为‘自动调整’”①。与这种社会组织结构相对应的是主体角色的多样化和随机化，它们在不同场合中的角色转换更为频繁。治者不再是单一的政府机构，也不再是高高在上的主宰者，治者和被治者的界限模糊。特定场合中的治者可能在其他场合中变成被治者，同样，特定场合中的被治者可能在其他场合中成为治者。治者和被治者经常交换位置，频繁的换位思考让他们能够知晓彼此的境况，有助于他们在治理活动中的彼此尊重和合作。后工业文明中，政府不再是社会治理活动中的唯一主体，各种自治组织、公民甚至市场主体都将自觉地、随机地组合起来，加入到治理行动中，应对复杂社会中可能危及人类整体生存和发展的困境和矛盾。人类需要充分发挥各种主体在特定位置上所拥有的知识和信息的独特性，共同面对社会生活的高度不确定性，治理主体的多元化是他们在复杂社会生活中“进化”出来的适应能力。

（二）治理理念的和谐性

工业文明的征服意识造就了人类的生态危机，人类在技术的高歌猛进中向自然和生态举起了屠刀，最终的结果是技术越发展，生态越失衡。缺乏和谐理念的人类发展，只会带来人与自然的严重失衡。工

① ［美］阿尔温·托夫勒：《第三次浪潮》，朱志炎等译，新华出版社1997年版，第290页。

业社会的征服意识不仅表现在人与自然上，而且体现在人类社会中。在国际上，人类社会的不和谐表现在国与国之间的不平等。发达国家通过不合理的国际分工体系，将广大发展中国家变成原材料的生产地和低端产品的倾销地。发展中国家在耗尽本国的资源和环境成本以后，却得不到应有的补偿。这种不合理的生态分配体系势必引起国与国之间的矛盾和冲突。在国内，生态矛盾往往与一国的社会矛盾相互交织和强化。从自然资源破坏性开采到环境污染的极端案例，从城乡差距到区域发展失衡，再到社会阶层的分配不平，众多的矛盾和冲突都与生态危机直接相关。即使一些从表面上看起来同生态没有直接关系的社会冲突，那也是人类固有的"人类中心主义"的征服自然的意识在社会领域中的投射和显现。

在对工业文明的反思中，人类意识到应当摒弃征服意识，追求人与自然、人与人、人与社会和人类自身的和谐平衡。和谐应当是后工业社会的价值理念，应该体现在社会生活的多层次多方面，也必然是后工业治理转型所应当坚持的价值准则。这就要求社会治理能够平衡好以下几个方面的关系：一是处理好人与自然的关系，将人类对自然的影响降低到自然能够承受的范围内，注重人类社会的可持续发展；二是处理好人类的发展速度和质量的关系，更加注重通过精神的满足提高人类整体的福利；三是处理好不同社会阶层间的公平正义，以公平正义为宗旨，改革起点的不平等和创造机会的平等，赋予每个社会成员平等的机遇与权利。在社会治理的过程中，通过完善公共政策，优化社会管理机制，强化公共服务职能来引导政府的治理创新。

（三）治理方式的合作化和多样化

20 世纪 90 年代以后，以美国的里根主义和英国的撒切尔主义为代表的新自由主义在遭遇到困境以后，各国试图在政府和市场力量的复杂而精巧的糅合中寻求"第三条道路"，也就是吉登斯所倡导的"超越左与右"（beyond left and right）。[①] 在政府管理上，"第三条道

① ［英］安东尼·吉登斯：《越左与右——激进政治的未来》，李惠斌、杨雪冬译，社会科学文献出版社 2009 年版。

路”体现为治理理论的兴起，即提倡一种“结构多元主义”，在国家、市场和公民社会中保持均衡，并通过它们之间的相互依赖和持续互动，充分交换资源，获得信任基础，达成协商自治。[①] 事实上，20世纪后期以来西方发达国家正处在向后工业转型的起始阶段，而正是这一时期它们在社会治理领域中所做的探索在较大程度上表现出对“合作”“协商”“多中心”“自治”等关键词的试探和追求。这不是一种简单的巧合，而是具有深刻内涵的历史提示。可以说，它在向即将跨入后工业转型的人类传递这样一个信息，多重主体在逐步成熟且参与意愿强化后将会对传统治理模式发出挑战，并展示它们对新型治理中开放、合作并达到善治的渴求，未来的治理模式应当是在公民社会、市场和政府之间寻求合作共治的新模式。

对于后工业社会的合作治理，学者张康之做出了充分的论证。在他看来，人类的行为模式是他们在面对客观环境所获得经验的总结和提升。“表面看来，人的直觉根源于习惯，实际上，它是由人的经验培育出来的，是经验理性的升华，也是经验理性向人的行动能力的转化。”[②] 20世纪后期以来，人类进入一个高度复杂性和高度不确定性的时代，人类将面对诸如资源约束、环境污染、流行性疾病、恐怖主义等“人类共同体”问题，也将面对大量的“非典型性”存在形态的事物。在复杂和快节奏的社会生活中，人类的思维方式将由“工具理性”转向“经验理性”。“在高度复杂性和高度不确定性社会中观察人的行动，工具的、技术的理性已经不再发挥主导性作用，取而代之的是一种经验理性功能的日益显现。”[③] 人类在反复的实践中确立了只有依靠合作才能争取他们的未来，而且这种思维方式不会因为功利、理性和计算而终结，相反却会在日渐频繁的“危机事件”中得到强化。

治理方式的多样化是合作的必然结果，多元主体的合作打破了政

① 俞可平主编：《治理与善治》，社会科学文献出版社2000年版。

② 张康之：《从协作走向合作的理论证明》，《江苏行政学院学报》2013年第1期。

③ 同上。

府垄断社会治理的单一模式。后工业社会中，政府不可能是统治型角色，也不会是单纯的管理者角色，而更多的是合作者或者服务者角色。在一些场合中，政府可能充当公民社会和市场主体自治的服务者，在另一些场合中，政府可能要成为合作治理集合的组成部分。不同场合中多元主体在基本制度的框架下自主组合，根据特定场合的需要确定自身的角色。这样，后工业的社会治理将会呈现别样的精彩。

第三节　生态文明建设中政府权责配置的特殊性、阶段性

权责配置是治理模式的载体和表现形式。治理模式是神，权责配置就是形；治理模式是纲，权责配置是目。生态文明建设中政府的治理转型意味着权责配置的变迁。当然，这将是一个漫长的"试错"过程，那些体现治理转型总体趋势的权责配置终将被选择出来。但普遍的规律中并不排斥阶段的特殊性，对于中国而言，这个过程同样需要考虑独特的政府体制、发展阶段。

一　中国生态权责的历史演化

自人类社会产生以来，生态就是其社会实践中的内容。在中国古代，由于生产能力和改造自然能力的低下，人类对自然生态抱着一种敬畏、求和、知止的心理，生态权责具有自发性和隐性。到了近代，人类在大规模改造自然的过程中，引发了自然的报复，不得不事后作出应急性反应，被动地增加生态权责。被动性的生态权责只是"头痛医头脚痛医脚"，生态麻烦越来越多，社会只会在生态危机的道路上越走越远，直到人类进入自觉性生态权责。通观历史，中国生态权责走过了自发性生态权责、被动性生态权责和自觉性生态权责等基本阶段。

生活在原始洪荒时期的中华先民对来自四面八方的自然威胁充满恐惧，不得不敬畏这种神秘的自然力量，这种敬畏在生态观上转化为天人合一、共生共处的理念。这一时期，生态权责是隐性、被动和自

发的。如中央政府设立了祭祀的职能，负责向神讳莫如深的上苍祈祷风调雨顺。在他们心目中自然世界诡秘异常，因而不敢做违背自然意旨的事情，而且常常把某些异常天象当成是上天对君主的警示。国家只有在自然威胁到基本生存状况时才偶尔主动作为。如战国时期，由于灌溉不佳，川蜀之地难以承载大规模人口，秦国蜀郡太守李冰父子建造了都江堰水利枢纽工程，自此贫瘠的川蜀之地被改造成沃野千里的天府之国。为了顺应自然，人类只能根据自然生态的承载能力选择自己的生产、生活方式和居住点等，如中国古代文明中人口分布与自然生态具有高度的关联①。当然，人类虽然不会对自然造成大规模的生态破坏，但由于生态权责整体上的被动性，人类不能创造出具有积极性价值的生态产品，生态环境也不会得到改观。

到了近代社会，人类生产能力和改造自然的水平不断增长，政府的生态权责逐步提升。这个时期，生态权责逐步从隐性走向显性，但却仍旧处于被动应付状态。政府认识到生产生活对自然生态产生了影响，于是开始建立相关机构，配置官员，对局部生态问题进行治理。如清代与山争地，开山造田的现象剧增，水土流失严重，海河流域中部的唐河尤为严重。如史料记载："当清之末叶，变乱频仍，饥馑疮臻。人民流亡载道，迁至山间者逐年增加，其职业除伐木为薪外，惟事垦种。不数年唐河上游之山悉告濯濯。一逢大雨，水泥骤下，万流俱集。自光绪十三年以来屡冲屡垦，无隔岁不冲之田，无一年成田之事"②。于是，清政府采取"清浊分流"的策略着手对海河中下游进行治理，努力地避免行洪河道的阻塞。为了达到目标，在地方增设专门机构和人员，"特设分司一员董其事，令河间府同知分辖，增置县垂主簿等官，专汛防修"③。当然，随着清末政治形势的变化，政府

① 张子珩：《论生态环境对古代中国人口分布的作用》，《南京人口管理干部学院学报》2000 年第 2 期。

② 民国（完县新志）卷二。

③ 转引自王建革《清浊分流：环境变迁与清代大清河下游治水特点》，《清史研究》2001 年第 2 期。

的治水态度走向放松①。被动性生态权责不能挽救生态日益败退的局面，这种形势一直要持续到工业化中期。根本原因在于，生态问题只是存在于某一环节中的局部现象，没有对人类整体构成生存威胁，没有演化为人类社会的毁灭性问题。

新中国成立以后，中国开始大规模的工业化和城市化。1973 年 8 月 5 日至 20 日在北京召开全国第一次环境保护会议。会议交流了环境保护工作的经验，制定了环境保护工作的方针和政策，提出全国发出了消除污染，保护环境的动员令。这次会议意味着生态问题作为一个整体性问题开始受到重视。此后，一系列的举措相继出台。1980 年成立了中国环境科学出版社，1981 年中国成立了中国环境管理干部学院，1983 年中国创办了全球第一家国家级环境保护专业报—《中国环境报》，1990 年《中国环境年鉴》出版……与此同时，生态环境管理部门的职能不断走强。1982 年 5 月 4 日，由国家城市建设总局、国家建筑工程总局、国家测绘总局和国家基本建设委员会的部分机构，与国务院环境保护领导小组办公室合并，成立城乡建设环境保护部。1988 年城乡建设环境保护部撤销，改为建设部。环境保护部门分出成立国家环境保护局，升格为国家直属局。1998 年国家环保局升格成国家环保总局。2008 年国家环保总局升格为环境保护部，成为国务院重要组成部门。生态职能不断走强意味着生态权责日益由被动性、零散化走向主动性、整体性。

总体看来，政府的生态权责总是与一定经济社会发展水平保持自洽性，不能过度超越特定的历史条件谈生态权责配置的问题。当然，在特定历史社会中其表现方式是有差异的。这就意味着，对于当代中国政府而言，一方面我们的生态权责配置不能脱离大的历史逻辑提要求，要强调普遍性，另一方面要关注到战术层面的独特性，注重策略和方式。

① 王建革：《清浊分流：环境变迁与清代大清河下游治水特点》，《清史研究》2001 年第 2 期。

二 当代中国生态文明建设中政府权责配置的独特性

从大的逻辑来看，当代中国是处于工业化中后期，但从具体情况来看，其生态权责配置并不是与这种基本面保持完全一致，这种独特性体现在：

一是尽管处于工业化中后期，但当代中国政府对生态文明建设这一命题的还处于探索阶段。相对于西方发达国家而言，中国的工业化进程还较为短暂，作为工业文明孪生兄弟的生态风险冲击国人“眼球”的时间并不长，生态文明建设在政府权责体系中的地位并不稳定。这一点从国家环保部门的机构设置可以看出。一般而言，中央政府在某些问题上的重视程度可以通过对应管理机构所处地位看出。1982 年，我国成立环境保护局，归属当时的城乡建设环境保护部；1988 年，国家环保局从原国家城乡建设环保部中独立出来，成为国务院直属局（副部级直属局）。1998 年，升格为正部级直属局，更名为国家环境保护总局，但还不是国务院的组成部门。尽管在行政级别上也是正部级单位，但在制定政策和参与高层决策等方面，与作为国务院组成部门的部委存在较大的差距。2008 年，经十一届全国人大第一次会议批准的《国务院机构改革方案》，环保部才作为国务院组成部门正式成立，环保部在统筹协调，宏观调控，监督执法和公共服务等职能上得到强化，在获取和整合各种资源的能力上有了较大的提升。近三十多年来环保部门地位的大幅提升从一方面来看彰显了我国政府对生态危机的忧虑，对环保事业的重视。但从另一方面来看却说明了面对日益严峻的生态风险，我们实际上尚未形成稳定成熟的治理体系和思路，政府对生态文明建设的权责配置还在“摸着石头过河”的探索阶段。

二是生态文明的后工业色彩增添了权责配置的“社会性”，与工业文明遗留下来的控制性思维存在冲突。相对于其他的治理对象，生态文明更具后工业色彩。生态文明整体上建立在工业文明所创造的物质和精神财富的基础上，既会受益于这种基础，也必将受制于工业文明的思维惯性。其中，工业文明在对社会矛盾处理上所坚持的控制导向和征服意识就是需要克服的思维方式。这样，生态文明中更应当坚持的“社会性”就成为政府权责配置中的特殊性了。所谓社会性，是相对于政治性而言的，强调一些公共问题和群体矛盾并非传统意义上的“阶级矛盾”，而是不同利益群体间的常态社会关系①。生态文明建设的社会性表现在：一是生态文明是人类作为“共同体”的问题，并不是人类社会内部之间你死我活的“阶级矛盾”。虽然在某些情况下它能转化为政治矛盾和冲突，但只要处理得当，完全能够通过政策调整和制度完善得到解决；二是生态文明建设问题实际上更多地需要普通民众的关注和参与，具有明显的“草根命题”属性。生态文明在很大程度上将落实到千千万万普通公众对人类未来忧思的心理基础上，落实到普通民众参与的随机性、自觉性的基层治理上。基于这种逻辑，政府在生态文明建设中的权责更侧重于履行管理与服务职能，更注重将权责下放到地方政府和基层组织。通过搭建社会治理平台，注重服务引导，设定公共政策来实现“无为而治”。

三是生态文明建设的权责配置要在现实的政府体制内调整，而当代中国政府体制的独特性注定生态文明建设中权责配置的独特性。正如学者朱光磊所言，“中国渐进性地推进改革，在运作政府等方面，确有自己一套独创性的东西，有自己的发展逻辑”②。当代中国政府体制远不像静止时看到的那样简单和整齐划一，而是具有高度复合性、适应性和权变性的运行逻辑。2010 年 1 月中国社科院蓝皮书探讨中国模式时总结了其中的四大内核，即“坚持政府与市场有机结合的调控模式，坚持集中力量办大事的制度模式，坚持充满活力的混合经济模式，坚持经济、社会、文化、环境相协调的科学发展模式”③。显然，复杂而具有独特性的政府运作模式是“中国模式”中的基本内涵。实际上，在中国政府体制中，党政关系、条块关系、央地关

① 朱光磊：《转型期尤需重视问题的“社会性”》，《人民日报》2013 - 10 - 10。

② 朱光磊：《当代中国政府过程》（第三版），天津人民出版社，总序第 4 页。

③ 中国新闻网：社科院蓝皮书总结出中国模式四大“内核”（http://www.chinanews.com/cj/2010/11 - 18/2666084.shtml）

系、党的领导与法治问题、政企关系等等一个个现实而凝重的课题都显示了当代中国政府体制的高度复杂性。在这样的政府体制中建构适应后工业转型要求的生态文明建设权责体系必然是一件极具挑战性的任务。

三 生态文明建设中政府权责配置的阶段性

生态文明不是一蹴而就的，它必然是一个长期发展的历史过程。如前所述，人类建设生态文明的过程必将经历战略防御、战略相持和战略反攻等基本阶段。生态文明建设的阶段性与人类治理模式的变迁高度相关。在生态危机的早期，人类还在沿用工业文明的思维方式和治理模式，只是希望通过对政府的指责和敲打来推进生态改善。在局部领域依靠单一的政府力量改善生态的治理过程必然是消极性，它势必难以扭转整个社会面对生态危机的溃败之势。但这可以带来一个积极的变化，那就是政府在社会严苛的指责中制度化权责配置日益理性、精巧和完善。在中期，面对日渐严重的生态文明危机，人类将展开大讨论，检视自身在生态文明建设中的失误。这一阶段应该处在工业化文明向后工业文明转型的关键时期。物质生活资料的相对丰富，人类对精神失落和伦理下滑的担忧，产业结构整体上走向自然资源的低消耗化等多重因素构成这一阶段出现重大转机的客观基础。道德和伦理将在人类集体的反思中闪现光芒，并成为最终的认识。在整个社会经历了思想洗礼和道德启蒙以后，政府生态文明建设的权责配置将出现重大变化，那就是：社会力量成为生态文明建设的主力军，政府将从原先的主导者走向“引导者”；政府搭台，社会唱戏，政策引导成为政府生态治理中的常用方式；在政府内部，对生态问题的忧思将政府内部割裂的“碎片化服务”缝合起来，制度是督促生态文明建设的部分手段，伦理是促成整体政府形成的“粘合剂”。在后期，生态文明建设将取得决定性胜利，人类整体上迈进了后工业文明的社会形态，政府的治理模式和权责配置将在生态危机的洗礼中升华，新的模式中出现伦理和制度并重，共同驱动政府运行的局面。

上述政府权责配置的基本阶段展望应当是生态文明建设中的普遍

规律。虽然不同的国家在特定的历史情景中呈现了某些特殊性，但并不能否认历史的基本趋势；也就是，在没有巨大的外力作用的情况下我们无法跨越基本阶段而直接跳跃到更高的阶段上。就如同人类不能直接从农业文明跃升到后工业文明上一样，没有工业文明累积的物质和精神财富，人类即使被某些外力带入后工业文明的世界中也是茫然不知所措的。将上述基本阶段同当代中国的实际相结合，不难看出我国政府生态文明建设中权责配置的基本阶段：

（一）第一阶段政府的制度化权责的完善期，伦理化权责的启蒙期

当代中国处于特殊的社会发展阶段，“农业文明尚有遗留，工业文明尚未成熟发展，生态文明初露端倪”[①]。但整体上我们处于工业化中期，也是各个领域、各个层面的制度亟待科学配置和成熟完善的关键时期。这种现状在生态文明建设领域亦然。法学研究者对目前制度化权责缺席的尴尬深有体会，如研究者蔡守秋、敖安强从法治的角度做了充分的论证。在他们看来，生态文明建设对法治建设提出了颇具紧迫性的考验，这主要表现在：一是生态建设将会催生大量新的、难的法律问题，二是生态建设召唤与生态伦理相关的法律，并希冀通过法治宣传教育促进生态文明宣传教育，三是日益严重的生态危机时不我待，环境污染纠纷、资源争端和生态破坏案件与日俱增，四是生态问题的国际化迫切需要我国环境资源法与国际环境资源法的接轨[②]。

为了改变这一现状，政府要将权责配置延伸到生态文明涵盖的每一个角落。“政府和社会的关系不是简单的此消彼长的关系，因为社会快速发展变革本身就扩大了社会生活的空间和政府作为的空间”[③]。随着经济社会的进步和人类需求的不断提高，政府、社会和市场将会生成更多的界面，生态文明就是工业社会中后期生成的内容最丰富，

---

① 徐春：《生态文明在人类文明中的地位》，《中国人民大学学报》2010 年第 2 期。

② 蔡守秋、敖安强：《生态文明建设对法治建设的影响》，《吉林大学社会科学学报》2011 年第 6 期。

③ 朱光磊：《地方政府职能转变问题研究——基于杭州的实践》，南开大学出版社 2012 年版，第 9 页。

地位最重要的界面之一。政府要善于发现这些界面，把那些在经济社会发展中不断生成的，市场和社会需要但却无法得到自我满足的生态需求及时纳入政府的权责体系中，通过科学的权责配置督促政府运行，保障有效供给。因而，在第一阶段政府要切实承担起生态文明建设主力军的重任，将这一问题逐步上升为政府最核心的工作之一；同时，政府要逐步剔除农业文明治理模式中遗留的人治色彩和随意性，通过政府对制度化权责的技术性调整最大程度上满足公众不断增长的生态需求。

但即便如此，政府使劲浑身解数也难以扭转生态危机的频频爆发。在生态治理领域，政府、市场和社会之间的割裂，政府内部的碎片化不断拷问人们，我们的生态治理究竟怎么了？在大量的社会实践中，人们发现了那些基于生态忧虑而自觉生成的，在不同层面尤其是在基层治理中快速发挥作用的治理模式和权责配置方式所具有的显著效果。同时，部分进入后工业国家的治理模式启发了理论研究者和实践操作者的思维。后工业中人类观察到伦理的价值，并试着将它作为“粘合剂”运用到政府和社会之间，政府内部之间。因而，生态文明建设第一阶段也是伦理化权责的启蒙时期。

（二）第二阶段要激发生态伦理，注重发挥伦理化权责的主导作用

无论是自然的技术还是社会的技术，都不是解决生态危机的最终方案。正如美国学者雷德·戴蒙德（Jared Diamond）所言：“科技的进步只是增强我们的能力，结果可能变得更好，也可能更坏。我们目前所有的问题都是科技无意带来的负面影响。20 世纪科技突飞猛进，而它带来新问题的速度远远快于解决旧问题的速度。这就是我们今天之所以会面临这种困境的原因。”[①] 作者在对技术深刻认识和反思的基础上，得出“我们不需要科学技术来解决问题”的结论。雷德·戴蒙德对技术局限的反思得到了众多研究者的认同，一些研究者从生

---

① ［美］贾雷德·戴蒙德：《崩溃——社会如何选择成败兴亡》，江滢等译，上海译文出版社 2008 年版，第 417—418 页。

态哲学层面的论证证实了生态危机的克服并非单纯的科学技术问题，而是理念的更新。生态学家唐纳德·沃斯在谈到生态学概念时质疑道："究竟生态学主要是一种科学，还是一种有关内在联系的哲学，便成为一个持续已久的身份问题；而相互依赖性的实质就变成这样一个相应的问题：它是一个经济组织系统，还是一个相互容忍和支持的道德共同体？"① 人们不难从这一质疑中读到生态问题哲学范式更张的必要性。由此国内研究者发出感叹："生态学的哲学内涵表明，生态问题并非科学技术所能解决，事涉理念。"②

工业社会后期，生态危机的全面爆发挑战人类传统的哲学认识和治理方式。人类在惨痛的煎熬中通过频繁的"试错"寻找驯服生态恶魔的行为逻辑和治理模式，这也就意味着他们进入了生态文明建设的第二阶段。在这一历史阶段，人类意识到惯用的技术手段不能代表全部，生态恶魔的肆掠让所有的人类不得不团结起来，结成"人类利益共同体"。人类认识水平的提升和思维方式的转换大大拓展了治理空间。在生态治理领域中，正式的宣誓和随机的组合并肩战斗，宏大的国家规划、中观的地域联合和小型随机的基层治理共同发挥作用。人类以生态文明的基本价值为共同的指导，不讲究官民、场合和组织方式，伦理、制度和权威在治理活动中相继出场，分类组合，以治理目标最大化来设计舞台的空间。可以说，人类真正在面对"高度的复杂性和不确定性"中实现了道德的整体提升和思维的巨幅转换。也正是在这样规训中，人类迎来了一种新的治理方式，伦理统帅下的治理组合将成为后工业治理的核心。

伦理化权责在生态建设中的实现不仅仅表现在公民生态道德的生长以及建立在此基础上的生态自觉和合作精神，而且还体现在政府间、政府和社会间的生态合作，两者之间是相互启发和共同提升的。

① ［美］唐纳德·沃斯特：《自然的经济体系：生态思想史》，侯文蕙译，商务印书馆1999年版，第545页。

② 黄力之：《生态文明：发展马克思主义的新生长点》，《湖南社会科学》2014年第2期。

公民在对物质利益的过度追求归于平静以后所呈现出来的良善和合作为政府治理的“试错”提供了启发，政府不断增长的合作意识为公民参与生态治理提供了制度基础，政府部门在合作精神的启发下逐步褪掉分工中“画地为牢”的狭隘，这一切在后工业的社会治理中呈现出良性循环的和谐状态。

基于上面所述，生态文明建设的第二阶段首先是政府要用合作的精神构造整体政府的框架。合作不是盲目的合作，而是建立在政府权责明确基础上的合作。在那些制度化权责明确的界限内，政府的规范依然发挥决定作用；但由于成本过大，或界限模糊而导致制度无法发挥作用的领域，善意的合作精神就要发挥作用。其次，政府要创造良好的环境保障政府与社会，社会组织和个体之间在生态治理中的参与和合作，政府是引导者而不是主导者。它要通过有效的机制建设激发整个社会参与生态文明建设的活力，形成百花齐放、千帆竞发的局面。

第五章　实然分析：地方政府建设生态文明的权责配置和运行机制

在特殊的历史背景和特定的政府体制约束下，地方政府在建设生态文明中形成了独特的权责配置模式和运行机制，认清这种权责配置的实际状况及其背后的形成逻辑非常必要。

第一节　当代中国建设生态文明的特殊性[①]

相对于西方早发国家而言，中国的生态文明建设所面对的约束条件更多。在当代中国的特定历史时期，经济社会转型、全球化浪潮、信息革命等大背景词汇目不暇接，产业结构调整、城镇化、地方政府债务等现实问题接踵而来。在如此拥挤的历史时空中，需要充分厘清生态文明建设的约束条件，把握其中的特殊规律，采取合适的应对策略，在高度压缩的战略空间中走出具有中国特色的生态文明之路。

一　当代中国所处阶段的总体认识

（一）从社会变迁来看，当代中国处于经济社会的转型期

20 世纪 80 年代初，中国启动了从计划走向市场的经济体制转轨。市场化转型不仅带来了经济总量和增长速度的飞跃，而且推动了整个社会结构的急剧变迁。这种变迁“表现为由原来的以国家权力为中心、以政府行政权力统摄一切的社会各领域合一的社会结构形式，转

---

① 本节以《当代中国生态文明建设的特殊性及其应对策略》为题，发表于《内蒙古社会科学》2014 年第 1 期。

变为政治、经济、文化诸领域相对分离的社会结构形式"①。对此，研究者们将其总结为经济社会转型。在经济社会转型的震撼和冲击中，一些人迷失在陌生的社会里，他们或者怅然留恋过去的美好，或者在疯狂的物质追求中走向道德的沦丧，而大多数人则在宏大叙事的变革中及时调整，跟上了时代的脚步。

毫无疑问，经济社会转型所带来的影响是全面而深刻的，以至于无论用何种词汇来形容似乎都不为过。短短的几十年中，简单的社会生活走向复杂化和多样化。这种变化与"多米洛骨牌效应"的相似之处是连锁性、快速性和指数倍的能量放大效应，不同之处是这种作用方向不是单向的，而是多向度和彼此间的。急剧的经济社会转型中不同文明结构在相互激荡中渐次转换，推动文明系统的逐步升级。其中，多元化的价值取向，多样化的生产生活方式，经常化的社会矛盾和冲突等对传统的政府管理提出了挑战；政府的管理方式和手段必须及时更新，直至最终走向思维范式的革命。经济社会的急剧转型使得这一时期出现的新生事物面临更多的不确定性和处置难度，生态文明建设自然难以幸免。

（二）从经济发展水平来看，当代中国处于工业化中期

多数研究成果证明，当前中国处于工业化的中期。新中国以后，建立在传统农业经济基础上的中国开始了以工业化为核心的现代化进程。根据工业化模式及其对社会生活的影响，可以将我国的工业化划分为两个基本阶段：一是1949—1979年工业化初期（传统工业化时期）；二是1979年至今工业化中期（现代工业化时期）。两个时期的工业化所产生的结果是不同的。在工业化初期，我国仿效的是苏联模式，在初步建立独立完整工业体系的基础上优先发展重工业，在对其他经济成分进行改造的基础上优先发展国有经济，在优化工业布局的同时改善区域发展不平衡。在工业化中期，中国在保持经济较快增长

① 沈亚平、王骚：《社会转型与行政发展》，南开大学出版社2005年版，第4页。

的同时，针对第一阶段所累积的矛盾和问题，调整了经济发展的方略[①]。在对中国工业化所处阶段的基本判断上，也有少数研究者提出不同的看法。研究者黄群慧以人均GDP、一二三产业增加值比、人口城市化率、第一产业就业占比等为基本指标，选择阶段阈值法进行指标的无量纲化，并用加权合成法来计算反映一国或者地区工业化水平综合指数，得出中国总体刚刚步入工业化后期的结论[②]。总体来看，大多数研究者认为当前中国处于工业化中期的基本阶段，即便有部分研究者做出了刚刚步入工业化后期的判断，也必须强调“刚刚”这一副词，也就是说强调处于工业化中期和后期的过渡时期。一般而言，社会的治理模式基本适应或者略微滞后于经济发展水平。从这个意义上讲，当前治理模式应当建立在工业化中期的阶段定位上。

（三）从全球化的进程来看，中国处于发达国家后工业意识的扩散期

全球化不仅是商品和服务的生产、分配以及销售的越来越国际化，而且是多重观念和意识形态的扩散和相互感染。从世界范围来看，西方发达国家已经步入后工业化的轨道。美国未来学家丹尼尔·贝尔认为，美国早在20世纪50年代就显示出后工业社会的某些特征，西欧和日本等国家在分别于60年代末和70年代初进入后工业社会[③]。它们在同广大后发国家进行经济和技术交流的过程中，有意无意地将后工业社会中的观念和意识形态传递进来。可以说，全球化进程中中国不可能置身事外，中国必然在同发达国家的交流中面对后工业意识的辐射。

发达国家在经历了完整的工业文明以后，顺理成章地过渡到后工业的经济模式、社会结构和思维方式，这其中包括对生态文明的认识

① 《中国工业化的成就》，中国网（http://www.china.com.cn/economic/zhuanti/gyhjcbg/2007－09/10/content_8850663.htm）。

② 黄群慧：《中国的工业化进程：阶段、特征与前景》，《经济与管理》2013年第7期。

③ ［美］丹尼尔·贝尔：《后工业社会的来临——对社会预测的一项探索》，商务印书馆1985年版，第14—17页。

和操作。发展中国家则在尚未完成工业化基本程序的情境下，还要腾出手来面对后工业化的辐射和挑战。更为重要的是，发展的阶段性决定了不同意识之间的冲突和矛盾，后工业的观念在很大程度上是对工业化意识的反思和扬弃。对于处于工业化紧要关头的发展中国家而言，后工业的理念和思维方式可能带来两方面的影响，一是后工业社会所描述的太平盛世可能增加发展中国家部分人的盲目崇拜，从而对本国发展思路失去必要的耐心和信念；二是后工业的基本理念和思维方式同工业文明之间的冲突可能让部分国人困惑和无所适从，这些都将增加发展中国家对思想观念和意识形态的整合难度。

总体来看，当代中国处于经济社会转型、加快工业化进程以及全球化背景下后工业意识的扩散等“三位一体”的特殊时代，这些因素之间无论是彼此强化还是相互冲突都给这一时期出场的社会形式抹上了浓厚的不确定性和处置的困难性。如果再考虑中国超大国家形态和传统政治文化等因素的“催化作用”，那么，在即将到来的生态文明建设上我们需要考虑得更多、更复杂。

二 生态文明建设在当代中国的特殊性

应该说，生态文明是对工业文明的反思和扬弃，是人类在工业文明触及发展的“天花板”后不得不进行的改弦更张。因而，生态文明建设应当是后工业时期的课题。但是，过快的工业化进程所引发的资源环境问题，全球化进程中后工业化国家理念的辐射让我们在工业化进程的中期提前遭遇这一历史任务。在当代中国的特殊情境中，生态文明建设需要充分考虑各种约束条件，在相对狭小的战略空间、政策空间和民众心理资源中寻找平衡，寻求最佳求解。

（一）复杂的国际政治经济矛盾酿造“生态问题国际化”，压缩了中国生态建设的战略空间

国际上，西方发达国家已经步入后工业化时期。资本的本质决定了资本主义传统的生产生活模式和思维方式的顽固性，意味着它们难以建成真正意义上的生态文明，但它们却通过“环境侵略”“环境殖民主义”将生态矛盾转移到广大发展中国家，中国就是它们转移生态

矛盾的国家之一。据报道，从1995年到2007年，欧洲每年通过合法或非法方式大量地出口纸张、塑料制品和金属垃圾到中国、印度、印尼和非洲等国家，12年间增长了10倍①。中国不仅要处置工业化进程累积的生态矛盾，还要承担发达国家通过各种方式转嫁的生态危机。

不仅如此，一些西方国家在世界范围内推行“气候霸权主义”，以生态环境和气候变化为名，大搞贸易保护主义，试图以此强化它们在全球政治经济秩序中的优势地位，制约发展中国家尤其是新兴大国的发展，维持自身的霸权地位。有些国家以保护环境为名，单边抬高贸易门槛，实施环境贸易壁垒；有些国家以危害经济为名，规避自身的责任和义务，却将矛头指向发展中国家，要求发展中国家承担与其经济地位和环境责任并不对应的义务；还有些国家直接宣传发展中国家“环境威胁论”，要求发展中国家制定硬性减排目标，采取各种手段限制新兴大国获得技术和资金的支持②。西方发达国家在生态和气候上的咄咄逼人有着其深厚的政治经济根源，生态问题是它们试图压缩中国战略空间，遏制中国发展的“幌子”。当生态问题深深卷入这种“无法讲理”的国际霸权主义行径中时，其操作空间无形被大大压缩。

（二）转型期社会矛盾集中爆发引致“生态问题政治化”，增加了生态问题的敏感性和处置难度

经历了30多年的快速发展，民众已经不再停留于吃饱穿暖的基本生活标准上，不再满足于粗线条的社会管理和公共服务模式，他们对生活质量和政府管理具有日渐强烈的“挑剔心态”。与此相对的是，环境状况在传统的工业模式中越来越恶化，生态问题已经成为人们提高生活质量的重要制约因素，民众对政府管理和生活质量的“挑

① 《西方对中国等国家出口垃圾12年内增长10倍》，网易网（http://news.163.com/09/0928/08/5K9K19VB0001124J.html）。

② 叶三梅：《从哥本哈根会议看西方大国的“气候霸权主义”》，《当代世界与社会主义》2010年第3期。

剥心态”很快投射到生态建设领域当中。此外，民众对生态问题的脆弱心理还同全球视野中我国同西方发达国家在生态问题上的差距相关；它们在生态环境上的领先态势撩拨着公众的情绪，放大了民众的心理失衡。新世纪以来，民众对生态问题已经表现出越来越低的容忍度，他们甚至采取群体性行动的方式表达对政府在环境问题上麻木迟钝的不满。相关报道显示，自从厦门 PX 事件、广东番禺垃圾焚烧发电厂事件之后，民众更倾向于通过散步、集体上访甚至游行示威等方式表达自己的诉求，寻求与政府博弈的愿望更加强烈①。

与此同时，市场化转型走过了三十多年，改革进入深水区。经济社会转型期也是各种社会矛盾的凸显期，劳资矛盾、官民矛盾、贫富矛盾、阶层矛盾等集中爆发。虽然它们总体上属于人民内部矛盾，但短时间内高强度的矛盾势必会加剧管理体制的张力，甚至可能引发政治危机。多数情况下，环境问题与转型期其他问题相互交织，互相强化，使得这类问题不再是简单的局部问题和管理问题，而演变为全局性、政治性的大问题。生态问题的演化和升级拨弄政府敏感的神经，逐步上升为各级政府、舆论和社会民众高度关注的焦点问题。正因为如此，民众才对生态问题表现出非同寻常的关注，他们试图通过生态问题“放大”社会中存在的其他不公现象，试图通过生态问题“倒逼”政府做出更符合公众价值取向的变革，这一思想逻辑不可避免地造成生态问题的扩大化和政治化。多数情况下，公众对政府变革和社会不良现象的高度关注同生态问题纠结在一起，使生态问题演变成为难以处理的敏感话题。

（三）工业化的特定时域彰显“生态问题错时性”，加剧了资源配置的难度和紧张程度

从本质上看，生态文明建设属于后工业时期的任务，需要后工业文明的治理理念和思维方式的支撑。但我国正处于工业化的中期，工业文明的思维方式还没有完全确立，规则意识和法治水平还处于较低

① 《环境问题已成群体性事件重要导火索》，正义网（http://www.jcrb.com/yqjc/201008/t20100816_402991.html）。

层次。在制度意识还没有成为整个社会普遍觉悟的情况下，合作和道德等超越制度的观念形态更难以生成。可以说，在工业化中期的特定时域中进行生态文明建设，政府仍然需要担当主导角色，传统的治理方式依然起主导作用。政府在工业文明的传统范式中建设生态文明，从本质上看依然处于“被动防守”而非“主动进取”，疲于应付而非制度创新的状态，其思维方式、运行模式和管理手段都显得难当重任，资源配置的效率会大大降低。

而且，当前正处于工业化的紧要关头，国家的“赶超战略”和经济结构的转型升级都需要消耗大量的社会资源和政府精力。可以说，生态文明建设将要面临同工业化进程的其他任务“抢资源”。在各种资源本身处于相对紧张的情境下，生态文明建设的“挤入”更显示这一空间的拥挤性。在工业化关键时期遭逢生态文明建设这一后工业时期的课题，既是对政府平衡协调和合理配置整个社会资源能力的考验，也是对社会生活弹性空间和社会资源承载能力的考验。

（四）多重政策取向铸就“生态问题矛盾性”，制约了生态文明建设的政策选择空间

21 世纪以来，社会治理面临大幅转型升级。为了提高国民经济的整体竞争能力，满足公众不断增长的需求，政府需要通过各种政策促进传统产业结构调整，加快经济结构的转型升级；在发展经济和保障民生上，政府的天平逐渐向后者倾斜，公平正义成为执政理念的重要支点。同时，国际金融危机加剧了国家间竞争，中国还需要在货币政策、汇率体系、国际贸易、国际产业分工等多方面顾虑全球平衡问题。总体来看，政府的政策需要在经济发展、产业结构调整、社会公平、民生就业、环境保护、国际资本、世界贸易等多重因素之间寻找最佳平衡点。

而且，对于处于市场化关键时期的中国而言，仅仅出于照顾上述各种因素平衡的“战略防守”还远远不够，在市场化初期人口红利、资源红利和改革红利基本消失的基础上，还需要通过制度创新激发市场活力的“战略进攻”。毫无疑问，相对于上述亟待部署的战略目标和工作内容而言，生态文明并不一定具有优先性。甚至，从短期来

看，生态文明建设与上述有些任务存在或多或少的矛盾性，最典型的是短期的经济发展和民生就业往往与生态建设存在较大的冲突。多重政策目标中的“生态问题矛盾性”无疑会抬高中央政府的政策门槛。生态文明建设需要在上述多种因素所设定的政策框架下寻找可行路径，也就是说，生存文明建设将会面临有限的政策选择空间。

第二节 生态文明建设中地方政府权责配置的总体概括

在总体处于工业化中期和经济社会转型期的特殊历史背景下，当代中国被迫拉开了生态文明建设的序幕，但生态文明建设不可能跨越当代中国所处基本阶段和治理水准。从实践来看，面对生态危机的频频发难，社会公众诉求的日益高涨和国际社会的高度重视，中央政府被迫挑起生态治理的重担，而地方政府则在中央政府的严格约束、高度关注和大力推动下，在生态环境上展开了运动式治理。这样，当前生态文明建设仍是传统治理方式的“路径依赖”，从权责配置的角度来看总体表现为：权威化权责主导，制度化权责失衡，伦理化权责有待进一步挖掘的基本特征。

一 从权责主体上看

生态文明不再是工业文明的基本治理方式所能企及的目标，建设生态文明需要超越工业文明中旧有的思维方式。与工业文明的一般治理对象相比，生态文明更需要政府以外的其他主体的积极参与和主动承担。但在当前特定的历史背景下，人们仍然试图将生态文明建设的责任寄托在政府身上，公民、市场主体和社会组织在生态伦理上的集体缺失迫使政府在生态文明建设中处于“孤军奋战”的重压中。

个体的经济理性人属性导致公共事务的“公墓地悲剧”。当代中国的生态文明建设中，这种悲剧加重了政府治理的难度和压力。现实中，人们对生态改善的迫切要求同他们在生态危机中的自我放纵形成了较大的反差，这正是传统治理方式面对后工业危机时所显示的无奈和尴尬。他们一方面嘀咕日益严重的雾霾问题，另一方面却在抱怨政府所倡导的“少开一天车”给他们带来的不便。在他们看来，生态治理就如同传统的社会问题一样，只要敲打政府就能达到目标。这种思维方式在精于利益算计的企业中更甚。对于大多数企业而言，生态治理只是一个响亮的口号和标语，甚至少数企业为了追求自身的经济利益而违法偷排的现象屡见不鲜①。可以说，现阶段大多数社会主体面临了一场生态伦理的考试。如果它们在这场考试中不及格，政府将会在生态治理中面临更重的压力。

公众对生态建设的迫切要求和行动上迟滞犹豫在环保部宣传教育司的调研中得到了证实。为了更好了解当前公众在生态建设中的基本状况，环保部吸纳了相关领域的专家，设置13个指标，29道问题，对全国除港澳台、西藏以外的全部省、自治区和直辖市，涉及50个大中城市、地区、城镇及农村进行了多层随机抽样，共回收14977份有效调查问卷。同时，与腾讯公益频道合作开通“全国生态文明意识调查网上调查问卷系统”，共回收6665份有效问卷。这次调查数据以百分制显示，公众对生态文明的总体认同度、知晓度、践行度分别为74.8分、48.2分、60.1分，呈现出“高认同、低认知、践行度不够”的特点。也就是，人们对“美丽中国”的生态建设目标保有较高的认同度，但却缺乏必要的行动支持生态建设，他们更多地将生态建设的责任寄托在政府身上。调查数据显示，70%以上的受访者认为政府和环保部门在生态建设中负主要责任，企业占15.1%，个人仅占12.7%，总体上具有较强的“政府依赖型”特征②。

政府陷于生态治理的“孤军奋战”与我们所处的独特历史阶段有关。市场化初期人们对经济利益的极大追求压抑了伦理道德的生长空间。对物质利益的斤斤计较让他们对公共事务中的责任漠然，更不用

① 中国环境网：《广东东源木京河遭偷排　污水直排江河不见源头》（http://www.cenews.com.cn/xwzx2013/qt/201407/t20140721_777896.html）。

② 环境生态网：《全国生态文明意识调查研究报告》（http://www.eedu.org.cn/news/envir/homenews/201403/94885.html）。

说那些与他们物质利益有所冲突的公共事务，现阶段的生态文明建设就属于这种类型的事务。而且，传统社会中强势政府包打天下的思维方式植根于人们的内心，绝大多数公众和社会主体并没有意识到自身在公共事务中的意义和作用。在面对生态治理的责任时，他们一股脑儿地推给政府，这显然是各级政府所不能承受的。

二 从履行权责的动力上看

从党的十五大报告提出可持续发展战略到十六大提出科学发展观，从十七大首次将生态文明写入党代会报告到十八大提出“五位一体”的战略布局，并将生态文明上升至前所未有的新高度，可以看到中央政府在生态文明的认识上不断深化和逐步成熟的发展轨迹。应该说，生态文明是中央政府从我国的现实国情出发，在总结国内外发展经验和人类社会发展基本规律的基础上，积极响应精英群体和利益相关民众的诉求，着眼于解决代际矛盾、区域矛盾、城乡矛盾、经济与社会矛盾、人与自然矛盾、国内与国外矛盾而提出的战略目标。成熟的思想理论体系是科学行动的基础和前提，也是中央政府具体实施和有效推动生态治理的动力源泉。正是在这种强大思想动力的推动下，生态文明正在由宏观抽象的概念转化为国家层面的具体规划和实施细则。

与中央政府在生态文明上的成熟和主动作为相对比，地方政府在这一问题上就显得幼稚和被动。近些年来，尽管地方政府在生态建设上有些局部动作，但大多是面对地方公众强烈要求和中央权威高度关注下的应急之举。正如有些研究者所言：“在贯彻落实科学发展观的过程中，中央和政府的决心往往要大于地方的意愿，民众对环保的意识和热情也不尽人意。生态文明的动力机制往往来自上层决策层。”[①] 在日益严峻的生态危机中，地方政府多数情况下选择沉默和不作为，甚至不乏少数地方通过欺瞒和愚弄来应对公众高涨

① 张妮妮：《运动和制度在建设生态文明中的作用：以德国为例》，《马克思主义与现实》（双月刊）2009 年第 2 期。

的呼声。据报道，2013 年河北沧县地下水出现粉红，环保局长面对记者的质疑时作出了“水煮红小豆”的荒唐解释，最终引起了社会的一片欷歔之声[①]。

中央和地方在生态文明建设中从认识到行动上的反差是传统治理方式在纵向政府关系上的投影，地方政府面对生态危机的反应冷淡与现行权责配置高度相关。毫无疑问，中央政府从民族整体利益和人类未来发展的高度中已经高度清醒地认识到生态文明建设的价值和意义，并决心将生态文明建设纳入其权责配置的总体思路中，但现阶段它缺乏有效的制度将这种认识落实到地方政府的权责体系当中。截至 2014 年 7 月，笔者在相关的报道中能够看到部分地方政府逐步建立生态考核指标体系的举动，如四川绵阳[②]、辽宁沈阳[③]、湖北十堰[④]。但从相关制度来看，考核权重、指标设置、统计核算及分析方法选择等方面尚不够成熟，还有较长的路程要走。如何形成有效的权责制度，让生态文明建设不是地方政府面对中央权威的应景之作，而是面对公众诉求的自觉落实，这是改革的难点。但在真正形成这种有效的制度之前，中央政府只有依靠传统的权威推动地方政府的生态治理。尽管这种模式不具有持续性，而且其动力在纵向层级上快速衰减，但舍此似乎没有更好的途径，这正是权威化权责主导下的生态治理所面临的困境。

三　从治理方式上看

“作为一种综合治理政策工具（policy instruments）的运动式治理（‘campaign style’ governance model）主要是指针对某种社会问题顽症而进行集中整治的方式，它是当前地方政府最为依赖的一种社会治理

---

① 京华时报：《环保局长称红小豆也能染红水》（http：//epaper. jinghua. cn/html/2013 - 04/05/content_ 1980212. htm）。

② 《我市建立生态文明建设考核指标体系》，《绵阳日报》2013 年 6 月 27 日。

③ 《将生态文明考核指标纳入政府绩效考评》，《沈阳日报》2014 年 7 月 22 日。

④ 《我市综合目标考核作出调整，生态文明指标权重加大成最大亮点》，《十堰日报》2014 年 7 月 5 日。

手段。"[①] 运动式治理是一种指标之策，是当代中国特殊的语境中地方政府面对治理压力的堆积和科层治理的低效而不得不采取的非常规方式。运动式治理虽然能够见一时之效，但从长期而言，负面效应是显而易见的。

对于运动式治理，倪星、原超等进行了较为深入的分析。在他们看来，运动式治理具有常态化的倾向，这种倾向背后存在双重逻辑。一方面，常规治理的失效使得上级部门不得不通过运动式治理改善治理绩效，但在压力型体制和目标责任制的共同作用下，运动式治理并没有达到有效激励下级官员的作用，反而成为上下级"庇护共谋"的新场域。另一方面，运动式治理演变为地方的"剧场政治"，它是上级向下级展示权威，下级向上级释放忠诚度，上级下级共同在地方舞台上"表演"来寻求并加强政治合法性的场景剧。在他们看来，运动式治理是适应经济社会转型期政治生态需要的，既来源于总体性社会内卷动力，又适应多元性社会的外卷压力的合理选择。它在短时间内能调整部门权责不清和职能模糊的优越，又能通过大规模的资源调动展示治理体系的高效和美妙，削弱公众的不满并取得合法性。但运动式治理的前景并不乐观。在他们看来，现行政府体制和运行模式下运动式治理的常规化和常规治理的运动化并存，而且地方政府对短期规模效应的追逐将产生治理过程的"棘轮效应"，使得路径优化变得更为困难。"作为政治官僚制下的产物，'常规化'的运动式治理不能也无意使治理效果达到帕累托最优，运动式治理最终将会逐步走向'内卷化'，而非走向制度化的'常规治理'。"[②]

当前生态建设同样是运动式治理的舞台。改革开放30多年来快速聚集的生态压力转瞬成为公众高度关注，人们希望看到一场漂亮的翻身仗挽回生态治理中的颓势。在这种情况下，偶然的事件、特殊的

---

① 文军、黄毅：《从"总体—支配型"到"技术—治理型"：地方政府社会治理创新的逻辑》，《新疆师范大学学报》（哲学社会科学版）2014年第2期。

② 倪星、原超：《地方政府的运动式治理是如何走向"常规化"？——基于S市市监局"清无"专项行动的分析》，《公共行政评论》2014年第2期。

任务或者领导人的关注等可能成为聚集治理力量、打响阻击战的“信号弹”。于是，疾风骤雨的运动式治理在生态建设领域充分展示独特的个性。据报道，2008 年为了实现百年奥运梦，北京对冶金、建材、石化等重点企业和行业进行紧急管制，勒令 150 多家重污染企业在运动会期间暂停生产，同时对 2008 年 7 月 20 日前不能完成土石方工程、基坑安全防护和防汛准备的项目，不予批准建设①。同样的事情发生在2014 年的 APEC 期间。据报道，为了保障 APEC 会议期间北京良好的空气质量，环保部开展了紧密锣鼓的空气质量保障督查行动。仅就河北省而言，其所属的 8 个设区市和两个省直管市启动了一级重污染天气应急减排措施，共有 2000 多家企业临时停产、1900 多家企业限产、1700 多处工地停工。面对相关媒体一位地方环保官员认为，停产限产属于非常时期的非常做法，不应作为常规的应对灰霾手段②。如果试图更清晰地观察当前地方政府在生态治理中暴风行动的行为逻辑，不妨通过 2006 年湖南洞庭湖造纸污染企业整治的案例来剖析。

洞庭湖作为我国最为典型的湿地，在维系整个长江的生态体系中发挥着重要的调节作用，被称为“长江之肾”。受短期经济利益驱动，近年来环湖造纸企业迅猛发展。据统计，从 2000 年起，洞庭湖区的造纸企业由 40 多家猛增至数百家，其中仅化学制浆企业就有 25 家。2005 年湖区造纸行业排放废水 1.07 亿吨，占全省工业废水排放量的 15.5%；排放化学需氧量 17.40 万吨，占全省重点行业排放化学需氧量的 50.7%，为湖南省四大工业废水排放行业之一，是污染减排的重点。环保专家指出，如果以洞庭湖 COD 的水质保护目标为三类水质（渔业用水）计算，2005 年环洞庭湖区造纸行业的 COD 排放量已达到 17.40 万吨，超出

① 搜狐网：《北京市 150 多家重污染企业奥运会期间暂停生产》（http://2008.sohu.com/20080716/n258168144.shtml）。

② 网易新闻：《APEC 蓝背后：河北近 4000 企业限停产》（http://j.news.163.com/docs/10/2014111116/AAPJLE1P00964L91.html）。

环境容量14.4%，这还仅指造纸业一项，如果计算上生活污水COD排放量，洞庭湖区COD排放量将大大超过四类水质（一般工业用水及人体非直接接触的娱乐用水）COD环境容量值。2006年下半年，根据中央领导批示精神和湖南省委、省政府领导的指示，湖南省决定重拳出击治理污染，出台了《洞庭湖区造纸企业污染整治实施方案》，确定了四个阶段全面关停整治措施，以遏制日益恶化的水环境。

第一阶段2006年11—12月，进行动员和部署。岳阳、常德、益阳市政府制定实施方案，湖南省人民政府委托省环保局与岳阳、常德、益阳市人民政府签订目标责任书。

第二阶段2007年3月31日前，凡无碱回收装置或虽有碱回收装置但污染物排放不能稳定达标的化学制浆造纸企业和无有效的环保设施或污染物排放不能稳定达标的废纸造纸企业一律停止生产，由所在地市人民政府下达停止生产企业名单、责令停止生产。2007年1月1日—3月31日，省人民政府组织进行阶段性考核。

第三阶段2007年12月31日前，关闭年生产能力1万吨以下（不含1万吨）的废纸造纸企业；对年生产能力在5万吨以上（含5万吨）、碱回收装置等污染防治设施齐全（含污染源在线监控系统）且能稳定达标排放的化学制浆造纸企业，以及年生产能力1万吨以上（含1万吨）废水处理设施齐全（含污染源在线监控系统）且实施清洁生产和污染物达标排放的废纸造纸企业，经省、市、县三级环保部门验收合格后，方准恢复生产。2007年4月1日—12月31日，各级环保部门做好整治验收工作。

第四阶段2008年年初，省人民政府将组织对洞庭湖区造纸企业整治工作进行全面考核验收。

洞庭湖造纸企业污染整治，是湖南省历史上成效最为显著的区域性污染整治行动。在不到一年半的时间内共停产整治企业234家，其中岳阳48家、常德57家、益阳129家。方案实施后成效明显，洞庭湖水质得到明显改善。2008年4月18—24日洞庭湖生态环境监测中心监测数据显示：南县建材纸厂排污口、藕池中支河道排污口化学需氧量分别下降95.5%和85.9%，洞庭湖入长江口化学需氧量已由29.03毫克/升下降到8.04毫克/升，下降幅度达72.3%。随着水质改善，生态环境出现可喜的变化，最近已经连续多次在洞庭湖发现了江豚。①

由上述案例可以看出，湖南通过短时间的对洞庭湖造纸企业的运动式治理取得了骄人的业绩。但在看到成绩的同时，也应看到当前的治理困境。为什么前期会堆积如此多的治理压力导致最后不通过一阵风式的运动难以清除积弊的治理模式呢？相关部门的日常监管和常规治理为何几成摆设？疾风骤雨的运动式治理带来了哪些成本和额外损失？如何通过制度和机制建设督促生态领域中“润物细无声”的常规治理走向前台？这些都是值得反思的问题。

四　从履行权责的手段上看

从广义的角度来看，行政手段是行政主体为了达到行政目的依靠行政权力所采取的一切方法，包括行政性的、经济性的和法律性的。本书这里指的“行政性手段”与“行政手段”之间存在区别。行政性手段只是行政手段中的一部分，它与法律手段和经济手段等共同构成了行政手段的整体。因而，这里的行政性手段专指行政主体在基本法律制度的框架内为了达到行政目的依靠行政权威直接动员行政客体所采取的行政方法。应该说，行政性手段是计划经济时期政府主要的运行方式，在市场经济较为完善的国家，这种方式所占比重不大。相对而言，行政性手段直截了当、简便易行、动作迅猛。但同时，行政性手段与其他手段相比存在一定的弊病，表现在：一是变化有余而严肃不足。相对于有章可循的法律和经济手段而言，行政性手段主要是

① 以上材料来自中华人民共和国中央政府网（http://www.gov.cn/gzdt/2007-01/18/content_500166.htm），湖南日报（http://hnrb.hnol.net/article/20075/20075483840547-851893.html），中国农产品加工网（http://www.csh.gov.cn/article_52689.html）等。

建立在政府权威的基础上，通过政府的政策、决定、命令、建议等较为不稳定的方式实现社会治理。二是刚性较强而柔性不足。行政手段往往是行政主体直接作用于行政客体，不经过其他方式的传递，表现得较为强制性和直接性；而经济手段一般是通过影响成本收益来引导行政客体的行为选择。

当前治理领域中，计划经济管理方式的惯性、相关制度建设和管理技术的滞后等多重因素决定了行政性手段所占的比重处于较高的水平，这种状态在生态建设中同样存在。据报道，2013 年面对严峻的大气污染，济南正式启动重污染应急预案，济南钢铁、水泥、化工等重污染行业共 36 家企业被要求停产限产，保证污染物排放总量削减 30% 以上。而像这样依靠行政性手段治理大气污染的情况，已经在河北多地发生。[①] 实际上，行政性手段广泛运用于各种生态治理领域，也牵涉到公众个体和各种类型的社会组织。如上面案例中湖南省对洞庭湖造纸企业的关停整治，在大气污染中对私家车辆的单双号限行，江苏在土壤治理中对 4000 多家化工企业关停[②]等。需要说明的是，笔者这里并不是反对在生态治理中采取一些行政性手段，只是想说明在采取这种方式时一定要注意其中“度”的把握，注意将行政性手段的比重控制在合理的范围内。在可能的情况下，最大限度能够运用经济或者法律手段，通过耐心细致地疏导、化解在治理中可能产生的各种矛盾和对抗，缓冲和释放在生态治理中产生的张力。毕竟，行政性手段所具有的不确定性和强制性更容易激起公众和其他社会主体对地方政府的不信任甚至敌视，甚至可能在某些特殊场景下，行政性手段会面临制度上的合法性危机，而一旦这种合法性危机成为现实并公之于众时，政府的权威和公信力将会遭受巨大考验。

在生态治理上，“区域限批”作为一种最严格的行政性手段备受

① 中国经济网：《河北山东等地强制钢企限电限产　枪口指向民企》（http://district.ce.cn/newarea/roll/201312/20/t20131220_1960797.shtml）。

② 新浪网：《4000 多化工企业关停污土需医治》（http://jiangsu.sina.com.cn/news/m/2013-06-16/072459625_2.html）。

研究者关注。环保部于2007年1月10日首次动用“区域限批”制度，限批范围包括大唐国际、华能、华电、国电等四大电力集团以及河北省唐山、山西省吕梁、贵州省六盘水、山东省莱芜四个行政区域。实践中，尽管这一制度不断被运用并成为高悬在地方政府头上的利剑，但它一直遭受着合法性危机。在研究者吕成看来，这种危机主要体现在：法律依据不明确，适用何种程序不明确，能否进行司法审查不明确。在细致的比对中发现，区域限批和当前较为成熟的行政行为模式均不相符，可以归于“未型式化行政行为”。[①] 也就是说，实际操作中被寄予厚望的区域限批在制度基础上处于“悬空”的状态，是行政部门根据需要而自行制定的对社会主体实施管控的行政性手段。

五　从合作理念上看

理论和现实都证明，生态建设绝非单一的政府主体所能完成的历史任务，政府社会间的合作和政府内部的合作都至关重要，但现实中这种合作都缺乏必要的基础。

一是民间环保组织发育的滞后。西方成熟市场经济国家的民间环保组织均较为活跃，它们团结起来进行“自下而上”的环保行动，维护自身的生命安全和健康权利。以美国为例，1992年已有1万多个各种各样的非政府环保组织，其中十个最大的组织中的成员从1965年的50万人增加至1990年的720万人[②]。公众将自己对生态环境的忧虑通过社会组织集团化的方式表达出来，既增加了他们与政府博弈，维护自身权力的能力，又为他们提供了学习成长和理性参与的政治舞台。反观中国，生态环保社会组织如同其他的社会组织一样，受到政府管制、法律法规、资金来源和专业素养等多方面的制约，基本是“在有限的范围内发挥非常有限的作用”。民间环保组织的发育

① 吕成：《论区域限批的性质界定》，《河南社会科学》2012年第3期。

② 宋坚、潘丽君：《国际民间组织参与生态环境保护的动态研究》，《学术论坛》2012年第9期。

滞后极大地制约了政府社会在生态建设中的合作。一方面公众参与生态建设的自信心和主动意识得不到充分挖掘，反过来又增加政府生态治理的压力，让政府处于“孤军奋战”的境况中；另一方面，公民不能在生态治理的政治参与中得到有效的规训，环境伦理的意识难以增强，必然在政治参与和环境治理的双重冷漠中丧失改善生态的机会。

二是政府体系内部的合作意识淡漠。“中国地方政府层面，相对程度呈现出碎片化（Authority Fragmented）的部门权威体系，条块分割导致政府职能继续扩展，部门主义不断蔓延，大大影响着行政效率、行政合理性和行政合法性。”[①] 本质上讲，政府内部碎片化和对合作意识的淡漠是科层官僚组织的必然结果，以理性、技术和非人格化等为基本精神构建的工业文明管理体系必然走入画地为牢的狭隘和保守，最终出现“河南不救安徽的火”[②] 的悲剧。在生态建设的实践中，碎片化的问题同样严重。生态文明建设的职能分散于水利、交通、建设、农业、卫生、环保、财政、教育等数量庞大的政府部门中，部门利益的客观存在使得它们之间协调困难。部门林立、缺乏协调甚至相互掣肘是常见的事。在地方政府之间，在“唯 GDP 主义”和“晋升锦标赛”的强力驱动下，它们大多奉行“选择性合作”的机会主义态度。在生态治理领域内，根除政府体系内部的碎片化不仅需要体制机制和权责关系的重构，更为关键的是对环境伦理的培植。正如刘湘溶所言，“虽然法律规范、经济杠杆、行政手段等在解决生态环境问题上发挥着重要的作用，但是道德调控也是不可缺少的，它通过唤起人们对大自然的良知、对生命的敬畏、对义务的自觉担当，使得实现人与自然的和谐获得了更加丰沛的人文支持。”[③]

① 沈荣华、何瑞文：《整体政府视角下跨部门政务协同——以行政服务中心为例》，《新视野》2013 年第 2 期。

② 央视网：《焦点访谈》，20140708 河南不救安徽的火（http://news.cntv.cn/2014/07/08/VIDE1404820904431935.shtml）。

③ 刘湘溶：《建设生态文明环境伦理正当其时》，《中国教育报》2008 年 1 月 22 日。

第三节　生态文明建设中地方政府制度化权责失衡

当前的生态建设总体由权威化权责主导。制度化权责之所以没有上升到主导地位，没有成为生态治理的主导性力量，与内外多重因素相关。然而，在责难地方政府生态治理制度化权责失衡的时候，研究者不能陷入就事论事的狭隘中。实际上，地方政府生态治理权责体系受制于当代中国制度建设的整体特征，是当代中国制度建设在生态治理特殊场域的投射。

一　生态治理制度体系的现实基础

（一）转型期制度建设的整体滞后性造就了生态制度体系失衡的宏观环境

改革开放以来中国走向了经济社会的转型期，至今这一过程并没有结束。判断这一过程结束的一个重要依据是大规模的制度成型并且稳定地发挥作用，但显然这种现象并没有发生。党的十八届四中全会强调全面推进依法治国实际上从侧面证实了转型期制度建设的整体滞后性，它表现在："行政管理体制与发展社会主义市场经济的要求还不适应，依法行政面临诸多体制性障碍；制度建设反映客观规律不够，难以全面、有效解决实际问题；有法不依、执法不严、违法不究现象时有发生，等等。"① 生态制度的建设显然不能脱离整个社会的制度环境。在制度建设整体滞后的基础上，生态文明建设的制度体系不可能一枝独秀。

（二）对生态文明建设认识的肤浅性加大了政府生态制度体系的建设难度

总体来看，生态文明建设被提上议事日程并受到人类的关注还为时不久，人类对生态文明的认识整体上还处于探索和求证阶段。现阶段人们在生态文明建设的众多命题上并没有达成一致认识，这些命题

---

① 温宪元：《建设法治政府是依法治国的关键》，《经济日报》2014 年 11 月 18 日。

包括：生态文明的基本内涵和所处地位，生态文明与经济建设、政治发展等系统之间的关系，生态文明的发展阶段，生态文明建设中政府角色演变，生态文明建设中政府对各种资源的优化配置等。人们只是在日益恶化的生态危机中强调生态文明建设的极端重要性，但却缺乏统一的生态化思维方式和知识体系，没有稳定地建立与这种重要性相对应的权力地位、治理体制、运行机制等。整个社会对生态文明在认识上的不够成熟决定了政府建设生态的制度无法准确落实，只能在“摸着石头过河”的试探中寻找暂时的平衡。

（三）中央地方关系的不确定性侵蚀了政府生态制度体系的建设基础

毋庸置疑，中央地方关系是当代中国的治理体系的“主心骨”，其他的制度体系都与之依附并受其影响。但转型期以来，中央地方并没有形成稳定的权责关系和运行体制，中央政府更多的是通过“行政性放权”相机调整与地方政府的关系，借此刺激或者约束地方政府的行为，塑造地方政府的角色。频繁的权力收放固然能给中央政府更多的灵活性，但却侵蚀了各种制度建立的基础。“基础不牢，地动山摇”。如同治理体系中的其他制度一样，附着在中央地方关系基础上的生态制度体系只能处于“悬浮”状态。即便是平衡，那也是内部权责关系严重失衡的表面平衡。

二　生态文明建设中地方政府制度化权责的具体表现

总的看来，当前地方政府在生态文明建设中的制度化权责失衡具体表现为：

（一）纵向政府之间的生态责任划分不明确，地方政府对公众的生态责任得不到落实

转型期中央政府为了保持较强的权威而直接控制相对多的权责是符合基本逻辑的，但应当集中在政治性、宏观规划和宏观调控上。相比较而言，生态文明建设的管理属性重于政治属性。也就是，在生态文明建设的问题上公众之间的总体利益和基本目标是一致的，需要调和的分歧仅仅在于具体方式和路径。中央政府在生态文明建设这种管

理属性较强的公共事务中不能大包大揽，只应保留适当的权责，剩余的权责要在综合平衡规模效应和运行效率的基础上划分给各级地方政府。但从实践来看，中央政府在生态建设上承担宏观规划、政策制定、政策执行和监督控制等过多的责任，地方政府的“非独立化人格”特征非常明显，在生态文明建设这样的问题上地方政府同样依赖于中央政府的指示和命令。同时，在“晋升锦标赛”和“GDP 导向”的激励机制下，地方政府将自己的主动精神集中在中央政府重点考核的经济发展、财政收入等少数领域内。在生态建设没有被纳入地方重点考核指标的前提下，地方政府一般只会被动回应中央政府的指令和要求，缺乏主动承担生态建设责任的进取精神。总体来看，中央政府包揽了过多的生态责任，但却缺乏有效的责任划分机制将其分解到地方政府，造成了“要么全在地方，要么与地方无关”的极端责任形态。

各级政府对于生态建设的责任来自于中央的转移，纵向政府间从理念、机构、执行方式到口号保持了高度一致。“职责同构”下，看似层层有责实则责任不明。由于各级政府都在以相同的方式、相同的机构，在相同的政策下从事生态建设，当面对生态治理的失败时，多数情况下无法判断究竟是哪级政府应当承担具体责任，最后往往是通过对最基层的直接执行者予以处罚了事。地方政府既因为不明确自己应当承担的生态责任而无从着手，等待观望，又可能因为生态治理的失败而首当其冲面临处罚，就如同歇后语所云：老鼠钻进风箱里——两头受气。但即便如此，在责任主体不明和考核机制缺位的双重作用下，地方政府在生态建设领域内的被动依赖和观望色彩尤为浓厚。

上述现实情形还模糊了地方政府与公众之间的权责关系。客观上讲，地方公众是生态文明建设最直观的感受者和评价者。但现实是，地方政府缺乏对公众生态诉求主动回应的精神。地方政府还能凭借信息优势通过“机会主义”策略阻止中央政府和基层公众之间信息交流。这样，中央政府虽有权责却缺乏必要的信息准确评价地方政府，地方公众最有评价能力却不能实现与中央政府的有效沟通，地方政府的生态责任可能处于上下都管不着的“真空”状态。实际工作中，正是生态责任得不到精准定位，一些地方政府面对任务时拖、拉、抗，面对责任追究时推、诿、卸，在浑水摸鱼中“做一天和尚撞一天钟”，对公众的生态诉求缺乏热情。

（二）地方政府内部的生态权责没有明确的划分，生态责任的界定和协调机制缺乏

从实践来看，地方政府生态建设的权责广泛地分散于水利、交通、建设、农业、卫生、环保、财政、教育等数量庞大的政府部门中。如环保产业、产业结构调整等政策制定由发改委承担，城市污水处理由建设部门承担，交通船舶污染由交通部门承担，水土保持和河道清淤由水利部门承担，森林养护由林业局承担，农业面源污染治理由农业部门承担，交通及各种噪声污染由公安部门承担等。有些部门即使不直接涉及环境监察、管理和执法的权责，但仍或多或少与生态工程存在一定的联系性，如教育、财政等。权责广泛分散且缺乏强势协调的现实状况使得生态建设处于“群龙无首”的状态。从笔者调研的情况来看，为了克服这种现实困境，现阶段多数地方政府采取这种方式协调生态文明建设：成立由地方政府主要领导人之一担任领导小组组长，生态建设相关的政府部门主要负责人为成员的临时机构。领导小组下设办公室，办公室负责日常的生态建设行动，办公室主任由某个与生态建设相关，且具有一定协调能力的政府部门负责人担任。实践中这个办公室可能设在发改委、环保局，或者临时成立的生态办（地方政府办公厅下设），办公室主任由这些部门主要负责人担任，并且同时负责生态建设领导小组的日常工作。

客观上讲，地方政府通过设立领导小组协调生态建设的方法适应运动式治理的思维方式，能够在较短的时间内统筹资源，打一场生态治理的歼灭战。但这种政府部门之间的协作是短暂的，是不同政府部门在地方主要领导的高度关注和直接督办下的产物。一旦步入生态的常规化建设阶段，部门之间的利益会很快撕裂这种看似完整高效的运作模式。在缺乏生态责任日常界定和协调的情况下，这种行为模式是不能持之以恒的。

具体来看，地方政府内部的生态权责关系存在这样的弊端：

一是缺乏常设的生态文明建设协调的政府部门。地方生态文明建设领导小组毕竟是临时机构，是应对日益严峻的生态问题的权宜之举，其工作的内容、效率和模式等是随着地方政府主要领导者的变更而变更，难以适应未来生态文明建设任务的常规性和长期性。一般情况下，这种机构没有常规的工作机制，只是在面对生态建设中的“急、难、险、重”任务时才可能被领导想起，成为应对生态危机的“紧急战备队”。

实践中，少数地方政府将生态建设协调的权力授予环保或者发改委等部门，在笔者看来，这种方式在现实的运行中也存在问题。具体表现在：

环保部门的弱势地位制约了其总体协调生态建设的能力。虽然《中华人民共和国环境保护法》规定：县级以上地方人民政府环境保护行政主管部门，对本辖区的环境保护工作实施统一监督管理。但环保部门直到2008年才进入各级政府决策体系的核心层，在排位上仍处于较为靠后的位置，在影响政府决策、获取资源的能力上仍较弱。结果必然是，一些部门往往从本位出发争夺审批、收费、处罚、解释、证件等权力，却在无利可图的问题上互相扯皮、互相推诿、无人负责，人为造成许多工作漏洞，而环保部门却无能为力。实际上，环保部门所赋予的“统一监督管理”在很大程度上被肢解和架空，无怪乎环境保护部部长周生贤调侃中国环保部是世界四大尴尬部门之一①。

发改委在承担总体协调生态建设的问题上同样存在困难。作为中国最重要的宏观经济调控部门之一，发改委所拥有的地位和资源优势是不容置疑的。但在地方政府层面，发改委本身的工作任务繁重，而且其工作内容侧重于宏观调控和产业政策布局。将生态文明建设的协调任务赋予发改委，可能导致其工作量过大而难以承受，进而影响其所承担的核心权责；而且它还存在着专业技术人员不足、专业设备不

① 新浪网：《听说世界四大尴尬部门含环保部》（http：//news. sina. com. cn/o/2013－07－10/082927626871. shtml）。

够、权力过度集中等问题。

二是地方政府组成部门的生态责任不明确。由于总体上处于生态建设的起步期，多数地方政府部门尚不能准确定位自身在生态建设中地位和作用，不能将自己的日常工作与生态建设统筹起来，更缺乏稳定的生态建设工作模式。相关的调查报告显示，基层领导对生态文明知识的知晓程度不太理想，只有67.5%①，这一点与笔者在党政机关调研的感受基本一致。而从广义的角度来看，除了那些涉及节能减排、污水处理、造林绿化等直接与生态建设相关的部门外，很多的政府部门都间接涉及生态文明建设的问题。如教育部门承担的学生生态教育问题，财政部门需要预算的与生态建设相关的经费问题，广电部门所要注重的生态宣传问题，民政部门对生态社会组织的管理问题等都间接与生态问题相关。但相关的调研表明，相当数量的政府部门缺乏将这些工作统筹到它们日常工作当中的基本意识。

三是促使地方政府部门整体联动的生态责任界定和追究机制缺乏。就如同在其他治理问题上的“碎片化”一样，在生态治理的问题上地方政府部门间同样存在碎片化的问题。作为一个系统的工程，生态建设存在被切割到不同政府组成部门的“分”以后，还存在统一起来形成整体联动的“合”。这种“合”不仅需要一个较强势的能够有效协调的组织，而且需要通过明确的责任界定和追究机制来保障。如发现生态问题与处理生态问题之间的责任区分问题，发现生态问题的部门没有处理权限却没有及时向有处理权限的部门报告应当承担何种责任？拥有处理权限的部门在被告知以后却没有及时处理应当承担何种责任？现实的生态建设中经常出现这样的问题，公众在面对生态危机时，要么不能确定应当通告的政府部门，要么向某一政府部门做出了通告却被告知不属于本部门管辖，要么向某一拥有管辖权的政府部门做出了通告后却迟迟不见该部门的行动。这其中，地方政府除了缺乏向公众公布生态责任的部门清单之外，还缺乏有效的内部责

① 邱高会：《四川省农民生态文明意识现状调查与思考》，《西南民族大学学报》（人文社会科学版）2010年第2期。

任界定和追究机制。

（三）纵向政府的资源分配不均衡，基层地方政府履行生态责任的资源得不到保障

前面的理论已经证实，权力和责任是对等的，没有充分资源作为基础的权力是空头的权力，它必然无法有效履行相应的责任。而且，支撑权力有效运行的各种资源应当是均衡的，某一种资源的短缺可能形成“木桶效应”，成为制约其他资源有效发挥功效的“短板”，并最终制约权力的有效运行。

生态文明建设是一个长期、系统的工程，其内涵丰富。生态文明建设工作包括生态文明意识的培养、生态文明产业的培育、生态文明科技的发展、生态文明制度的构建以及生态文明行为的引导等多方面，是包括生态伦理、生态经济、生态科技、生态文化、生态管理等多领域的更高层次文明形态。显然，生态文明建设不是简单的环境治理，而是从理念到行动，从生产到消费，从物质到精神的全面转变，是人类整个社会生活的改造和提升。然而，对于这样一项巨大的历史任务，地方政府尤其是地方基层政府一方面被认定为完全责任，另一方面其拥有的权力资源却处于全面短缺的状态。

一是地方政府对生态建设的注意力难以集中，心理资源不足。

从心理学的角度来看，注意力是指人的心理活动指向和集中于某种事物的能力。政府的注意力是政府专注于某项政府事务的能力。当政府的注意力集中时，它能够集合各种资源，充分发挥主动性和创造精神，积极克服各种困难，甚至达到开拓工作新局面的奇迹；相反，当政府在面对某项工作的注意力不集中时，它可能疲沓应付，三心二意，工作缺乏深入下去的动力。政府的注意力本质上是政府主要领导者注意力的集合和体现，是一种重要的心理资源。影响政府注意力的因素很多，包括政府主要领导者的精神状态、工作能力和工作态度，其中，最关键的是政府面对多重任务时所受到的激励程度。一般而言，政府总是面对多重目标和工作任务，政府需要在多重目标和工作任务中确定轻重缓急，并据此采取不同的应对策略。一些工作任务因为关系到政府及其主要领导者的命运前景而可能成为政府注意力的焦

点，而另一些工作可能对政府及主要领导者发展影响不大而不被关注。

从实践来看，地方政府尤其是县乡政府，虽然机构“五脏俱全”，但结构和人员已经大幅减少，各种工作任务都要通过基层组织中数量有限的机构和人员落实。一人多岗、一人多责的现象普遍存在。这种情况在地方政府主要领导干部中更甚，以至于人们常用“上面千条线，下面一根针”来形容基层地方政府主要领导者面临繁多工作任务的现实状况。面对繁多的工作任务，缩短战线，简化任务，将注意力集中在少数关系生死的主要问题是基层政府的被迫选择，“抓住主要矛盾”是基层主要领导者基本的思维方式。而对于非主要矛盾，能过则过，甚至应付了事。这样，处于地方政府核心约束中的工作任务自然集中了政府的注意力，很容易上升到决策和行动的中心议程，成为权力关注的方向。而那些地方政府缺乏注意力的任务势必难以上升到地方政府的中心议程，不能获得权力的关照，很可能在地方政府的长期懈怠和消极应对中积重难返。可见，地方政府的注意力及其所集聚的心理资源是引导其他权力资源配置的重要基础。

显然，在以经济建设中心的传统导向下，地方政府将更多的注意力集中在与经济建设相关的领域中，招商引资、征地拆迁、企业发展、基础设施建设等成为地方主要领导者关注的对象，而与经济建设关系不大甚至有所冲突的生态建设不可能获得地方政府的较高注意力。即便是在十八大以后生态文明上升为国家战略，并成为各级政府强调的情况下，地方政府在生态建设上的注意力也不集中。因为对于地方政府而言，目前需要集中注意力的事务太多，如经济发展、作风建设、民生福利和改善、群众矛盾和社会稳定等，在各种资源较为充分的情况下，地方政府可能会均衡配置资源，全面应对各项事务；但在资源稀缺的情况下，只能优先那些占有更高权重的事务。这样，只要经济建设和 GDP 考核处于中心位置，生态文明建设这种虽被强调但权重不高且与经济建设存在一定冲突的事务难以获得地方政府的高度注意力。从笔者调研的情况来看，目前地方政府缺乏高度关注生态文明建设的心理资源。

二是地方政府的财政总体困难，生态建设的财力资源不够。

相关研究显示，自1993年分税制改革以来，中央政府的财政自给能力[①]不断上升，而地方政府自给能力严重不足。中央政府的财政自给能力1991年只有0.91，1994年上升到1.66，到2009年上升到2.35，提高了2.58倍；相反，地方政府的自给能力从1991年的0.96下降至2009年的0.53。在地方政府中，财政自给能力最弱的是县级政府，其次是省级、地市级和乡镇政府。以2009年为例，县、省、地市和乡镇各级政府的财政自给能力依次是0.40、0.55、0.65、0.95[②]。

财政资源的总体困难直接制约了地方政府权力的有效运行，地方政府原本应当承担的公共服务和社会管理责任因为财政资源的不足而无法提供。在这种宏观环境下，生态建设的财力资源严重短缺。以石家庄为例，2013年石家庄面临大气雾霾的严峻考验。在中央政府和地方公众的高度关注下，顶着"10个污染最重的城市之一"这一头衔的石家庄可谓是倾尽全力。2012年河北省"两会"期间，石家庄大气污染治理就是政协一号提案，也是当年"一号民生工程""一号市容市貌综合整治工程"。然而，经年治理却不见成效。在行内人看来，资金缺口较大是困难之一。2012年末，石家庄市仅锅炉拆改一项就需要资金25亿元；预计在2013年后的连续3年内石家庄至少需投入218.68亿元，这还只是10项大气污染治理工程的初步预算，新列项目另计[③]。而2012年石家庄全年公共财政预算收入只有272.27亿元。

---

① 财政自给能力＝本级一般预算收入/本级一般预算支出。

② 佚名：《1990—2009年我国各级政府财政自给能力情况表》，《地方财政研究》2010年第9期。

③ 搜狐网：《石家庄环保局副局长谈治理空气污染：有足够的钱肯定能治好》（http://green.sohu.com/20130621/n379512053.shtml）。

实际上，从大量的媒体报道来看，无论是内蒙古的土地沙化治理①还是重庆的“绿化长江”②，无论是湖南的土壤污染治理③还是安徽巢湖水污染治理④，地方政府在生态治理的问题上都存在“就差钱”的尴尬处境。当然，我国生态建设的资金不足与所处历史阶段有关，如世界经合组织（OECD）认为只有当人均GDP超过8000美元以后大部分发达国家才开始大规模生态治理，生态环境才出现扭转，而2013年中国人均GDP才5400美元⑤。但无可否认，纵向政府间财政资源的不均衡所带来地方政府尤其是基层政府的财力匮乏是地方难以开展生态建设的重要原因。事实上，在一些中西部贫困地区，依赖县级财政的农村生态建设几乎处于停滞的状态。无论是笔者的调研还是相关的报道都显示，在生态建设日益受到重视且财政投入逐步增加的当下，多数中西部农村的生态治理仍旧处于空白，财政资金缺乏更为严重⑥。

三是地方政府从事生态建设的人力资源和工作经费严重不足。

生态建设事业需要一支素质优良、规模合理的专业队伍，也需要充足的经费保障。但总体来看，由于生态事业起步较晚，无论是在人员编制、专业素质还是工作经费上，地方政府都处于匮乏的状况中。

以生态建设中的主力军环保部门为例。2008年3月中华人民共和国环境保护部正式挂牌，成为国务院“内阁成员”，进入了我国政府决策体系的核心层。此前，环境保护部门只是国务院的直属单位，而

---

① 新华网：《中国专家认为，治理沙化土地主要困难是资金不足》（http://news.xinhuanet.com/environment/2010-06/17/c_12230217.htm）。

② 网易网：《绿化长江资金有缺口 重庆邀社会各界造林200万亩》（http://news.163.com/10/0831/15/6FE5G46M00014AEE.html）。

③ 网易财经网：《潘碧灵：土壤污染治理存在较大资金缺口》（http://money.163.com/13/0311/04/8PLIQ13N00253B0H.html）。

④ 中国环保网：《巢湖污染治理当有顶层设计》（http://www.chinaenvironment.com/view/ViewNews.aspx?k=20130830162803421）。

⑤ 新华网：《我国环保投资不足的原因分析》（http://news.xinhuanet.com/theory/2008-07/21/content_8706835.htm）。

⑥ 新华网：《资金不足 污染治理效果打折扣 农村环保设施成摆设》（http://www.nx.xinhuanet.com/newscenter/2014-05/26/c_1110857493.htm）。

不是国务院的组成部门，尽管在行政级别上也是正部级单位，但在制定政策和参与高层决策等方面，与作为国务院组成部门的部委存在较大的差距。在中国的政府体制中，政府部门的级别和排位中隐含了较多的资源。一般而言，级别和排位靠前的政府部门有更多接近政府决策核心的机会，较易影响政府议程和政策方向，从而获得更多的人财物力支持，环境保护部门成为国务院组成部门较大提升了它获取各种资源的能力。在中央政府的示范下，地方政府也对环保部门做了相应的调整，环保部门的排位得到提升。但即便如此，各级地方环保部门所获得的人力资源和工作经费仍远不能满足现实要求。

相关报道显示，2011 年湖北省各级监测站人员编制严重不足与监测任务不断增加的矛盾已成为制约监测工作效率和质量的瓶颈。按照全国环境监测站建设标准配置，湖北省应当拥有 3066 人的环境监测队伍，而实际上只有 2093 人，处于严重缺编状态。除武汉市外，全省各级环境监测站人员编制均不达标。特别是市级环境监测站的缺编情况最为严重，平均每个市级站人数平均在 42 人左右，与全国监测站建设标准中规定的中部地区二级站不少于 100 人的要求相比，还存在很大差距，直接影响了环境监测工作的正常开展。在环境监测工作经费上，全省仅省中心站（武汉市站）业务经费相对较好，其他二级站情况普遍较差。全省有 35% 的二级站人员经费未纳入或者只有部分纳入财政预算。县级三级站更加不容乐观，全省共有 82 个三级站，其中 60% 的仅部分纳入或者完全未纳入财政预算，监测经费更难以保障，经常出现只给任务不给经费的现象。缺乏经费保障的情况下，部分监测站只得用相当大的精力去搞创收，收来的费用大部分用于监测人员的基本工资。许多三级站甚至经常不能保证基本工资的按月发放，造成监测人员人心不稳、技术骨干流失严重的结果，尤其遇到针对污染事故的应急监测，频次多，时间长，且经费没有来源，这些情况严重制约了监测工作的正常有序开展。①

① 湖北省环保厅（http://www.hbepb.gov.cn/zwgk/ldjh/201108/t20110815_46657.html）。

事实上，上述情况在全国较为普遍。除了人员编制和工作经费外，制约地方政府环保部门有效运行的还有人员的整体专业素质问题。据报道，环保部副部长吴晓青曾于2010年走访了十几个县的环保局，调研中他惊讶于基础环保监测人员的业务素质普遍偏低，尤其是在中西部地区，在一些县级环保部门监测人员中居然没有本科生，环境监测人员本科生要到地市一级的环保部门才有。在吴晓青看来，监测可以比作环保工作的眼睛，没有准确的监测数据就难以对环境质量作出客观评估，而没有较高素质的环境监测操作者就难以保障监测数据的科学性①。

（四）生态建设的权力责任没有明确且稳定的法制保障

"法治应当包含两重意义：已成立的法律获得普遍的服从，而大家所服从的法律又应该本身是制定得良好的法律。"② 从这个意义上讲，制度的建立和长久运行要依赖两个方面，一是遵从权力责任配置的基本原则，依靠自身的理性、科学和效率赢得人们的支持，二是要通过特殊的程序制定并明示出来，获得权威的认可和支持。总体看来，我国生态文明建设起步迟，同时正遭逢转型期制度建设的整体滞后，生态文明建设的制度建设在上述两个方面都存在。因而，在科学配置权责的同时及时跟进，将相关权力责任用明确的法律表述出来，形成稳定的制度样本至关重要。

以地方政府主要领导环保责任的追究为例。从相关法律制度来看，地方领导干部应该对辖区的环境保护负责。如环境保护法规定："地方各级人民政府，应当对本辖区的环境质量负责，采取措施改善环境质量。" 1996年8月颁布的《国务院关于环境保护若干问题的决定》也指出："地方各级人民政府对本辖区环境质量负责，实行环境质量行政领导负责制。地方各级人民政府及其主要领导人要依法履行环境保护的职责，坚决执行环境保护法律、法规和政策。" 此外，

---

① 吴晓青：《环保监测人员素质与百亿投入不匹配》，中国新闻网（http://www.chinanews.com/ny/news/2010/06-11/2336858.shtml）。

② ［古希腊］亚里士多德：《政治学》，商务印书馆1965年版，第199页。

2005年国务院颁发的39号文件《关于落实科学发展观加强环境保护的决定》指出："落实环境保护领导责任制。地方人民政府主要领导和有关部门主要负责人是本行政区域和本系统环境保护的第一责任人，地方人民政府要定期听取汇报，研究部署环保工作，制订并组织实施环保规划，检查落实情况，及时解决问题，确保实现环境目标。坚持和完善地方各级人民政府环境目标责任制，建立问责制，切实解决地方保护主义干预环境执法的问题。对因决策失误造成重大环境事故、严重干扰正常环境执法的领导干部和公职人员，要追究责任。"2015年8月17日，中共中央办公厅、国务院办公厅印发《党政领导干部生态环境损害责任追究办法（试行）》。《办法》规定，地方各级党委和政府对本地区生态环境和资源保护负总责，党委和政府主要领导成员承担主要责任，其他有关领导成员在职责范围内承担相应责任。办法明确了实行生态环境损害责任终身追究制，在生态环境建设中负有责任的党政干部不得提拔使用或者转任重要职务等。

但在实践操作中，地方政府主要领导和相关部门负责人的责任落实困难[①]；即使能够勉强落实，也需要花费较大的力量，甚至创新性地采取非常规性措施才能到位[②]。分析原因，除了环境保护在地方考核中所占比重不够，环境保护的周期与地方政府主要领导任期之间不重合，环境审计的专业人员不能适应精确认定地方政府主要领导者的责任等客观原因外，法律制度的笼统性也是重要的因素。不难看出，相关制度只是规定了地方领导环境保护责任的基本原则，但对于领导干部承担环保责任的级别、大小、责任形式、处理方式都缺乏明确的界定；各种制度缺乏衔接，缺乏对地方主要领导者和相关负责人稳定、完整和明确的约束。即便是审计机关开展党政领导干部资源环境责任审计，也会由于缺乏具体的评价标准而难以开展。

① 法制网：《近五年突发环境事件两三天一起　多数污染事件责任人没受处理》（http：//www.legaldaily.com.cn/bm/content/2009－12/30/content_2013317.htm？node＝10）。

② 新疆维吾尔自治区环保厅：《新疆加大环保案件查案力度　严肃追究责任人责任》（http：//www.xjepb.gov.cn/tabid/795/InfoID/386335/frtid/482/Default.aspx）。

三　生态文明建设中地方政府制度化权责失衡的必然逻辑

根据一般原理，权责对等、主体明确、行文规范、回路短小、配置稳定、监督有效和资源均衡是制度化权责应当遵循的基本逻辑。但现实的生态文明建设中地方政府制度化权责的现实状况不符合上述的基本逻辑。这样的结果就是，理性主义和效率追求会抛弃这些不符合基本原则的制度，初始设定的制度化权责会在失衡中被迫让出其在生态治理中的主导地位。

（一）地方政府严重短缺的资源不足以承担过度的生态责任

权责对等是政府有效运行的基础。权力是建立在各种资源的基础上，当权力所依托的各种资源缺乏时，自然就会走向权不当责的困境。前面论述显示，地方政府在生态文明建设中无论是在人力、财力还是注意力等资源上都明显不足。当地方政府缺乏相应的资源支撑时，逃避责任、消极执行、变相执行等就成为它们不得已的选择。除此以外，地方政府的权力资源不足还有其他的表现形式。例如，地方政府与部分国企打交道时的权威资源不足就是表现形式之一。一般而言，按照属地管理的原则，县级环保部门是对当地企业实施处罚的行政执法者，但其级别相对于国企而言很低，这就必然影响地方政府及其环保部门执法的自信心。[①] 一些国有企业不仅在行政级别上比县级环保机关高得多，而且拥有盘根错节的社会关系，并能通过多种渠道对地方环保部门施加政治影响，其动员各种资源的能力远远强于地方环保部门。

与地方政府严重短缺的权力资源相对应的是过度的生态责任。地方政府过度的生态责任与纵向政府间责任分配的模糊性有关。同样以环保为例，2013 年环境保护法修正案明确了地方政府对本行政区域的环境质量总体负责，这固然可以增强地方政府在环境治理中的主体地位和责任意识，但也意味着地方政府对辖区内环境问题的无限责

---

① 和讯网：《国企环保监管：不可能任务》（http：//news. hexun. com/2013 - 05 - 02/153719323. html）。

任。实际上，相关法律并没有规定哪一级地方政府对何种类型和多大规模的环保问题承担多大的责任，这样，在“职责同构”的政府体系中，级别越低的地方政府所面对的责任风险越大。无论何种类型、多大规模的环保问题，只要出现在所辖区域内，基层地方政府都难逃干系，都是首当其冲的被处罚者。而实际上，在有些情况下它们是无能为力的。

（二）模糊的责任机制难以激发地方政府部门生态文明建设的动力和合力

政府间责任的界定体现在纵向和横向两个方面。上文已经说过，“职责同构”的政府管理体制模糊了纵向政府间的生态责任。各级政府在机构设置和职能设定上基本一致，它们没有性质上的差异，只有管理范围上的不同。一旦面临生态危机时，基层地方政府及其部门便是首当其冲的责任承担者。一般情况下，只有低一级的地方政府及其部门相关人员受到相应的责任追究以后，才会向高一级的地方政府及其部门延伸；至于最终追究到哪一级领导干部，则与生态责任的性质、大小以及各级政府主要领导面对生态危机时的处理方式有关，甚至还与领导干部“规避责任的能耐”相关。但无论如何，在受到处理时，低一级政府先于高一级政府，政府部门人员重于政府主要人员。这种现象在相关的报道中得到了证实。在环保追责上，有的地方在追责时层层摊派和加码，基本逻辑是：市长或者分管市长受到警告处分，环保局长就得记过，副局长就得记大过，支队长就得撤职，科长和办事人员就得被渎职起诉。① 在纵向责任认定机制不清晰的情况下，低一级的政府管理者成为高一级政府管理者的“垫脚石”和“挡箭牌”。总体来看，纵向政府间的生态责任存在这样一种倾向：生态责任下移，中上层地方政府及其管理者生态责任虚化。

在横向上，政府部门间的生态责任同样不明晰。现行的政府生态管理体制是先按照生态与环境资源要素设置地方政府部门，再由环保

① 慧奕环境技术网：《独家环保问责：基层主要担心哪些问题》（http://myenvp.com/DuJiaHuanBaoWenZeJiCengZhuYaoD2329.html）。

部门进行综合协调的分工合作体系。以自然保护区管理为例。一般而言，自然保护区包含森林、荒漠、湿地、野生动物和植物、草原、海洋、自然遗迹和古生物遗迹九大类。这九大类中，前五种归属于林业部门管理，草原归属于农业部门管理，海洋归属于国家海洋局管理，自然遗迹和古生物遗迹归属于地矿部门管理。[①] 也就是说，一个自然保护区内的生态管理权限被多重政府部门分割，再由环保部门统筹协调。部门之间的利益争执割裂了政府管理的整体性，贻误最佳介入时机，很容易混淆相互之间的权责关系。如果能通过有效的责任界定机制，明确首问责任和连带责任，主要责任和次要责任，执行责任和配合责任的含义，从技术的角度明晰政府各部门在“发现问题→分析问题→报告问题→处理问题”的过程中自己是“牵头负责”还是“协同配合”的责任，才能激发地方政府各部门在生态文明建设中的主动性，才能让每一个政府部门在生态文明建设中准确认识自身的责任所在，并主动出击形成合力。

但现实中我们看到更多的是政府部门面对处于中间地带，且需要相互配合的生态任务时装聋作哑，推诿扯皮，各自为政。面对生态问题时，看到的不通报，知道的装不知道，主要责任者没有主动精神，协同配合者拖沓贻误，政府部门在彼此的消耗中错失最好的介入时机，最后将小问题耗到大危机。由于缺乏有效的责任认定机制和严肃的责任追究机制，生态政策执行中的过失者不能被绳之以法，长此以往，地方政府各部门生态建设的动力和合力难以形成。

（三）地方政府与公众的生态权责回路过大

在生态文明建设这种社会性较强的治理上，地方政府与公众之间应当形成小回路的直接权责关系，这样能够快速准确地回应公众直观感受到的生态危机和生态诉求。但当代中国总体上是大回路的政府体制，下级政府向上级政府负责，地方政府向中央政府负责。虽然在政府运行机制中加入了地方政府向民众负责的考核机制，但这种向民众

---

① 宋煜萍：《生态型区域治理中地方政府执行力研究》，人民出版社 2014 年版，第 103 页。

负责的精神是间接和被动的，是中央政府重压下的被动反应。

地方政府与公众间大回路的权责关系带来一定弊端，主要表现为回应中缺乏及时性和精准性。无论是生态危机还是公众的生态需求都是有时效性的，快速反应能够把握介入的最佳时机，而拖拉懈怠则可能失去战机，让小麻烦酝酿成大危机。大回路的权责关系弱化了地方政府对公众的直接关切。它们往往缺乏深入了解公众生态需求的主动精神，而公众恰恰是社会生活中最重要的主体，是生态问题的直接观察和感受者。漠视公众的生态感受和生态需求可能让地方政府提供生态公共产品时“文不对题”，缺乏精准性。现实中，不难看到一些地方政府面对公众的生态诉求时所表现的麻木和迟滞，一些原本可以较易处理的生态问题在懈怠中发酵，非得等到发展成生态危机，甚至演变为领导者高度关注的“政治问题”以后才会得到重视和处理；而到这个时候，所付出的代价会高得多。

(四) 权责的非制度化难以支撑地方政府生态文明建设的恒心

毋庸置疑，当代中国正处于推进依法治国的历史进程当中，构建制度化权责是一个较长的历史过程，生态中的制度建设同样如此。在一个充满变数的制度环境中，地方政府显然没有持之以恒的心态对待生态文明建设。尤其是当变动不居的制度与地方政府主要领导者短暂的任期结合起来的时候，投机心理、表面文章、不求长远、只顾眼前的行为方式就是必然的选择。

第四节 生态文明建设中地方政府权责配置的层级差异

总体上看，当前地方政府在生态文明建设中呈现权威化权责有余，制度化权责失衡的基本现状，但中国政府的层级之间的差异很大。在特定政府体制中，它们的权力运行习惯、受中央政府辐射的强度、与地方公众联系的紧密程度以及所能获得行政资源的大小不同，因而，不同层级的政府在生态文明建设上的权责配置存在差异。

当代中国地方政府分为省、市、县、乡四个层级。有研究者将地方政府按照层级分为高层地方政府（省级政府），中层地方政府（地市级和县级政府）和基层地方政府（乡镇政府）。[①] 为了研究的方便，本书将地方政府按照层级分为两种，即地方中高层政府和基层政府。本书的中高层地方政府包括省级和地市级政府，基层地方政府包括县级政府和乡镇政府。区分的基本标准是基层的县乡政府更接近于地方公众，具有更强的执行性。相比较而言，地方中高层政府更接近于中央政府，较易于受到中央政府权威的辐射，其在运行的过程中更具政治性和协调性，更加注重政策制定和传递；而地方基层政府更具有微观性和具体性，强调直接面对公众的执行；而且，处于中高层的地方政府在获取权力资源上的能力高于基层政府。这些特征同样映射到地方政府的生态治理中，表现出地方中高层政府与基层政府在生态治理中的差异性。

一　权责模式的差异

总体来看，在生态治理形态上，地方中高层政府更注重治理手段的多样性和治理模式的常规化，初具制度化权责雏形；而基层政府主要通过经济手段和行政挤压相结合，基本停留在运动式治理的水平上。

自十六大以后生态文明逐步成为我国政治生活中频繁出现的词汇以来，具有较强前瞻意识并善于捕捉治理理念变迁的中高层地方领导就开始思考和应对这一历史任务。他们通过转变经济增长方式和调整经济结构，建设资源节约型和环境友好型社会，建立健全法律制度体系，扩大国际生态环境合作和交流，强化宣传教育和扩大社会参与等措施凝聚生态建设的力量，激发社会参与的热情，展开战略试探。从党的十八大可以看到，地方中高层主要领导在生态文明建设上形成了共识，将生态文明建设放在更为突出的位置。在实践层面，地方中高层政府将生态文明建设融入区域经济社会发展的总体目标当中，并通过制度建设形成生态文明建设的常规机制和实施步骤，较有条理地展

① 徐勇、高秉雄：《地方政府学》，高等教育出版社2005年版，第56—60页。

开战略行动。虽然作为未来较长时间历史任务的生态文明建设尚处于起步阶段，但中高层地方政府在这一问题上形成了共识，明确了自身的责任，建立了长远的规划，初步生成了常规化的治理机制。

相对于中高层地方政府的平静从容，基层地方政府在生态建设的问题上就显得过于极端，它们要么不动，要么盲动，缺乏一以贯之的日常治理机制，更多的是被动应付和运动式治理。这与它们所处的角色地位和惯常的治理方式高度相关。第一，生态文明建设尚属新生事物，中高层地方政府虽然在生态治理上有较为明确的原则、规划和常规治理机制，但与承担具体执行任务的基层地方政府之间没有形成共振。同时，在发展观念没有彻底转变，基本约束没有大幅改观的情况下，多数基层地方政府对生态治理难以持续关注，缺乏研究、探索和创新的精神。在既没有现成模式可以借鉴，又缺乏深入思考和研究的情况下，基层地方政府的执行者往往陷入茫然不知所措的被动。第二，运动式治理是基层地方政府的治理资源匮乏下的理性选择。基层地方政府由于处于行政组织架构的最底层，一般承担着巨大的压力和任务。在行政资源有限的情况下，基层地方政府一般将自己的核心资源用于最能体现自己业绩的领域上，生态治理目前显然不属于这个范围。行政资源的匮乏与官僚的惰性、行政组织的碎片化等结合起来，常常让基层地方政府在非核心领域的治理中任务积压，积重难返，最后不得不通过政治动员的方式寻求对权力空间和治理场域的重构，从而陷入“常规治理的运动化”和“运动式治理的常规化”的陷阱当中。

从实践来看，多数情况下地方基层政府在面对生态治理任务时无从着手，坐等问题积压。而当这种被动等待所积累的治理任务在某种特殊事件中被“发酵”，并被上级领导、媒体或者公众高度关注时，它们就不得不集中力量，采取疾风骤雨的方式“毕其功于一役”。

基层地方政府在生态文明建设中所采取的治理手段偏重于经济手段与行政挤压。市场经济较为成熟的国家中，政府治理一般是以经济手段、法律手段为主，以行政性手段为辅，这一点也是中高层地方政府在生态治理中的导向。但在基层地方政府生态治理中，法律手段具有规则严格、程序众多、进程缓慢、牵扯复杂的基本特征，在“毕其功于一役”的运动战中无法适应基层地方政府的需要。因而一到生态治理的实战中，法律手段一般派不上用场。相对而言，行政挤压的方式虽不规则，但灵活高效，用起来更顺手，成为地方政府生态治理的主要方式。当然，在一些情况下，行政性手段不管用，法律手段不好用，“花钱买平安”的经济手段就成为“退而求其次”的选择了。

二 责任来源的差异

相比而言，地方中高层政府对生态建设的责任主要来源于中央政府的号召和压力；而基层地方政府在现行发展模式和考核机制下生态治理的责任感较差，有时是迫于公众的群体性矛盾而做出的被动回应。

一般而言，政府的层级越高，主要行动者从政的年限越长，传统意识形态的存量资本越大，越会最大限度“捕捉”中央政府的执政理念和战略调整，在兼顾多重战略要素中寻找平衡点。而基层地方政府在有限资源的制约下，不得不将主要精力集中在几个较为突出的领域中，战术目标简约而明确。

21世纪以来，生态文明建设逐步升温，并在党的十八大中成为与“社会主义经济建设、政治建设、文化建设、社会建设”相提并论的“五位一体”战略格局中的重要一级。中央政府对生态文明的高度重视引发了地方中高层政府的思考和布局，同时，中央政府在不少场合的表态和讲话也成为部分省市政府扭转生态危局的巨大压力。如习近平总书记在河北省委党的群众路线教育实践活动中对河北大气治理上的强化凸显了中央对生态治理的战略关注，成为河北治理雾霾的巨大动力。

相反，对于目前多数县乡基层政府而言，生态文明建设虽然不再是陌生的词语，但还只是落实在报告中、口头上和规划里，没有真正落实在行动层面。虽然当前对与经济发展相关的考核有所松动，但经济建设等指标仍然处于考核体系中的首位。在多数地方，县乡基层的发展仍然主要依赖粗放型经济发展模式，甚至不少地方所依赖的产业对生态环境有一定程度的损害。对于县乡基础政府而言，生态文明固然美好，但经济发展更为重要，真可谓“理想很丰满现实很骨感”。面对理想与现实的冲突，突出那些最重要的战术指标仍然是现实的选择。在这种逻辑中，县乡基层政府的生态责任就自然弱化下来。

当然，责任弱化并不意味着无所作为。对于当前县乡政府而言，“不出事”逻辑是压力型体制下的必然选择，体现了自下而上的单向式的责任模式。[①] 尽管它们不会主动将有限的资源主要投向生态建设领域，但“底线防守”仍然是工作的基本责任。特别是当生态矛盾所酿成的公众群体性事件成为社会关注的焦点时，生态治理就成为它们阶段性工作的重点，这种情形下的生态责任具有明显的被动防守特征。

三　权责缺口的差异

当前地方政府普遍存在权力资源不足以应对责任的困境。但比较而言，基层地方政府可动用的资源更为短缺，其生态责任与权力资源之间的缺口大大超过中上层地方政府。

从责任来看，县级政府在生态文明建设中处于关键的地位。它是要素完备、功能齐备的基层地方政府。它承担了将中央和省市的精神同本地的实际结合的转承和创新任务，也是沟通城乡、支撑农村生态文明建设的实际操作者，还是区域生态治理的具体执行者。相对于省级和地市级政府而言，县级政府既要承担与之大体相当的决策和协调任务，还要承担更多的具体操作责任。以环保投资为例，相关统计显示，县级以下政府在政府环保投资中承担了主要的投资责任。在2010年城镇环保管理工程投资中，中央完成投资所占比重只有0.9%，省级政府所属项目完成投资比重只占5%左右，县级政府所属项目完成的投资比重高达55%以上，远高于前面两者，在纵向政

① 钟伟军：《地方政府在社会管理中的“不出事”逻辑：一个分析框架》，《浙江社会科学》2011年第9期。

府中遥遥领先。[①]

但县级政府所占有的资源不及省级和地市级中高层地方政府。从财力资源来看，相关研究显示：在纵向层级中，2009 年县级政府的财政自给能力仅为 0.4，低于省级财政 0.55，地市级财政 0.65。[②] 从人力资源来看，以环保部门的监测站为例，地方政府总体上都处于缺编的状态。但由于县级城市的级别较低，所能提供的政治待遇、经济条件和工作环境比不上省市政府所在城市，县级环保监测部门的人员素质远不及省市等中高层政府。笔者的调研[③]显示县级站近一半的职工都没有接受过大学教育，在接受过本科教育的工作人员中，相当数量是党校、成教和函授等非全日制教育的毕业文凭。而且，县级站的高学历人才更为稀缺，80% 的县级站没有硕士及以上人才，而地市级站只有 50%，省级站基本都有硕士及以上学历人才，大部分有博士学历人才。从硬件和设备配置上看，由于受到办公经费的制约，县级政府所能提供的仪器、车辆、办公用房等都弱于省市政府。

县乡级政府的生态权责缺口是巨大的，这与官僚科层制的基本特征以及当代中国“职责同构”的政府体制高度相关。官僚科层制体系中，“权力是自上而下的单向运行的。上层政府在权责体系的配置中处于优势地位。充分利用这种优势地位‘追权弃责’，将权力优势和信息优势转化为权责配置的优势就成为地方政府的理性选择。上级政府倾向于有更多的权力和其他资源，而将责任推给下级政府；在某些情况下，甚至让下级政府充当‘替罪羊’”[④]。这种情况在当代中国“职责同构”的政府体制中得到了强化。因为“职责同构”的政府体制中，纵向的责任和权力资源没有明确的划分，权责的逆向流动缺乏

① 汪文祥：《环保投资：基层地方政府不堪重负，中央政府支出待增加》，《中国经济导报》2012 年 5 月 10 日。

② 佚名：《1990—2009 年我国各级政府财政自给能力情况表》，《地方财政研究》2010 年第 9 期。

③ 笔者对河北、湖北、江苏、湖南、广东、甘肃、内蒙古和新疆 8 个省、自治区总计 60 个环境监测站进行调研。

④ 鲁敏：《转型期地方政府的角色定位与行为调适研究》，天津人民出版社 2013 年版，第 92 页。

成熟的制度制约，即便是初始设定中考虑到权责的相对均衡，经过一段时间的权责逆向流动以后，还是会走向权不当责。

四　横向权责整合的差异

在地方横向权责上，处于直接操作层面的基层地方政府对生态文明建设的“碎片化”感受更深，更强调部门间的合作性，注重对横向权责的整合，而中高层地方政府在这一问题上的紧迫性略差。

生态文明建设应着眼于“大生态”的理念，强调建设的系统性、责任的明确性和行动的合作性，这对于“碎片化”的政府管理模式是巨大的挑战。按功能划分的职能式组织模式有利于政府的专业化分工，却带来了政府管理和服务的割裂。“碎片化政府”是适应工业社会分工和专业化需要的社会管理形态，能够应对简单或者低度复杂社会中的矛盾，但难以应对后工业社会高度复杂的社会矛盾和问题。因为“碎片化政府”经常陷入“边界冲突事件”①，造成效率低下和资源浪费，不利于社会在更高层次上合作理念的形成。

实际上，“碎片化政府”在实践中遭遇的无奈远大于理论的观察和总结。尤其是对于处于操作一线的基层地方政府而言，尽管它们目前仅处于难度较低的以环境治理为主要内容的“小生态”，而非生态文明综合提升的“大生态”阶段，但这种碎片化所带来的执行困境也是显而易见的，是中高层地方政府不易直接体验到的。现阶段基层地方政府为了应对环境治理中的碎片化问题，往往诉诸两种方式：一是部门责任制，二是联合执法。前者存在治理漏洞和监督成本过高的问题，后者本质上属于运动式治理，面临治理成本过高的压力。面对生态治理的碎片化现状，基层地方政府正处于既缺乏理论指导，又缺乏成熟样板示范的自我探索阶段。正因为如此，基层地方政府对生态文明建设中横向权责整合有着强烈的愿望，渴望能够突破现行组织方式和运行机制的“瓶颈”，但受制于政府体制的刚性约束而左右为

---

① ［美］安东尼·唐斯：《官僚制内幕》，郭小聪等译，中国人民大学出版社 2006 年版，第 230 页。

难，最后只能用成本高的运动式治理来应对。相比较而言，中高层地方政府虽然对生态治理中部门责任不够明确、合作意识不强、政策配套性较差有所观察，但由于没有处在操作一线，对生态权责“碎片化”现状并无切身之痛，主动改进的意愿不够强烈。

第六章　比较分析：西方典型国家地方政府生态权责的历史经验

相比较而言，西方一些国家进入了工业文明的时间较早，它们进行生态文明建设的历史也长得多。尽管中西之间在文化传统、社会形态和政治制度等上存在较大的差异，但并不能因此而漠视生态文明作为人类文明基本构成中的普遍性特征，也不能掩盖进行生态文明建设中存在的一般规律和基本经验。梳理西方典型国家地方政府生态文明建设的历史经验，对于当代中国的生态文明建设将大有裨益。

第一节　权责配置的基本阶段——以美国为例

总体来看，西方典型国家适应工业社会向后工业社会转型的要求，不断调整生态权责配置，回应社会的生态需求，走过了“萌芽发起—拓展深化—调整优化”的一般历程。尽管不同国家的起止时间上存在一定程度的差异，但这种阶段性轮廓较为明显。为了防止不同国家在不同阶段中起止时间的差异带来描述中的混乱，本书以美国作为典型来阐述典型国家在不同阶段的理论探讨和实践操作。

一　萌芽发起期（19 世纪末至 20 世纪 40 年代）

从殖民时代开始，美国人在“绝对人类中心主义”的思想支配下开始在北美广阔大陆上纵横驰骋，造成了严重的资源浪费和环境破坏。但直到 19 世纪中后期，这种破坏只是停留在少数有识之士的批判言论中，没有引发大范围的社会共鸣，更没有大规模上升到政府权责配置层面上。直到进步时代以前，政府针对生态治理的机构和政策只是着眼于简单化的资源利用管理和粗线条的权力界定。如1862年林肯颁布的《宅地法》(*The Homeland Act of 1862*)，1866年的采矿法(*The Mining Act of 1866*)，1873年的《育林法》(*Timber Culture Act of 1873*)，1877年美国国会通过的《荒漠土地法》(*Desert Land Act*)①等都体现了联邦政府对环境条件和自然资源的关注和管理，但这种管理的单一化和粗线条特征明显。在机构设置上，为了顺应西进运动的深入开展，美国在19世纪中叶将自然资源方面的行政、政策和法律权力交给内政部②和农业部，但在当时这两个部门之间就存在环境管理权限的分歧和冲突③。

19世纪末，美国工业比重超过农业比重，工业的产值和技术水平迅速赶上和超过了英国、法国和德国，跃居世界首位，基本完成了工业化。④ 快速的工业化和城市化聚集了丰富的社会财富，也带来了一系列社会问题，引发了民众不满和社会骚动，美国迎来了一个伟大的社会革命——进步运动。其中，生态环境治理就是这场大变革中的重要乐章。“进入进步时代，城市环境运动、自然资源保护运动和自然保留运动都获得了很大发展，这三股潮流共同汇聚成声势浩大的进步时代环境保护运动，形成美国环境史上的第一次环保运动高潮。”⑤在社会环境意识和诉求不断提升的背景下，无论是紧贴公众的地方政府还是联邦和州政府都开始着手生态文明建设的权责配置。具体来看，城市政府直接面对固体垃圾、水污染、空气污染和贫民窟问题，它们率先将这些权责纳入治理体系中。如1866年美国纽约市通过了具有示范效应的《城市卫生法》，到1880年美国至少94%的城市政

---

① 百度百科（http：//baike. baidu. com/view/44166. htm）。

② Department of the Interior（http：//www. doi. gov/index. htm）.

③ Department or the Agriculture（http：//www. usda. gov/wps/portal/usda/usdahome）.

④ 张友伦、林静芬、白凤兰：《美国工业革命》，天津人民出版社1981年版，第158—159页。

⑤ 徐再荣等：《20世纪美国环保运动与环境政策研究》，中国社会科学出版社2013年版，第56页。

府设立了卫生局、卫生委员会或至少一名卫生官员。① 在联邦层面，美国转变了早期简单的权利界定和粗线条的管理，通过一系列法律强化和细化了对自然资源的合理利用。如崇尚“新国家主义”的西奥多·罗斯福先后通过建立强有力的全国性森林管理机构，有偿使用国有森林资源，设立林区监管机构等措施②，强化林业管理。到1905年西奥多·罗斯福卸任时，增加了近1.5亿英亩森林保留地，收回了8500多万英亩遭公众侵犯的林地③。

新政时期也是美国生态环境保护大幅提升的重要历史阶段。20世纪30年代，美国既面临空前的经济危机，也面临了严重的生态危机。干旱、尘暴和洪水等自然灾害袭扰了这一时期的美国大陆，尤其以横扫南部大平原并被称为“这个大陆整个白人历史上最严重的环境灾难”④ 的尘暴最甚。生态灾难让民众饱受煎熬，生态环境建设自然成为美国新政的重中之重。富兰克林·罗斯福继承了西奥多·罗斯福的国家干预思想，创造性地扩张了生态建设领域中的政府权责。新政期间，无论是通过的自然资源保护法律，还是美国联邦政府开展的环境项目，抑或是项目所投入的资金都是史无前例的。最值得关注的是，新政期间美国初步形成了生态环境保护的基本框架，有些措施还具有开创性，如民间资源保护队的创设和运作。1933年在罗斯福的推动下，美国仅用32天就组建了民间资源保护队，这一个机构主要从事植树造林、水土保持、水患整治和野生动植物保护等各种资源保护工作，到1937年其从事的工作种类达到150多种。该机构直接对美国总统负责，采取“统一领导，分权管理”的行政模式，跨越和协调陆军部、劳工部、内政部、农业部和退役军人管理局五个部门，

① Richard N. Andrews, Managing the Environment, Managing Ourselves: A History of American Environment Policy, Yale university press, 1988, pp. 114 – 118.

② Theodore Roosevelt, Theodore Roosevelt: an Autobiography, New York: Da Capo Press, 1988, p. 416.

③ ［美］塞缪尔·莫里森：《美利坚共和国的成长》，南开大学历史系美国史研究室译，天津人民出版社1991年版，第401页。

④ Donald Worster, *Dust Bowl: The Southern Plains in the 1930s*, Oxford University Press, 2004, p. 24.

充分体现了罗斯福整合自然资源管理体系的制度创新。①

总体来看，工业化和城市化的快速推进将美国推到了生态治理的前沿，民众的诉求要求政府生态权责的积极回应。在生态权责基本空白的画面上，19世纪末美国政府开始勾画框架和轮廓。不难看到，这种历史性的转变是由民众日渐觉醒的生态意识和自下而上的环保运动推动的。环境污染、自然破坏引发了公众的忧虑和反思，公众对生态环境的高度关注汇聚成现代环保运动的巨大洪流，从而开启现代政府生态权责配置的新篇章。早期政府的生态权责呈现井喷之势，并在较短的时间内形成了权责配置的基本框架，但快速性和粗放性并存，政府的单边主义色彩较浓，且没有注意权责配置中的细致性、技巧性和协同性。不容忽视的是，国家干预主义是这一时期的生态权责大幅提升的思想基础。19世纪末期，美国人早期的社会达尔文主义和自由放任主义传统受到质疑，改革者主张政府管理经济，干预社会生活。在“新国家主义”思想主导下，美国历史上的两位罗斯福总统大幅加强政府对生态建设的干预，通过了数量可观的环保立法。在较短的时期内配置如此大规模的生态权责自然难以兼顾细致化、技巧性和协同性。从立法上看，“主要是有关单个问题的以利用为导向的部门性协议和立法”②，不具有系统性。从关系上看，政府和市场、社会之间的协同没有受到重视，州和联邦之间、联邦各部门之间的生态权责缺乏必要的沟通协调，生态环保政策之间不可避免地出现冲突。从主导思想上看，人们仍然将生态问题当作经济社会中的孤立问题看待，资源环境的破坏被归咎于技术因素，而不是从人类社会生产生活的方式上找原因。

二 拓展深化期（20世纪40—70年代）

二战以后，美国进入所谓的“丰裕社会”，然而，舒适富足的生

---

① 徐再荣：《20世纪美国环保运动与环境政策研究》，中国社会科学出版社2013年版，第111—112页。

② 联合国环境规划署：《全球环境展望2000》，第183页。

活却是建立在深刻的生态危机上。中产阶级社会普遍对高品质生活的追求成为生态环保运动的巨大动力，并同60年代的各种社会运动结合起来，构成美国政府拓展深化生态权责配置的巨大压力。生态环境问题的政治化显示这一问题不再是孤立的社会问题，而是“从潜在的、边缘的问题变成了在政治舞台上备受瞩目的问题”[①]。

政府早期形成的生态权责难以有效应对日益强烈的生态危机和公众期盼，生态立法需要进一步走向精细化。翻阅历史典籍不难看到，美国政府生态治理的制度化权责在70年代走向完善。短短十年之中美国通过了20多部重要的环境法，包括《1970年清洁空气法修正案》《1970年职业安全与保障法》《1970年多种用途荒野区保护法》《1971年野马与野驴自由流动法》《1971年犹他州拱形国家公园法》《1972年哺乳动物保护法》《1972年海洋保护研究与海洋禁猎区法》《1972年修订秃鹰保护法》《1972年联邦水污染控制法修正案》《1972年海岸带管理法》等。[②] 生态立法已不再是粗线条的、以利用为目的的部门协议，而是精细化的、注重部门协调的、以保护为导向的综合立体网络。

生态环境管理体制上的革新也是这一阶段的亮点。在传统的观念中，生态环保问题首先是地方性事务，“其主要责任应该有州和地方政府承担，联邦政府的干预应该保持在尽可能少的程度上”[③]。但各自为政的区域生态环保政策分散而弱势，不能有效遏制那些具有扩散性和跨区域性的污染物，如空气和水污染等。如何将各地的环保措施统合起来，形成统一而强大的联邦干预政策势在必行。经过一系列的运作，美国终于迎来了生态环保体制上的重大转机——《国家环境政策法》的实施。《国家环境政策法》重置了生态环保问题在整个社会生活中的重要地位，赋予了联邦政府在环境污染问题上高于州的行动

① 徐再荣：《20世纪美国环保运动与环境政策研究》，中国社会科学出版社2013年版，第178页。

② 尹志军：《美国环境法史论》，博士学位论文，中国政法大学，2005年。

③ 徐再荣：《20世纪美国环保运动与环境政策研究》，中国社会科学出版社2013年版，第192页。

权力，被许多环境学家称为生态环保运动的“大宪章”。在这一关键制度的主导下，联邦政府不仅拥有主导生态环境治理的权力，还通过机构整合强化了生态环保管控的力量。1970 年环境质量委员会提出了建立独立机构——环境保护局——来强化联邦在生态环保上的努力。新机构将原先分散于农业部、商业部、健康教育福利部、住房和城市发展部、内政部等众多职能部门的环保事务集中起来，组成拥有 6000 多名工作人员的庞大机构，其署长能够直接向总统汇报，极大提高了它在联邦中的话语权和资源整合能力，成为联邦政府最有力的职能部门之一。

不仅如此，这一时期还有多方面的进步对后来美国的生态环保建设具有重大影响。一是赋予公众关于生态环保问题的参与权和知情权。1969 年《国家环境政策法》明确了公众参与涉及生态环保事务的权利，同时，联邦各相关行政机关制定了本部门保障公众参与的规范[①]，这成为社会力量参与生态建设的重要制度支撑。二是形成了就生态环保问题发表总统咨文的惯例。1970 年 2 月，美国总统尼克松向国会专门提交了环保问题国情咨文，从而开创了总统每年向国会报告生态环境问题的先例，强化了公众对生态问题的注意力。三是生态环保执法中的行政和刑事手段得到加强。在组建了统一的联邦生态环境管理机构后，政府还加重了对违法者的行政和刑事处罚力度。同时，利用环境法与行政法相互影响的密切关系，强化了环境法在行政行为中的主导地位，提高了行政机关的生态环境意识[②]。

总体来看，拓展深化期是民众生态意识强化和生态危机严峻的双重压力下政府权责深化细化的时期，也是生态权责向联邦政府、向快速有力的行政系统集中的时期。这一时期在生态环境成为整个社会核心关注的情况下，美国政府生态建设制度不断完善，执行更加有力，制度化权责步入鼎盛的历史时期。但也应看到一些负面因素正在聚

① United States Environmental Protection Agency（www. epa. gov/history/topics/fwpca/04. htm）.

② 尹志军：《美国环境法史论》，博士学位论文，中国政法大学，2005 年。

集，并向现有的治理方式发出挑战。一是相关法律过于细致的规定使得操作时缺乏灵活性，僵化呆板，因而被指责扼杀了企业的活力。如《1970年清洁空气法》和《1972年清洁水法》不仅设定了空气和水中污染物的排放标准，而且详细规定了执行的具体方法，刚性有余而弹性不足，被认为都是“命令与控制性的法律”[①]。二是认为联邦政府在生态治理中主导的“命令—控制模式”将生态放在过高的位置上，丝毫不顾及社会生活中的成本收益问题，已经成为侵犯私有权利和导致经济减速的重要原因。三是联邦生态环保政策将州政府置于管控的对象中，注重统一性却忽视了各州的差异性，受到了州级政府的强烈反对，以至于有人抨击这个时候美国“最大的、最糟糕的污染者是联邦政府”[②]。

三　调整优化期（20世纪80年代以来）

20世纪80年代，美国社会发生了巨大的变化。一方面，在70年代美国“环保的10年”[③]中，公众的生态环保意识达到了前所未有的高度，政府生态治理的制度化权责日益完善，生态环保建设成为不可阻挡的历史潮流；另一方面，美国滞涨严重，失业率居高不下，以工商企业为主体的反环境保护主义力量不断聚集。他们通过发动一系列有影响的社会运动阻碍联邦政府生态环保政策的实施，形成了一股不可小觑的逆流。在正反两种力量的挤压下，美国政府步入了生态环境政策的调整优化时期。

一些生态环境史学家甚至将这种调整称为“停滞状态”。从70年代起，美国政府将国民生产总值的1%—2%用于环境保护的开支。[④]

---

① Philip Shabecoff, *A Fierce Green Fire*: *The American Environmental Movement*, New York: Hill and Wang, 1993, p. 134.

② Cato Handbook to Congress (www. cato. org/pubs/handbook/hb106Hib106 - 42. pdf) (2004年5月27日)。

③ Hal K. Rothman, *Saving the Planet—The American Response to the Environment in the Twentieth Century*, Ivan R. Dee Publisher, 2000, p. 6.

④ 梅雪芹：《环境史学与环境问题》，人民出版社2004年版，第188页。

与此同时，私营企业为应对政府的管制所花费的成本是政府支出的20倍。1979年美国的管制费用为48亿美元，而私营企业的履行费用高达997亿美元。[①] 政府对生态环保投入产出的严重不对称被反环境集团攻击为"不计成本"，在强大的舆论压力下，美国政府不得不通过弱化生态权责来平息反环境集团的冲击。弱化生态权责配置是通过机构、人员和财政预算表现出来的。里根时期，一些被认为重叠的机构被裁撤或合并，人员大幅度减少。例如，内政部表层开采办公室中的现场办公室由原来的37个减少为20个，撤销了5个区域办公室[②]。环保局在里根的第一个任期中减少了大约20%的官员。[③] 1981—1983年，环保局的财政预算削减超过了1/3，大致相当于10年前的水准[④]。

调整的同时，优化成为这场变革中应对生态诉求，提升治理效率的重要手段。"命令—控制模式"成为反环境主义集团攻击的重点。1980年传统基金会为里根提供的一项研究报告《授权领导：保守政府的政策管理》中将美国的环境保护局称为"管制式控制的沼泽地"，认为政府在环境保护问题上过于夸大其词，投入了太多的资源进行了过多的管制[⑤]。里根上任之后，就通过三种基本措施优化生态环保系统的权力运行方式：一是实施以"成本—收益分析"为核心的环境审批监督程序；二是在能够采取市场而非政府手段时，尽量采取私有化和市场手段来优化资源配置；三是注重州政府的差异化问题，注重实施生态环保系统的联邦主义，将部分权责转移到州

---

① 转引自徐再荣《20世纪美国环保运动与环境政策研究》，中国社会科学出版社2013年版，第307页。

② Paul R. Portney ed., Natural Resources and the Environment: The Reagan Approach, p. 165.

③ Michael E. Kraft, *Environmental Policy and Politics*, Pennsylvania State University Publisher, 2000, p. 178.

④ Norman J. Vig, Michael E. Kraft, ed., *Environmental Policy in the 1990s*, CQ Press, 1997, pp. 18 - 19.

⑤ 转引自徐再荣《20世纪美国环保运动与环境政策研究》，中国社会科学出版社2013年版，第301页。

和地方政府。[1] 90 年代的克林顿时期，美国在重视生态环保的基本传统上继续前进，有所变化的是实现的手段和方式。奉行“第三条道路”的克林顿在生态环境问题上采取实用主义的态度，更加重视灵活的、市场导向的生态治理方式。他将公众参与生态环境管制、诉讼和决策等纳入政策手段，更加注重市场化工具在生态治理中的运用，实施二氧化碳排放权许可证交易制度，将成本收益纳入饮用水和污水处理中，采用税收的方式推动固体废弃物的回收制度，加大环保技术的政府支持，促进环保技术的国际化，推动环保技术产业的发展。克林顿在生态治理中的温和妥协的“中间路线”同样是生态环境中正反力量挤压下的必然结果，是生态文明建设的整体意识在较短的时间上升到一个特定高度后的技术性整理。

总体来看，20 世纪 80 年代以后，美国更加关注生态治理中权责实现手段的多样化和弹性化，技术优化是政府生态权责在短时期粗放扩张以后的必然选择。在这种调整优化中，政府需要重新平衡生态治理、经济效益、社会参与和纵向政府之间的关系。在生态治理和经济效益上，“成本—收益法”的采用标志着生态环境的决策走向规范化和追求效率的方向，防止为了单方面追求生态环境而对企业的过度干预，市场机制的广泛运用促进了生态环保和经济发展融合发展的势头。在生态治理的社会参与上，公众被赋予了更多的生态权力，正因如此，全国性的生态环保组织在 80 年代后期猛增，成为各级政府生态权责有效运行的动力源泉。在生态治理的纵向政府关系上，联邦的权力不再强调过度集中，生态环境的新联邦主义主张将管制的权力向州和地方政府转移，因为这样可以争取用更低的成本获得更高的收益，并简化管制的环节和过程，节省时间和费用。此外，解决生态环境争议的手段也不是寄托于单一的行政裁决，调解、诉讼等都被运用起来。

① Paul R. Portney ed. , Natural Resources and the Environment: The Reagan Approach, Urban Institute and Resources for Fature Conference, 1984, p. 4.

第二节 西方典型国家地方生态权责配置的基本特征

一 “小回路”的体制下地方政府生态治理权责明确完整

回路短小是指权责委托者（公众）和代理者（公共组织）之间保持短小直接的权责交换关系。小回路的政府体制更有利于政府与公众之间的沟通交流，委托者与代理者之间的权责关系简单明确。这样，地方政府更易于获得完整治理权责，一般不会出现权责关系失衡；相反，大回路的政府体制中权责关系存在多重委托代理，较易出现权责不对等、主体不明确等技术性问题，难以保持完整的治理权责。当然，由于政府承担了统治、管理和服务的多重职能，应当坚持政治因素与管理原则并重，所以究竟哪些权责适宜于保持小回路，哪些权责适宜于保持大回路，与特定事务的属性相关。

总体来看，生态治理涉及的范围宽泛。部分内容具有较强的外部效应，需要区域统筹甚至全国统筹，但更多的内容是地方性事务，地方之间各具特色，甚至差异较大，采取统一的模式和标准可能大幅度增加管制的成本。也就是说，在生态治理上完全采取统一的大回路治理模式不仅可能带来高昂的管理成本，扼杀地方政府的主动精神，而且极易导致治理中的权责关系失衡。

考察西方典型国家不难发现，小回路的体制赋予了地方政府明确完整的生态治理权责，提升了地方政府生态治理的积极性。具体表现在以下几个方面。

（一）小回路的体制下，地方政府容易感受到公众对生态治理的独特诉求

从发展历史上看，大多数典型国家的生态治理都是起源于地方政府。地方政府尤其是直接面对公众的基层地方政府具有先天的对公众诉求的敏感性，能够最快地感知到公众的生态环境需求，并将这种需求纳入地方的权责配置当中。二战后的日本确立了地方自治制度，日

本地方政府的生态环境管理机构设置早于中央政府。日本中央政府直到1971年才设置了专门负责生态环保政策制定和执行的环境厅（后于2001年升格为环境省），但在较早的时间之前就有很多地方政府设置了与生态环保相关的机构。以北九州市为例，1959年北九州市就成立了大气污染防治对策委员会，1963年在卫生局公众卫生课设置了公害组，1964年设置了公害防止对策审议会。不仅在机构的设置上地方早于中央，生态环境立法上亦然。日本东京早在1949年就制定了《工厂公害防治条例》，堪称日本生态环保立法第一例。[①] 在美国，无论在公共资源的开发还是在城市公共卫生和环境管理上，最先设置机构并进行管理的都是州政府或者城市政府。相关成果显示，美国环境保护局（EPA）成立之前，环境行动大多数发生在州一级[②]；只是当这些问题具有较大的影响性和外部效应时，才被联邦重视并部分转移到联邦权责体系中。

从西方典型国家生态环保的发展史也不难看到，自下而上的草根环境运动是政府被迫进行生态权责配置的社会基础，而最先面对并做出反应的往往都是地方政府。从研究者刘向阳对20世纪中期英国空气污染治理形成机制的研究成果不难看出，英国中央、地方之间在空气治理问题上摩擦不断，中央政府在治理中的被动性可见一斑。"在公共卫生和环境事务方面，长期以来，地方当局一直是对个人和商业行为进行控制的倡导者，中央政府则以保护个人自由为名阻止地方当局获得更多的管制权。"[③] 同样，德国在20世纪70年代就经历了自下而上的草根环境运动，这些运动最初的区域性特征非常明显。在区域性环境运动中，地方政府首先承受压力并不得不做出反应。随着草根环境组织数量剧增，环境运动的范围逐步超越地方性，许多区域性的

① 王丰、张纯厚：《日本地方政府在环境保护中的作用及其启示》，《日本研究》2013年第2期。

② Mary A. Gade，Cynthia A. Faur：《美国环境管理体系中联邦与地方政府角色透视》，《环境科学研究》2006年。

③ 刘向阳：《20世纪中期英国空气污染治理的内在张力分析——环境、政治与利益博弈》，《史林》2010年第3期。

环境组织开展联合行动并向联邦政府施压，自下而上的环境运动推动了政府自下而上生态治理革新。

（二）小回路的体制下，地方政府能够自主筹集生态治理的各种资源

小回路的体制下，地方政府都享有一定程度的自治权，包括创制权、财政权和司法审判权等，这些都是地方政府运行生态治理权力的重要资源。尽管日本是单一制国家，但其地方拥有很大的创制权，这一点从日本地方政府还创造性地运用公害防止协定可以看出。据2000年《日本环境白书》统计，1956—1999年日本地方政府与企业共签订了54379个公害防止协定。[①] 公害防止协定极大地鼓励了企业和公民参与生态环境管理的积极性，重塑了地方政府与生产企业之间环境治理的关系，用自由协商、柔性引导的理念改造死板僵化和激烈冲突的强制性生态治理体制，推动了地方政府从传统的管制型政府向现代的服务型政府转变。

美国在美国环境保护局（EPA）成立以前，环境治理行为大多数发生在州一级。EPA成立以后，联邦和州之间的关系有所变化，但州政府仍然在生态治理中处于前沿，具备调动各种资源应对艰巨任务的自主性。相关资料显示，美国94%的联邦环境监测数据由州政府采集，90%以上的环境执行项目由州政府启动，97%的生态环境监督工作由州政府开展，大多数生态环境许可由州颁发。不仅如此，美国州和地方政府具有募集基金和税费的权力，能够为生态治理提供必要的财政支持。21世纪初期，美国州政府用于生态治理的费用每年高达150多亿美元，其中2/3以上的资金由各州自己提供。[②]

（三）小回路体制下纵向政府的权责分工明确

小回路的体制下，西方典型国家纵向政府在生态治理中表现出

① 李玲：《日本公害防止协定制度研究及其借鉴》，硕士学位论文，中国政法大学，2007年。

② Steven Brown R.，“In Search of Budget Parity：States Carry on in the Face of Big Budget Shifts，Eco States”，*The Journal of the Environmental Counsel of States*，2005.

“权责异构”和错位配置的特征。德国是联邦制国家，它通过宪法、法律及其他规章将生态治理的权责体系分3级，即联邦、州、地方(市、县、镇)。大体上看，联邦负责一般性生态环保政策的制定，核安全政策的制定和实施、跨界纠纷的调处等。州政府负责对联邦所制定生态环境政策的实施，在联邦一些框架立法基础上的具体立法。地方政府在与联邦和州政府不发生冲突的情况下，对当地生态治理享有自治权，同时接受州政府的委派负责一些执行型任务。美国同样将生态环境的管理层次划分为联邦、州和地方政府，在纵向政府权责划分上与德国基本类似，较为有特色的是，联邦环境保护局（EPA）在各地设有10个地区分局主要负责协调环保法规政策执行中同州和地方政府的关系。

日本是单一制国家，但在生态治理中同样表现出权责异构的特征。从权力的来源看，日本地方政府的生态环境机构只对当地政府负责，因而地方与中央的生态环境管理机构之间相互独立，互不统属。但中央的环境机构主要负责全国性的环境立法、确立政策框架和发放财政补贴，在具体的执行上，中央环保厅（后上升为环保省）将属于自己的部分权力交给地方政府来行使。于是，就形成了中央地方在法定的范围内的指导和监督关系。实际上，在中央宏观环境政策框架下日本形成了中央地方权责分工明确，且地方政府主导的环境管理体制，地方有权处理不属于全国的地方生态治理事务，“包括对公共场所、绿地、河流等的保护、管理和建设，从事处理公害防止、美化环境等福利事务，以及从事经营农业、林业、牧业、渔业、治山治水、改良土地等事业”①。

由上述可见，不论是联邦制还是单一制国家，在生态治理上纵向政府之间权责分工清楚明确，这种分工的基本依据是生态环境问题的外部性程度。也就是说，“环境因子外部性越大，环境行政管理机构级别越高，反之亦然”②。

---

① 汪劲：《日本环境法概论》，武汉大学出版社1994年版，第26页。

② 胡涛：《德国环境行政管理体制及其启示》，《中国环境报》2005年5月10日。

二　超强激励机制下地方政府履行生态权责的巨大动力

有效的激励是政府主动作为的基础。通观西方典型国家可以看到，地方政府在生态文明建设上面临了来自联邦（中央）政府、地方民众和各种社会组织的多重压力。在自下而上的草根运动和自上而下的制度力量双向挤压下，地方政府不断改进执政理念，重构生态权责，优化运行方式。总体来看，地方政府在生态环境建设上所面对的激励机制来自三个大的方面。

（一）地方公众的诉求

从国家的基本制度来看，西方典型国家一般都实行地方自治制度，地方权力机关和行政机关源于地方公众的选举。公众日益高涨的生态诉求就是地方政府施政的重点。最新民调结果，85%的德国人将生态环保问题视为国内第二大问题。[①] 周期性的选举成为公众释放生态需求信号的重要渠道，在这种基本制度的约束下，公众对生态环境"日渐苛刻"的要求将会周期性地转化为地方政府的权责。

除此之外，参与相关项目环境影响评价、环保法规制定和日常环保诉讼是地方公众向地方政府表达生态环保诉求的常规渠道。日本的《环境影响评价法》明确规定，包括地方政府在内的任何组织在进行大规模开发项目时，必须组织相关的环境影响评价。而公民的意见是影响环境评价的重要依据。只有在充分听取地方公众的意见并获得认可以后，才能取得项目的许可证。[②] 20世纪90年代末，日本北九州市政府为了制定21世纪议程，先后组织过21次听证会听取公众和社会各界人士意见，共计收集到722条意见，其中有42条被政府采纳。[③] 美国规定，联邦各政府在环境规划过程中都要求有公众参与。

---

① 光明网：《德国环境保护的"生态民主"》（http：//theory. gmw. cn/2014－03/10/content_ 10624159. htm）。

② 汤天滋：《中日环境政策及环境管理制度比较研究》，《现代日本经济》2007年第6期。

③ 王丰、张纯厚：《日本地方政府在环境保护中的作用及其启示》，《日本研究》2013年第2期。

所有的环境法规都要经过公众审核、由公众提出意见，且 EPA 在最后公布法规前考虑和处理公众意见。另外，一些重要的环境许可也要经过公众审核，公共机关可以举行听证会，充分听取公众对法规或许可的意见，在充分协商的基础上法规或许可方能通过。[①]

环境公益诉讼是西方典型国家赋予公众的“撒手锏”。环境公益诉讼（Environmental public interest litigation）一般是指个人、组织或机关等以损害国家、社会或者不特定多数人的生态环境利益的行为为对象，以制止该损害行为发生并追究该行为人（包括公民、组织、各种法人等）相应法律责任的特殊诉讼活动。环境公益诉讼理论是建立在公民环境权理论、环境资源公共信托理论、正当程序理论、私人检察总长理论和司法能动主义理论等的基础上。相关研究表明，无论是英美法系国家还是法、日、德等大陆法系国家，都建立了完善的环境行政公益诉讼制度。[②] 如德国于 2006 年颁布的《环境司法救济法》，进一步发展了自然保护团体的诉讼能力。相关统计表明，环境和自然保护组织在 2007—2012 年每年在德国组织行政法院诉讼案件约 29 起，胜诉率达到 45%。[③] 自然，环境公益诉讼可以直接针对地方政府，当公众或者生态环保组织发现地方政府在施政过程中损害公众的普遍环境权益时，这项制度就可能成为最后的防线。

（二）各种民间环保组织的活动

西方典型国家民间环保组织有近两个世纪的发展历史，先后经历了精英人士的发起期、公众参与的成熟期到全球网络的拓展期。与此同时，其环保理念已从早期的“自然资源保护主义”，过渡到“环境保护主义”，再到“生态保护主义”。[④] 总体来看，西方典型国家民间

① 车国骊等：《美国环境管理体系研究》，《世界农业》2012 年第 2 期。

② 中国法院网：《西方国家环境行政公益诉讼之借鉴》（http：//www. chinacourt. org/article/detail/2012/08/id/547412. shtml）。

③ 光明网：《德国环境保护的“生态民主”》（http：//theory. gmw. cn/2014 - 03/10/content_ 10624159. htm）。

④ 陈玲等：《西方环保民间组织的发展及借鉴研究》，《环境科学与管理》2013 年第 9 期。

环保组织对地方政府的激励机制从“制度化”和“非制度化”两个方面表现出来：

所谓制度化的表现方式，是指环保运动“不再是社会生活或政治生活中的突发或偶然现象，而是成为一种常态的社会元素”[①]。从发展历史来看，民间环保组织并不是一开始就采取制度化的活动方式，而是在整个社会环保意识提升的大背景下逐步习得的。在不断的斗争和妥协中，它们学会了采取更加灵活务实的态度，推崇改良和合作，注重谈判而非对抗的方式来寻求环境问题的解决方案。为了实现制度化的活动方式，草根出身的环保组织需要不断加强自身建设。它们通过招贤纳士，提高专业化和制度化水平，为其在体制内进行斗争创造了条件。

影响选举是制度化活动方式的表现之一。自1980年以来，美国主流环保组织就普遍地通过选举影响地方政府。仅1980年，塞拉俱乐部就支持5位候选人竞选加州议员。[②]

政治游说也是常用的手段。一方面，环保组织以此来动员基层民众，并通过提高民众对生态问题的关注程度来影响地方政府。如美国十大环保组织曾于1985年合作出版了《未来环境议程》。该书对核安全、能源和水资源短缺、有毒物和污染控制等11个方面问题进行了详细介绍，极大地调动了公众对环保问题的热情，最终影响各级政府的政治议程。另一方面，它们也直接游说地方政府官员和议员。专业化的环境组织往往以其独特的知识优势和对策能力成为地方政府应对环境问题的助手，通过这种方式“接近”地方政府并将它们的主张转变为环保政策。“在整个欧洲，主要的环境团体已经获得了对正式政策机构和程序的进入权，诸如听证或部长委员会，尽管在程度上有所不同。环境团体也通过正式或非正式的渠道不断给机构提供专家

① 张永红：《论战后美国环境运动的制度化》，《理论月刊》2014年第4期。

② 高国荣：《1980年代以来美国主流环保组织的体制化及其影响》，《陕西师范大学学报》（哲学社会科学版）2011年第6期。

建议。”[1] 美国的塞拉俱乐部是最早从事政治游说的环保组织，20 世纪 70—80 年代其游说人员不断增加，从 1967 年的 1 人增加到 1986 年的 17 人。[2]

诉讼是环保斗争最有效的手段之一。早在 1978 年德国黑森州、汉堡州等诸州就先后建立了环境团体诉讼地方政府的环境公益诉讼制度，而这一制度直到 2002 年才在联邦政府得到确立。2010 年的调查显示，德国各州的环境诉讼中原告胜诉率为 42.5%。[3] 1996 年 5 月，居住在东京都多条干路沿线的呼吸道疾病患者组成团体诉讼日本政府及东京都地方政府。它们认为柴油车排放的尾气污染了大气，直接损害了它们的健康，于是它们不仅将制造并销售柴油汽车的丰田、日产等 7 家汽车制造商告上法庭，还将负责管理道路的日本政府、东京都政府一同列为被告，要求赔偿损失。根据日本的《国家赔偿法》，尾气污染受害者可以以政府在管理上的失职为由，要求国家赔偿。诉讼的结果是东京地方法院的一审判决中，认定日本政府及东京都自治政府在高速公路管理上存在过失，应当承担国家赔偿责任。[4]

除了制度化的活动方式以外，一些较为激进的环境组织通过激烈对抗的方式对各级政府施加压力。一些奉行“深生态学”理念的组织（如海洋守护协会和“地球优先”）常常采用抗议、示威、游行和公民不服从的策略向地方政府传递信息。如 1982 年的“沃伦抗议”（Warren County Protest）后不久，美国出现了众多民间环境团体进行各种各样的抗议活动，参加市、县各级举行的听证会，表达它们对地方政府在环境治理问题上的诸多不满。[5]

---

① 任铃：《现代西方环境运动的历史嬗变》，《理论月刊》2013 年第 8 期。

② Samuel P. Hays, *History of Environmental Politics since 1945*, Pittsburgh: University of Pittsburgh Press, 2000, p. 98.

③ 陶建国：《德国环境行政公益诉讼制度及其对我国的启示》，《德国研究》2013 年第 2 期。

④ 法治周末：《用诉讼铺就的治霾之路》（http://www.legalweekly.cn/index.php/Index/article/id/4382）。

⑤ 张永红：《论战后美国环境运动的制度化》，《理论月刊》2014 年第 4 期。

（三）中央（联邦）政府的强制和约束

无论是联邦制还是单一制国家，中央政府都会通过多种方式强化地方政府的生态权责，将自身所面临的生态压力逐层分解。这些方式主要包括制度约束、日常监控、财政引导和政党联络等。

通过明确的制度规定地方政府在生态环境建设中的职责并建立与之相配套的日常监控体系是西方典型国家常用的方式。美国的《国家环境政策法》规定联邦范围内所有的政府部门在行使职权时都要考虑环境影响，实施环境影响评价，并明确自身的环境管理责任。这就从基本制度上确立了将环境责任转移到包括地方政府在内的各个政府机构。为此，美国确立了“栅栏环境管理与环境保护中央集权”相结合的运作模式。也就是说，美国联邦环保局在与地方环境保护部门充分合作的同时，还保留了日常的监控权。[①] 从机构上看，美国1970年成立的联邦环保局（EPA）不仅负责联邦层面的环保事务，还负责协调联邦同州、地方政府之间的关系。通过在不同的大区域中设置10个地区分局，密切关注州和地方政府的日常环保工作。

虽然是单一制国家，但日本的地方政府是解决区域环保问题的主要责任方，在环保上具有较大的自主性和灵活性。从产生方式上看，日本的中央环境管理机关与地方环境管理机关之间相互独立，不存在上下级的隶属关系，地方环境管理机关只对当地政府负责，但这并不意味着中央对地方环保职能缺乏必要的引导和监控。中央对地方环境治理的影响主要体现在确立基本政策和制度框架、发放财政补贴上。为了保证环保政策的实施，中央政府的环境厅将自己的部分权力交由地方政府行使，并辅之以必要的政策激励和财力支持。这样，中央与地方政府建立了紧密的联系，地方政府无形变为中央环境部门的下级机关，并自觉接受环境厅的领导和监督。

德国的绿党在生态治理方面起着沟通联邦和地方关系的重要纽带。德国绿党在欧洲绿色运动的发展过程中取得了骄人的成就，并在

---

① 高颖楠：《借鉴美国经验深化生态环保体制改革》，《中国环境报》2015年4月7日。

1980—2005 年与德国社会民主党共同组成红绿联盟，上升为执政党。德国的绿党具有完整的全国组织体系，包括中央组织、中间组织和基层组织。尽管绿党有着与传统政党不同的运作模式，它们注重基层民主和分权化，但在坚决贯彻绿色环保理念上整个组织是高度一致的。这样，活跃在德国政坛的绿党具有一体化协作的内部民主政党特征，充当联邦和地方在环保政策上幕后协调员角色。

三　完善的制度和灵活多样的执行方式助推生态权责的实现

西方典型国家普遍都建立了完善齐备的生态保护法制体系，并且随着时代发展的要求不断延伸至法律界面，实现生态建设法制化的全覆盖，为地方政府实现生态权责提供可靠的制度保障。德国 1972 年通过了第一部环保法——《垃圾处理法》。20 世纪 90 年代绿党走上政治前台，德国的环境政策和立法飞速发展，建立了世界上最完备细致的法律体系。90 年代初德国在《基本法》中明确“国家应该本着对后代负责的精神来保护自然的生存基础条件”，将生态保护和治理提升为国家的基本政治问题。目前，德国联邦和各州有关环境的法律法规达到 8000 部，还将欧盟约 400 项的相关法规纳入执行体系。[①]

美国构建了多层级、多类型的完整法律体系。美国的环境立法并不是集中统一的，可分为联邦、州、地区和地方四个层次。但一般而言，美国联邦的基本法律在全国适用，各州都需遵守。从联邦来看，美国 1969 年制定了《国家环境政策法》这一综合性环境成文法。20 世纪 70 年代初期是美国环境立法的高峰期。仅 70 年代初，包括《清洁空气法》《清洁水法》《环境教育法》《职业安全和健康法》《噪声控制法》在内的单行立法就接近 20 部。[②] 1990 年，联邦先后通过了《预防污染法》《国家环境教育法》《污染预防法》等，其中《污染预防法》宣布“对污染应该尽可能地实行预防或源削减是美国的国

① 郇晓燕：《德国生态环境治理的经验与启示》，《当代世界与社会主义》2014 年第 4 期。

② 尹志军：《美国环境法史论》，博士学位论文，中国政法大学，2005 年。

策”。1992年通过《能源法》鼓励开发风能、太阳能、生物能和沼气等新能源使用，推动新能源技术革命，淘汰落后工艺。2000年通过《有机农业法》对农业的发展做出严格规范。从美国的环境立法史可以看出，适应时代发展要求的环境立法至关重要。“美国环境法100多年的发展历史证明，处于不同时代的环境法，其基本特点有着明显的不同。超出时代背景制定的环境法注定不会成功。”①

日本的公害防止协定是环境治理中最具创造性的制度形式之一，也是地方政府在实践中摸索出来的一套行之有效的环保法治实现方式。1952年岛根县同山阳纸浆公司、大和纺织公司签订的公害防止备忘录是早期公害防止协定的雏形。公害防止协定制度冲破重重阻力得到社会的广泛认可经历了较长的实践。到1967年《公害对策基本法》颁布之前，日本公害防止协定制度才在地方层面广为推行。有研究者将公害防止协定定义为，“污染性或生态破坏性设施者或行为者，与厂址地或行为涉及地的环境行政机关或当地的居民团体，就环境影响的设施或行为在有关的技术规范、标准、补偿措施、社区关系以及环境纠纷处理等事项，共同约定并遵守的书面协议”②。根据日本环境厅《2000年环境白书》报道，1956—1999年的43年间日本共签订了54379份公害防止协定。虽然众多学者对公害防止协定的法律性质存在较多的争议，但并不能否认这项制度在日本生态保护中的巨大意义和作用。从日本环境法律体系来看，公害防止协定制度为日本地方公共团体公害防止条例的产生乃至整个环境规制体系的完善提供了重要的基础。

完善的制度需要有效地执行才能发挥作用。西方典型国家不仅注重编织纵横交错、与时俱进的法制体系来适应生态治理的需要，还通过灵活多样的执行方式提升地方政府履行生态权责的能力。

---

① 尹志军：《美国环境法史论》，博士学位论文，中国政法大学，2005年。

② 台湾研究基金会：《环境保护与产业政策》，前卫出版社1994年版，第118页。转引自李玲《日本公害防止协定制度研究及其借鉴》，硕士学位论文，中国政法大学，2007年。

20 世纪 70—80 年代美国在实施《国家环境政策法》后，它在生态治理上“一边倒”的策略引发了企业的严重不满。虽然生态环境严重破坏的势头初步得到遏制，但严重的“命令—管制”方式“使企业在决策方面失去了应有的自主性和灵活性，导致企业的技术创新能力减弱，经济收益降低”①。在“向过度政府宣战”的思想主导下，美国重塑了生态治理中政府权责的实现方式。研究者石淑华在考察该历史过程后指出了其转变特征，表现为：一是从命令强制性规制向自愿性伙伴合作转变。在命令强制性规制中企业被动应对政府的环境管制而无法发挥主动精神，而有限的政府力量无法监管数目庞大的环境破坏行为，因而政府不得不改变生态建设的实现方式。自愿性的伙伴合作模式就是通过协商达成政府与企业之间的协议，以协议明确双方的权力责任，从而实现在生态改善中共同受益的目标。二是从以行政手段为主转向注重市场引导的经济手段演变。行政手段提高了政府的交易成本，降低了国家的经济效益，扼杀了企业创新的积极性，引发了政府企业之间的冲突。为此，政府通过补贴、污染收费、保证金制度和排污许可交易制度等市场机制引导企业注重生态建设。三是从单纯重视规制政策的制定向注重规制政策影响分析转变。在制定政策时注意成本—效益分析，在提高环境规制政策的效率水平上寻求突破。四是注重调动公众的积极性，推动实现环境规制中的民主原则②。

美国各州和地方政府既是这一转变的推动者，也是其受益者。1982 年美国总统经济顾问委员会在向总统提交的报告中指出：“本届政府的一个重要原则是：逐渐依靠州和地方政府行使必要的政府职能。……管制应在适当级别的政府中进行。大多数管制的主要经济原由是外部效应的存在。这些外部效应的成本及对它的容忍度在各地有

① 徐再荣等：《20 世纪美国环保运动与环境政策研究》，中国社会科学出版社 2013 年版，第 307 页。

② 石淑华：《美国环境规制体制的创新及其对我国的启示》，《经济社会体制比较》2008 年第 1 期。

所不同，因此要求管制的幅度和类型也随之变化。”[①] 在这种背景下，里根政府降低了对各州和地方政府的管制，赋予了它们在实现生态建设权责中更多的自主性和灵活性。例如里根政府实施了环保项目权限的转移措施，将环境管理和审批的权限从联邦转移到州和地方政府手中。到1983年，被授权具有审批空气恶化项目的州从16个上升到26个，被授权管理有害废物项目的州从18个增加到34个，拥有管理水质量的州政府增加了3个。[②]

各州和地方政府在这种理念的启发下更加注重发挥自主性，用灵活多样的市场手段实现生态权责。在运用市场机制解决生态治理的问题上，湿地补偿银行制度就是典型。在实施湿地补偿银行计划的过程中，开发者需要预期开发行为可能带来某个湿地的损害，并预先购买土地（或者原始湿地）建造或者恢复新的湿地。湿地银行在开发商可能带来湿地损害的行为前就完成了补偿湿地的建设任务，开发商已经承担了损害湿地的赔偿责任，从而保证湿地面积的动态平衡。相关文献显示，1983年美国建立第一家湿地银行，到2001年这种市场化的生态治理方式在美国40个州盛行，它们共计建立了219个湿地补偿银行[③]。除此以外，排污权交易制度、固体废弃物回收制度、绿色信贷、绿色税收、循环经济和生态工业园区等各种有利于生态文明建设的具有弹性的市场化机制在地方层面得到了广泛运用。

地方政府主导下政府与市场的协作是德国鲁尔工业区生态治理的看点。鲁尔是德国钢铁和煤炭产业集中的传统重工业生产基地。但到了20世纪70年代，传统产业难以为继和生态环境严重破坏使鲁尔步入困境。生态治理是鲁尔转型升级的重要内容，但这一过程所需要的大量资金是地方政府无法单独承受的。传统企业的关停并转，新型产

① Charles O. Jones, ed., The Reagan Legacy, The Regan Legacy: Promise and Performonce (1988) essays by political scientists, p. 119.

② Paul R. Portney ed., Natural Resources and the Environment: The Reagan Approach, p. 172.

③ Environmental Law Institute (2002) Banks and Fees: The Status of Off-Site Wetland Mitigation in the United States, *Environmental Law Institute*, 2002: 36, 62, 121.

业的生根发芽，采煤区废弃地的生态修复等都需要大量的资金。过去德国的城市改造和生态修复主要依靠各级政府，鲁尔的改造中政府设计了一个支持民间发展能力的机制，创造了政商合作和公私共同投资的范例。市场主体的活跃是城市生态治理的源头活水。鲁尔适时制定了一套扶持中小企业、新兴产业和环保产业的政策。其中规定，获得批准的一般性项目能够得到占投资额28%的资金；可促进当地基础设施建设的环保和废厂房利用等项目得到占投资额80%的资金。这些措施既推动了产业结构的优化，又为地方生态治理带来了技术、产品和财源。在治理构架上，鲁尔煤管区开发协会是政府和企业良性互动的平台。协会有88个成员，其中60%的成员代表市县政府，40%代表企业。借助于这个平台形成了鲁尔政商互动的基础，催生了一批共同认可的战略设想，这些都为鲁尔区的生态治理奠定了良好基础。[①]可以说，鲁尔工业区的生态治理是地方政府合理平衡政府市场关系，灵活运用各种社会要素的具有创新性的案例。

日本的公害诉苦制度是地方政府灵活处理公害问题与地方居民生活环境之间矛盾的有效机制。为了处理好公害中地方公众的权益保障问题，地方政府根据“公害纠纷处理法”设立了公害诉苦处理制度。地方政府在各县、市町村等地，派专职工作人员，负责对居民的公害诉苦进行分类和处理。通过这种工作机制，一方面，地方政府能够掌握对地方生态环境具有破坏性的公害信息，为地方国家和地方政府制定相关政策提供依据。另一方面，派驻的工作人员承担了安抚地方公众，化解政社之间的矛盾和冲突，为地方公众提供一些技术上的指导和感情上的疏通等作用。

四　巧妙地弥补生态治理中的权责漏洞

生态文明建设是一个庞杂浩繁的工程，涉及多主体、多层次和多方面。从治理主体来看，包括中央（联邦）政府、地方政府、非政

---

① 黄丽华、张丽兵：《德国鲁尔区老工业基地改造过程中政府作用分析》，《哈尔滨工业大学学报》（社会科学版）2005年第6期。

府组织、公众和相关企业；从治理客体上看，包括大气、水体、土壤、森林、草原等；从治理过程来看，包括生态治理的决策，执行、反馈和监督。成功的生态治理应该实现全面覆盖，不留死角，这就要求地方政府的生态权责不存在漏洞。除了加强自身建设外，地方政府还需要注重与中央（联邦）政府、非政府组织、企业主体和公众之间的沟通，及时回应反馈的各种信息，主动给生态治理中暴露出来的权责漏洞“打补丁”。实践中，西方典型国家地方政府注意横向政府、纵向政府、政府社会间关系的协调，通过一些巧妙的技术弥补生态治理中的权责漏洞。

（一）纵向政府间

一般而言，联邦制国家纵向政府的权责存在天然的区分，美、德等国家的生态权责就是如此。德国通过宪法、法律和相关规章对纵向政府的生态权责明确规定。联邦、州、地方构成了生态行政管理权责体系的三级。其中，联邦政府在生态上的权责是宏观性的政策制定、核安全问题以及跨界纠纷的处理。州政府的生态权责主要是联邦政策实施，本州具有独特性的政策制定和实施，对辖区地方政府的监控等。简单概括，联邦注重宏观规划和政策制定，起到统率作用，州政府是主要执行者，地方在与联邦和州没有冲突的前提下，对解决当地生态问题享有自治权，同时接受联邦和州的委托任务。

美国同样由联邦、州、地方三个层级政府分担生态权责，联邦的权责由宪法赋予，宪法没有规定的剩余权责由州承担。各州和地方政府间的生态权责关系由本州的法律规定，存在一定的差异。从联邦和州的关系来看，宪法中的贸易条款（Commerce Clause）是平衡联邦和州之间某些不明确关系的重要依据。美国贸易条款指出，州级商业由于污染而受到影响，联邦政府有权管理。据此推演，类似于环保这类具有“外溢”特征的事务，州法应当视联邦法为上位法。州政府可以为了达到更好的环境目标而制定比联邦更为严格的法律，但不能达不到联邦的标准。在机构设置上，各州的环境保护机构与联邦政府及其环保机构之间不存在隶属关系。各州环保机构依照本州的法律履行职责，保持相对独立。但若州所执行的项目与联邦间存在一定的关联，如联邦政府授权的或者事先存在严格规定的项目，联邦政府具有对州执行法律和相关项目的监控权。甚至在州政府不能正常履行环境职能时，联邦政府可以直接接管。[①] 联邦和州之间不仅存在明确的分工，还通过良好的协调机制弥补各种权责漏洞。联邦环保局（EPA）设立了10个跨地域的分局，其职责之一就是及时沟通协调联邦和州政府之间关系，降低两级政府以及各州之间存在的冲突和漏洞。

日本是单一制国家，但中央和地方环保部门之间相互独立，不存在领导被领导关系。中央确定宏观规划和政策框架，通过财政手段引导地方政府。地方政府是主要的执行者和责任人，它可以根据本地的实际情况制定相关的法律制度。由于地方政府要直面公众对生态问题的激烈反应，因而它们往往“能够制定更具针对性、更加严格和更加有效的标准或措施”[②]，中央政府也乐观其成。在生态治理的问题上，中央和地方都非常积极主动，表现出强烈的一致性。因而，它们很容易形成沟通顺畅、协调一致的运行局面。即便出现操作上的摩擦，也能通过协商和财政手段弥合。在这种积极进取的治理心态下，日本纵向政府间可能出现的生态权责漏洞被无形化解。

（二）横向政府间

地方政府间横向的合作是弥补生态权责漏洞的重要方面。美国主要通过建立州际联盟和跨区域治理合作机制解决这方面问题。以在温室气体排放控制的问题上州际合作机制为例。2005年布什政权拒绝批准《京都议定书》，面对地方公众和企业的强烈呼吁，州在气候变化问题上显得更加积极，主动尝试通过区域联盟合作打破气候应对僵局。近十年来，美国各州自发成立的应对气候变化的主要区域行动包括：中西部温室气体减排共同声明（简称MGA）、西部地区气候行动倡议（简称WCI）、新英格兰州长与加拿大东部各省省长气候变化行

① 秦虎、张建宇：《以〈清洁空气法〉为例简析美国环境管理体系》，《环境科学研究》2005年第4期。

② 王丰、张纯厚：《日本地方政府在环境保护中的作用及其启示》，《日本研究》2013年第2期。

动计划、西部州长联盟之清洁与多元化能源倡议（简称 WGA）、地区温室气体倡议（简称 RGGI），西岸州长全球变暖倡议等。

在地方政府间生态治理的合作机制上，加拿大的“环境部长理事会”值得借鉴。这一组织于 1961 年创立，专为推动环境治理的地方政府间合作。它由联邦、3 个区和 10 个省的 14 名环境部长组成，每年召开两次会议探讨相关环境议题。包括联邦环境部长在内各成员之间完全平等，14 名部长轮流执掌理事会主席一职。其主要职能是：对重点环境问题进行磋商，为制定相应的环保政策提供协商平台，提供环境治理的技术和信息支持，探讨跨区域环境治理问题。理事会的各项议程、协议等全部向社会开放，理事会接受社会各界和相关媒体的监督。在广泛的磋商探讨中达成的协议基本能够得到社会各界认可，最终贯彻落实。加拿大类似于环境部长理事会的独立协调机构有很多，如为了协调萨斯喀彻温省、阿尔伯塔省和马尼托巴省与联邦政府的水资源分配和质量管理而成立的“西部平原省份水资源理事会”，阿尔伯塔省的弓河流域管理理事会、不列颠哥伦比亚省的弗雷泽流域管理理事会等都是跨区域间的合作组织。加拿大跨区域政府间合作机制具有这些特点：一是通过协商一致而非强制命令达成共识；二是建立了比较规范的常设执行机构和规章制度；三是由相关参与方共同负担成本。①

“广域行政”是对日本跨区域协调机制的概括，在生态治理上常常被采用。日本实行地方自治，在长期的实践中，形成了一套具有特色的跨区域治理协调方式。1994 年修改的《地方自治法》规定，跨区域的政府可以联合起来处理跨区域行政事务。这为地方政府联合实现跨区域的治理提供了制度的保障，广域行政就是其表现方式之一。“‘广域行政’的实现途径一般分为两种：一种是通过地方行政组织的合并实现跨区域行政管理，另一种是不改变既有的行

① 王玉明、邓卫文：《加拿大环境治理中的跨部门合作及其借鉴》，《中国环境科学学会学术年会论文集》2011 年。

政区划而实现跨区域行政管理。”[①] 截至 2003 年 8 月，日本在 31 个道府县相继成立了“广域联合”共计 86 个，涉及 845 个地方公共团体。这种跨区域的行政协调机构主要为了提升公共管理的水平，多集中在公共领域而非竞争性产业的领域，生态治理是其发挥作用的重要方面。

政府内部的部门间合作也是横向协调的重要方面。美国在 20 世纪 70 年代以前，各级政府的生态环保职能相当分散凌乱。70 年代以后，生态问题作为一个独立的问题被重视起来，原先散落在其他部门中的环保职能被整合进环境保护局（简称 EPA）。如 1970 年年底成立的联邦环境保护局的机构就来自联邦政府的不同部门，其中包括内政部中负责水质量和农药研究的机构，农业部中负责食品和药物的机构，健康、教育和福利部门中负责空气质量、固体垃圾的机构，甚至还有来自原子能委员会的机构人员。环保局局长由美国总统直接任命，虽不是内阁成员，但可以直接向总统进言。除了环保局外，美国还设立了环境质量委员会（简称 NEPA）。这个机构既承担了联邦环境事务的管理职能，又是总统的咨询和协调机构。在这两大机构的共同作用下，环保成为联邦最强势的职能之一。虽然美国州和地方政府的环境部门不是简单地复制联邦政府，而是依据各州的法律自行规定。但在生态问题备受重视的趋势下，环境保护部门无疑是各级政府中具有较强动员能力的综合性部门，这提升了其开展横向部际协调的能力。

事实上，美国在环保上的大部门体制是多数西方典型国家的基本做法。如日本 2001 年将环境厅升格为环境省，提高了环境部门在内阁中的地位。除了环境省外，日本还设立了公害对策会议，其会长由内阁总理兼任，成员由内阁总理在相关省、厅长中挑选，主要充当总理大臣的环保政策咨询和协调机构。英国同样是在 1970 年将原先散落在公共建筑及工程部、住房及地方政府部、运输部的环保工作合

① 傅钧文：《日本跨区域行政协调制度安排及其启示》，《日本学刊》2005 年第 5 期。

并，组建环境事务部。此外，英国注重环保中的咨询和协调机构建设。议会是英国非常重要的权力机关，为了便于在立法中照顾生态环保问题，议会中设有皇家环境污染委员会，从宏观上向议会提供决策建议。其他咨询协调机构还有国家水委员会、清洁空气委员会、国家放射性防护局、水域风景区舒适委员会、自然保护委员会等。①

西方典型国家的实践证明，在一级政府中建立层级较高的咨询协调组织机构有助于生态文明中的协同治理。这样做一方面可以将生态治理问题提高到政府的核心职能，另一方面可以有效整合相关资源，应对生态治理中存在的碎片化，弥补政府内部的权责漏洞。

（三）地方政府与社会团体、公众之间

西方典型国家非常注重地方政府同社会力量之间的合作，并借此弥补政府社会边界上的权责漏洞。

“圆桌会议”是加拿大具有全国性示范意义的政社广泛协商的生态治理平台。各级政府是生态治理平台的强力主导者。自1989年加拿大总理创设了第一次圆桌会议以后，这一方式被各级地方政府广为效仿，大部分的省级政府、城市、社区街道等都采取这一模式。它们邀请所辖区域的公民对环境治理的政策发表意见，对辖区企业执行环保标准的情况进行监督。尽管企业是环保治理的重点对象，但它们参与环保活动的积极性并没有受到影响。相反，一些大型企业和行业协会对这种活动极度重视，它们将参与这类活动中视为开展公共关系的载体，通过展示“环境卫士”的光辉形象提高知名度和美誉度。参与生态公益活动的社会力量既包括公众个人，还包括各种社会团体和非政府组织等利益相关方。加拿大联邦《环境保护法》第12条中规定加拿大应建立《环境登记》制度，赋予公众对生态环境问题最广泛的知情权。② 日益强烈的环保观念同刚性完整的环境知情权相结合，成为推动社会力量主动参与“圆桌会

① 李金龙、胡均民：《西方国家生态环境管理大部制改革及对我国的启示》，《中国行政管理》2013年第5期。

② 蔡岚：《加拿大环境领域的合作治理及借鉴》，《战略决策研究》2013年第6期。

议”的动力。这样，政府强力主导，企业积极应对，社会广泛参与的良性互动机制激发了全社会生态治理的敏锐和热情，弥补了生态治理中政府社会边界上的漏洞。

日本同样通过有效的制度创新及时发现和弥补政社边界上的权责漏洞，其中，公害诉苦处理制度和企业公害防止管理员制度就是典型。为了处理公众对公害的申诉，地方政府依据《公害纠纷处理法》设立了公害诉苦处理制度。它们以县、市和村等行政区域为单位派出专职或者兼职工作人员，负责收集、分类和处理居民的公害诉苦。派出的办公人员一般都具有较强的专业知识和从业经验，他们及时依据相关法律处理小规模的生态危害行为，同时及时收集和分析可能对社会产生较大影响的重大公害隐患，为在隐患阶段化解大范围的严重公害提供信息采集和决策依据。日本还在特定企业中选聘企业公害防止管理员。日本内阁于 1971 年 8 月颁布了《在特定工厂建立公害防止组织的法律实行令》，明确了企业公害防止管理员的任职资格、选拔方式和职责权限等，确立了这项制度的实践操作性。具体而言，特定工厂主要是供电、供气、供热和制造（含物品加工）四大行业中存在生产或排放污水、煤烟、粉尘、废液、噪声或者有明显振动设备的企业。针对企业的规模从小到大，分别派驻“公害防止管理员”“公害防止主任管理员”和“公害防止经理”。企业公害防止管理员必须通过国家认证和注册登记才能具有任职资格。公害防止管理员由公司领导直接管理，主要是检查和记录生产中原材料、排污设施、排放量和排放浓度等情况，同时将相关情况报送有关行政部门。法律规定，没有依法建立企业公害防止组织或者设置企业公害防止管理员职位的企业将会面临严格行政主管部门的罚款，凡未经公害防止管理员签字的排放数据都不能认定为正式数据，有严重失职的公害防止管理员将面临严厉的处罚。同时法律还建立了相关制约措施，防止公害管理员与特定企业的串通。[①] 应该说，公害诉苦处理制度和企业公害防止管

① 郝冰：《“企业环境监督员”法律制度研究》，硕士学位论文，中国政法大学，2009 年。

理员制度等相关制度的实施极大地促进了公民和企业参与环境治理的主动性，降低了地方政府在观察环境问题中的“盲区”，为及时修复政社之间生态权责漏洞提供了机制。

五　生态治理中的伦理化权责比重较大

伦理化权责是建立在公众和各种组织对其生态治理中所应有的责任意识和合作精神充分理解的基础上，是整个社会直面生态治理在部分领域中的惨痛失败后自发生长出来的。应该说，伦理化权责是政府生态治理“试错”和公民社会成长的必然结果，它一般发生在工业化后期向后工业文明转型的重要历史关头。通观西方典型国家生态治理的发展历史和现实情境，不难看出责任意识、参与精神和合作理念等伦理要素在生态治理中稳定提高的发展趋势。

（一）普遍存在且极具活力的生态 NGO

生态伦理是生态社会的灵魂，而“生态社会立足的基础是，其公民有能力通过积极参与自治，创立一个有爱心的，可持续的社群（来参与地方生态治理）”①。西方国家普遍存在且极具活力的生态 NGO 是生态伦理的表现方式之一。美国早在 19 世纪后期就出现了以自然资源和野生动物保护为目标的民间组织。其中，现代环境保护主义的先驱约翰·缪尔于 1892 年组建的塞拉俱乐部（Sierra Club）就是典型。此后，无论从数量上还是从规模上看，生态环保组织都呈现快速发展之势。据统计，十大环保组织的会员总数在 1965 年还不到 50 万人，但在其后的 20 年增长至 6 倍多，到 1985 年达到 330 万人，1990 年又猛增至 720 万人（见表 6－1）。

表 6－1　　十大环保组织会员近 40 年来的变动趋势

环保组织	1970 年	1980 年	1990 年	2004 年
奥杜邦协会	148	400	600	550

① ［美］丹尼尔·A. 科尔曼：《生态政治：建设一个绿色社会》，梅俊杰译，上海世纪出版集团 2005 年版，第 138 页。

续表

环保组织	1970年	1980年	1990年	2004年
美国环保协会	11	46	200	350
野生动物保护协会	13	50	80	463
美国绿色和平组织	250	2 350	250	250
全国野生动物联盟	3100	4500	5800	650
资源保护选民同盟	35	25	60	60
国家公园保护协会	45	31	100	375
塞拉俱乐部	113	181	630	736
自然资源保护委员会	40	150	400	450
荒野协会	54	45	350	225

资料来源：高国荣：《1980年代以来美国主流环保组织的体制化及其影响》，《陕西师范大学学报》（哲学社会科学版）2011年第6期。

活动经费的快速增长从侧面反映出非政府环保组织的活力。美国十大环保组织的经费总额从1965年的不到1000万美元上升至1985年的2.18亿美元，快速增长了二十多倍，而到1990年这个数据达到5.14亿美元。其中，塞拉俱乐部的活动经费在1980—1990年的十年间从950万美元增加至4000万美元，翻了近四倍；全国野生动物联盟的经费在1980—1990年从3450万美元上升至9000万美元[①]。

非政府环保组织广泛地组织和参与各种活动，展示它们对生态问题的忧思。在德国，大约8600家环保协会每年组织110万人次参与环保公益活动，大约2400个基金会与生态环保存在紧密联系，占全部法人基金会的12%[②]。也正是在这一坚实的社会基础上，德国的绿党蓬勃发展。在自下而上的生态环境运动推动下，德国的绿党打破了所谓“两党半”的政坛格局，于20世纪70年代末进入地方议会。随后于1983年一举打破5%的界限，在联邦议院中争得27个议席，成

① 高国荣：《1980年代以来美国主流环保组织的体制化及其影响》，《陕西师范大学学报》（哲学社会科学版）2011年第6期。

② 王直节、许正中：《德国环保组织汇聚有效合力》，中国社会科学网（http://www.cssn.cn/dzyx/dzyx_xyzs/201503/t20150310_1539575.shtml）。

为德国联邦议院的第四大党，步入德国政治前台。据统计，2002 年日本全国的生态 NGO 约有 15000 个，相当于每 8000 人就有 1 个生态 NGO。其活动十分频繁，涉及广泛，包括自然保护、美化环境、资源循环使用、推广对环境友好的生活方式、开展环境教育、环境质量监测、国际合作等多个方面。①

（二）不断增长的公众生态意识

公众生态意识的普遍提升带来了生活和消费方式的变化，显示了生态伦理的勃兴及其对整个社会治理“润物细无声”的改造。

近年来，西方国家兴起的“农业食品文化运动”就是生态伦理不断兴起的大背景下消费模式变化的典型案例。在食品产业链条中，从生产、加工、包装、运输到最终的消费将会出现很多的破坏生态行为。如在生产环节中对化肥、杀虫剂、激素等化学制品的广泛使用；为克服气候差异而普遍采用的薄膜和温室栽培技术；在加工环节的过度包装，长途运输和储存中能源的消耗等。为了减少这些活动带来的环境负面效应，一些西方国家公众自发形成一轮农业食品文化运动，形成了社区支持农业、食品里程、公平贸易和有机运动等生产消费的新模式。以社区支持农业（简称 CSA）为例。这种生产模式是通过建立农业生产基地与其所支持的社区之间的固定联系实现共担风险和共享收益的农业生产消费模式。社区消费者通过预付款的方式向农场预定农产品。作为回报，农场保证将减少化学肥料和杀虫剂的使用，简化包装和存储中的能量消耗，降低生产活动中的环境破坏行为。社区支持农业中包含了公众保护生态环境的初衷。据马萨诸塞州阿姆赫斯特的调查显示，72% 的参与者具有关心生态环境的原始动机。②

绿色消费正在成为西方典型国家生态革命的推手。研究者布朗森通过问卷调查的方式探究中美之间在绿色消费习惯上的差异。这次调

---

① 林家彬：《环境 NGO 在推进可持续发展中的作用——对日本环境 NGO 的案例分析》，《中国人口·资源与环境》2002 年第 2 期。

② 朱清海：《低碳环保：西方农业食品文化运动的新理念》，《生态经济》2012 年第 9 期。

查针对在校大学生，地点分别是黑龙江省哈尔滨市的哈尔滨工业大学、美国阿尔伯克基的新墨西哥大学和科罗拉多大学。在面对“您购物时是否考虑环保问题”的问题时，中国学生中近40%的人从未考虑过环境问题，而只有10%左右的人总是注意到购物中的环保问题。相反，美国近60%的学术总是考虑购物中的环保问题，从不注意环保问题的几乎为零。[①] 由此可见中美两国民众在生态消费意识上的巨大差异，而这种差异最终会直接影响到生产生活等各个环节。

在日本，绿色低碳的意识渗透到生活的细枝末节中。日本从1980年就开始推行垃圾分类回收制度，到今天，这种行为已经成为日本民众的自觉行动，无须监督。日本每年人均垃圾生产量大约只有410公斤，为世界最低水平。[②] 除了垃圾处理之外，日本人的低碳生活还体现在衣、食、住、行的各个方面。在衣着方面，为了节约能源，日本人一改日常生活中严谨的表现，夏天穿短袖便装，男士不打领带，秋冬两季加穿毛衣。这样，室内就不必与室外保持较高的温差，如夏季可以将空调的温度由26℃调到28℃，达到节能减排之目的。在饮食方面，一些日本人外出就餐时自带水杯和筷子，最大限度地减少一次性纸杯和筷子的使用。在居住上，节能住宅中的绿色能源成为日本人的时尚追求，多数日本人居然为了减排而主动放弃能耗高的浴盆泡澡，主动选择使用淋浴冲澡。在交通方面，无论是在上班还是在休闲游玩时，人们都注重多乘公交，减少私家车。

公众不断增长的生态伦理意识构筑了生态治理的良好思想基础。这不仅改造了政府的治理模式，而且影响到以营利为目标的企业组织。绿色消费催生了一大批绿色企业。为了获得公众的支持和认可，一些企业将绿色环保作为公关方向和营销策略。ISO 14000 环境管理认证体系就是这种转变中的产物。“从 20 世纪 80 年代起，美国和西

---

① 布朗森：《中美消费者绿色消费的比较研究》，硕士学位论文，哈尔滨工业大学，2014 年。

② 杭州政府网：《日本：严格的垃圾分类制度》（http://www.hangzhou.gov.cn/main/zwdt/ztzj/ljfl/tszs/T317415.shtml）。

欧的一些公司为了响应持续发展的号召，减少污染，提高在公众中的形象以获得经营支持，开始建立各自的环境管理方式。他们委托外部的环境咨询公司来调查企业的环境绩效，并对外公布调查结果，以此证明自身优良的环境管理和引为自豪的环境绩效。这种做法得到了公众对公司的理解，并赢得广泛的认可，公司也相应地获得经济与环境效益。"① 这一做法最终为 ISO 14000 环境管理系列标准奠定了基础。时至今日，ISO 14000 环境管理系列标准在西方典型国家乃至全世界的广泛推行证实了企业绿色理念的深入人心。

表 6 – 2 1996—2005 年全球 ISO14001 认证证书数量增长情况

统计时间	1996 年	1997 年	1998 年	1999 年	2000 年	2001 年	2002 年	2003 年	2004 年	2005 年
全球总数（张）	1491	4433	7887	14106	22897	36464	49440	64996	89937	111162
当期数目（张）		2942	3454	6219	8791	13567	12976	15556	24941	21225
国家数目（个）	45	55	72	84	98	112	116	113	127	138

资料来源：王静：《企业自愿环境规制的经济学分析——基于 ISO14000 环境管理认证体系》，硕士学位论文，厦门大学，2007 年。

（三）生态教育大幅提升

生态伦理是自我启发和社会教育共同作用的结果。西方典型国家非常重视生态公民的培养，通过家庭、社会和学校三位一体的方式强化生态教育，提升生态伦理。

日本政府于 2003 年 7 月颁布了《增进环保热情及推进环境教育法》（简称《环境教育法》）。法律共由 28 条内容及附则构成，大体可以从环保活动、增进环保热情和环境教育三个方面归纳。法律条文明确了在生态教育的问题上，国家、地方政府国民及民间团体等各主体之间不尽相同的责任和义务，强调彼此之间的配合与协调。地方政府必须制定必要的生态教育方针，学校必须承担推进生态教育的具体

① 王静：《企业自愿环境规制的经济学分析——基于 ISO 14000 环境管理认证体系》，硕士学位论文，厦门大学，2007 年。

任务，企业和相关组织必须对其雇佣者进行必要的生态教育活动，提高他们的环保生态意识和相关技能。《环境教育法》还规定了国家在担当增进环保热情基地中的体制，并规定都道府县和市街村中的分工、财政的保障和信息的公开等。日本是亚洲第一个颁布环境教育法的国家，也是世界范围内继美国之后第二个制定并颁布环境教育法的国家。

在德国，学校对学生的生态教育不仅注重课堂上环保知识的灌输，更善于利用各种隐性的手段在不经意间受到环保教育的滋养。如“德国一年级的小学生，刚到学校注册报到，就会领到一册环保记事本。上面印有森林、草原和田野，意在告诉孩子：热爱大自然，热爱人类生活的优美环境……学校还会组织许多课外教育活动，比如参观环保基地；参加社会实践，如捡垃圾等。德国各地有大大小小的各种环保比赛，鼓励学生设计和开发环保项目等”①。在德国普遍的社会生活中，各种环境标示、宣传标语等随处可见，综合性、立体化、持久性的生态教育让可持续发展的理念深入人们的骨髓。

从时间、空间和方式上看，美国的生态教育完整齐备。从时间维度上来说，美国生态教育涵盖了所有年龄层次人士，也已成为终身教育。从空间维度上来说，美国生态教育分门别类，针对不同的个体和群体实施不同的教育，将这种教育充分渗透到社会生活的不同情境中，并形成了学校教育、家庭教育和社区教育的综合性体系。从教育的方式看，美国生态教育分为课程内的教育和课程外的教育。仅以大学中的生态教育为例，目前越来越多的大学将生态教育列为其核心课程。相关研究显示，13%的大学要求所有学生必须修读环境教育课程；7%的学校中生态环境教育课程是大多数学生的必修课；18%的学校中生态环境教育课程是部分学生的必修课。高等教育不仅注重生态环境知识的灌输，还通过各种方式鼓励教师和学生将所学的知识运用到生态环保的社会实践中去。其中，78%的大学生能够独立申请生

---

① 转引自田发允、刘养卉、姜波《国外生态型政府构建的经验及其对我国的启示》，《北京邮电大学学报》（社会科学版）2015年第1期。

态环境研究项目，65%的大学生能够独立申请社区生态环境服务项目。美国还非常重视生态环境教育人才的培养。主要通过联邦环境保护署制定的《环境教育和培训计划》，各州环境教育中心组织和实施的环境教育培训工作，一些非营利组织主办的教师的研修与培训等途径实现。①

第三节 西方典型国家政府生态权责变迁的启示

一 政府的生态权责从“外延拓展”走向“内涵深化”

同美国一样，西方典型国家在生态治理中权责配置的阶段性是非常明显的。这种阶段性与特定的经济社会发展水平基本保持契合，并呈现出从“外延拓展”走向“内涵深化”的基本趋势。

大体而言，工业化中期，在生态环境恶化和物质生活满足的共同作用下人们开始关注生存质量的问题，生态治理走向“显性”。公众生态意识的大幅度提升推动了自下而上的生态环保运动，政府不得不回应公众的生态诉求，自上而下地扩大在这一领域中的权责配置。这一时期大体对应英国的19世纪中后期，“19世纪中后期，日益严峻的环境污染问题和疾病的流行引起了社会的强烈反应……在这样的情况下，英国议会开始进行了大规模的环境调查，并在了解和掌握了大量材料与数据的基础上，通过了多部法律，试图从立法上来寻求解决途径”②。而日本在20世纪50年代同样面对这样的问题。“1950—1970年的日本不仅创造了经济高速增长的奇迹，更创造了名噪一时的‘公害列岛’的奇迹，20世纪世界环境史8大公害就有4个发生在日本！”③ 美国早在19世纪末的进步运动中重视生态治理问题。

① 崔凤、藏辉艳：《美国环境教育及其对我国的启示》，《华东理工大学学报》（社会科学版）2009年第2期。

② 李宏图：《英国工业革命时期的环境污染和治理》，《探索与争鸣》2009年第2期。

③ 李春雨、刁榴：《日本的环境治理及其借鉴与启示》，《学习与实践》2009年第8期。

“这一大变革时代历史上称之为‘进步运动’。在这一大变革时代，美国的环境保护运动迎来了第一个高潮时期。”① 早期政府的权责配置一般都集中在公众反应激烈的领域中。面对公众的强烈诉求，政府一般会在大气、水质、城市固体垃圾和社区环境等显而易见的领域着手，努力应对日益严峻的生态危机。地方政府因直接面对公众，且受到的压力更大而更积极些。由于毫无经验，各级政府不免一哄而上。为了在较短的时间内扭转生态恶化的局面，政府的行动存在“单边主义”倾向。因而，工业化中期生态治理的权责配置呈现出粗线条和框架性，政府在生态治理上的战线不断拉长，疲于应付。

但工业化中期政府在生态治理中粗线条的权责配置无法遏制生态危机的发展，到了工业化中后期，权责配置将在更广阔领域中扩展，政府治理生态的各种制度如井喷之势。美国在 20 世纪 60—70 年代实施的主要环境法律就多达 41 种。② 仅在 1970 年第 64 次国会上，日本不仅重新修订《公害对策基本法》，还创设了《废弃物处理法》等 14 部与生态环境相关的法案。③ 英国为了治理大气污染的顽症，先后在 20 世纪 70 年代、80 年代和 90 年代出台 15 部、24 部和 31 部与大气治理有关的法律。④ 政府快速的生态立法反映了它们面对公众要求注重生态权责的“外延拓展”，尽快将政府的力量配置到生态治理的全部领域中去。

到了向后工业演进的历史时期，典型国家的产业结构转型升级，大量的污染耗能企业被取代，经过前期艰难的治理后生态环境大幅改观，这些都构成了政府治理转型和权责配置调整优化的外在条件。同时，工业化中后期政府不计成本的生态治理方式受到了社

---

① 徐再荣等：《20 世纪美国环保运动与环境政策研究》，中国社会科学出版社 2013 年版，第 55 页。

② ［美］威廉·坎宁安主编：《美国环境百科全书》，张坤民主译，湖南科学技术出版社 2003 年版，第 704—706 页。

③ 李春雨、刁榴：《日本的环境治理及其借鉴与启示》，《学习与实践》2009 年第 8 期。

④ 许建飞：《20 世纪英国大气环境保护立法研究——以治理伦敦烟雾污染为例》，《财经政法资讯》2014 年第 1 期。

会的诟病和一些反对力量的攻击。生态环境仍需治理，但治理模式需要转换。政府的生态权责外延已基本拓展最大范围，更多的是要在生态治理的手段和方式上做出调整，政府生态权责进入“内涵深化”阶段。

生态环境建设作为一种最基本的公共产品，被置于政府最基本也是最重要的权责上。正如美国前总统克林顿所言，“环境不是一种奢侈品，它是我们的家园。它不是一种可以选择的东西，而是我们呼吸的空气、饮用的水和我们的生活。保护环境就是自我保护和保护孩子的未来。维护和改善环境，把一个清洁的地球传给后代，是每一个公民义不容辞的责任，也许这是最重要的责任”①。在这种理念的支配下，政府的生态权责“更上一层楼”。经济发展、社会公平和生态良好成为宏观层面思考和协调的基本指标，需要执政者从更广阔视角上思考。生态治理的转型超越“术”的层面，进入“道”的更张。20世纪80年代中后期，无论是从“可持续发展理论”理论，还是“生态现代化理论”，西方典型国家都更加注重环境安全、环境公平等关键字，从系统的角度宏观协调生态治理、经济发展和社会公平正义之间的关系。生态权责的配置更具系统性、隐蔽性、预防性和配套性。也就是生态权责的配置不再“就生态谈生态”，而是注重与社会公平、经济质量结合起来，统筹思考，相互衔接，整体推动；生态权责以更加“隐性”的状态融入政府的其他政策中，以更为细致入微，更注重用柔性引导的方式实现；生态治理成为社会管理和经济发展中的前置事项，被置于优先考量的地位；生态治理的相关配套更加精细和完善。

二 政府和社会间的权责关系从“对立”走向“协同”

实际上，西方典型国家在生态治理中同样出现过政府社会间的对立情绪。政府面临左右为难的尴尬局面，一方面它需要积极面对日益严重的生态危机，响应饱受环境困扰的公众的要求；另一方面，它严

① ［美］比尔·克林顿：《希望与历史之间：迎接21世纪对美国的挑战》，第77页。

格的治理遭受到部分社会力量的反击。

刘向阳以英国伦敦雾霾治理为案例，分析了英国政府面对的各种矛盾冲突。1952 年伦敦烟雾事件后，英国政府成立了比佛委员会，出台了《清洁空气法》。在随后的近 20 年的治理过程中，存在着中央与地方间、无公职议员与政府当局间、普通民众与政府间、商业企业与环境管制间等多边冲突。其中普通大众间的分歧和冲突最为复杂。案例显示，尽管普通民众是空气污染的最大受害者，但他们也是用无烟燃料取代烟煤这个政策执行的最大阻碍。因为他们的收入难以支持无烟煤的设备改造和原料使用成本。居住的位置，收入的状况，甚至对空气污染的心理认知等都成为影响他们对待空气治理的态度。“这种污染等同于收入、污浊的空气意味着繁荣、黑烟代表着就业的心态，勾画出了普通老百姓的生活状态——一方面作为空气污染的受害者，另一方面作为污染治理的阻碍者。”① 普通民众如此，无法达到《清洁空气法》规定的具体要求的各种钢铁、化工、煤气等工商业企业更是如此。它们想尽办法逃脱政府规定的环境治理责任，甚至直接与政府对抗。在各种私利的鼓动下，政府与社会间的权责关系较为紧张，人们打着“非法干涉个人自由”的旗号对抗政府。“在一些地区，烟雾控制区的建立必须克服一些有组织的反对，这些反对的人群包括厌恶变化者，特别是涉及利益的改变，也包括因短期商业利益宣传而受鼓动者，有时烟雾控制条令还被认为是对他们个人自由的非法干预。”②

西方典型国家都曾为遏制生态危机的扩展势头而不计成本，造成了政府社会间的对立。在生态治理的最关键时期，“日本产业界认为，日本产业正面临最激烈的国际竞争，负担过多的污染防治费用将造成企业竞争力下降，日本面临着经济发展与环保孰重孰轻的两难抉择。”③ 美国曾经在尼克松时期通过最严格的环保治理制度，虽然当

① 刘向阳：《20 世纪中期英国空气污染治理的内在张力分析——环境、政治与利益博弈》，《史林》2010 年第 3 期。

② 同上。

③ 李春雨、刁榴：《日本的环境治理及其借鉴与启示》，《学习与实践》2009 年第 8 期。

时起到了遏制生态危机的积极意义，但后来广受诟病。“这种‘命令—控制’型的管制方式使企业在决策方面失去了应有的自主权和灵活性，导致企业的技术创新能力减弱，经济收益降低。”[①] 高额的治理成本同样存在于英国。“英国在经济高速发展的同时，也为环境的破坏付出了沉重的代价，以后通过投入巨资，耗时 100 多年才重新改善了生态环境。”[②]

同时，为了克服生态治理中的各种阻碍力量和利益团体的掣肘，各国的中央政府（或者联邦政府）都免不了通过一定的方式集中权力，建立跨区域和跨部门的行动机构，快速应对生态治理中的各种难题。在美国 20 世纪 70 年代初尼克松执政期间成立的环境保护局高效能且强有力，在受到滥用政府权力的指责时仍声称建立“环保局的建立就是为了制衡过于强大的工业院外活动集团的力量”[③]。在英国，议会独当一面排除各种干扰，擎起生态治理的大旗。“议会的立法力量，而不是政府的行政力量在治理环境污染方面起到了决定性的作用……本来政府因为时常受制于企业家的利益而无法有力和有效地进行环境治理，因为一旦要进行环境治理时，就会遭到企业家的反对，其理由当然是成本上升和利润下降。现在，当议会通过了一系列的法律之后，迫使政府必须要遵循法律，实施治理。”[④] 日本则在 1971 年建立了直接向首相负责的日本环境厅，并在特定事业所和较为大型的企业设立了“公害防治专职管理员”。1993 年通过的《基本环境法》规定，内阁总理大臣在听取中央环境审议会的意见后，要尽快制定基本环境计划草案并提请内阁讨论决定，作为刚性的长期环境政策，通过这些机制和措施日本能有效防范利益集团的干扰。可以说，工业化中后期是“生态优先”战略被置于最高位置并得以实施的时期。正

---

① 徐再荣等：《20 世纪美国环保运动与环境政策研究》，中国社会科学出版社 2013 年版，第 307 页。

② 李宏图：《英国工业革命时期的环境污染和治理》，《探索与争鸣》2009 年第 2 期。

③ 徐再荣等：《20 世纪美国环保运动与环境政策研究》，中国社会科学出版社 2013 年版，第 215 页。

④ 李宏图：《英国工业革命时期的环境污染和治理》，《探索与争鸣》2009 年第 2 期。

是在这一思想的主导下，政府将生态权责的外延进行了最宽泛的拓展。而且，政府全力以赴，顶着利益集团压力，不惜血本与生态危机决战，最终取得生态大为改观的良好业绩。

20 世纪 80 年代以后，现代科技革命推动了西方典型国家从传统工业社会向信息社会的转型。这种转型中所包含的技术创新为减少污染源提供了可能。更为重要的是，思维模式和治理理念的革新为生态治理的转型提供了思想基础。面对经济社会环境的变化，政府需要不断优化体制机制，灵活多样的调整与社会市场的关系，追求协同效应。政府生态治理不再以行政强制为主，转而以经济手段、法律手段等为主导，政府从"刚性管制"转变为"柔性引导"，最大限度寻求体制外的力量支持。美国 1980 年提出"向过渡的政府管制宣战，并通过成本收益分析法重新评价所有的环境项目，充分利用市场机制引导企业主体的生态参与，实施环境新联邦主义发挥州和地方政府的生态治理职能。日本 2003 年颁布了《增进环境保护热情及推进环境教育法》，通过最广泛的生态环境教育培育公众的生态伦理，将生态治理转化为公民内在的基本素质，使之成为可持续发展的永恒动力"①。德国政府走出了"社会生态市场经济"的独特发展模式，较好地解决经济与环境彼此冲突的发展困境。这种模式表现为，在经济手段上运用排污许可证、生态税、经济资助、押金回收制度和政府订单等手段，鼓励企业向生态友好的方向发展，同时"将生态价值观贯彻到环境与能源政策、经济与社会决策、企业发展战略与公民教育计划等系统工程，实现了从经济发展与环境保护相互博弈转向环境、经济与社会协调发展的良好格局"②。

西方典型国家生态治理中权责配置中的变化趋势对当代中国具有一定的启发意义。一方面，需要将生态治理放在人类经济社会发展的总体历史进程中思考，不能超越特定的社会发展阶段而盲目追求治理

---

① 刘继和、赵海涛：《日本〈环境教育法〉及其解读》，《环境教育》2003 年第 6 期。

② 邬晓燕：《德国生态环境治理的经验与启示》，《当代世界与社会主义》2014 年第 4 期。

模式的“先进性”；另一方面，需要看清下一阶段治理模式变化的必然趋势，因势利导，在完善当前治理模式的同时及时培育下一阶段权责配置中的主导因素，并通过权责配置的渐进变化引导生态治理的转型升级。从这个意义上讲，当前我国各级政府在生态治理问题上采取的“政府独大和一控到底”的严防严控模式是被迫之举，也是特定阶段的合理选择；但这种合理性是暂时的，是特定历史时期的权宜选择。从长期来看，主政者需要根据经济社会发展的趋势做出调整。

第七章　对策分析：优化地方政府生态权责的现实思考

政府权责的调整既要遵循人类社会发展的一般规律，又要兼顾特定历史时空的特殊要求，在一般性和特殊性中找到最佳结合。当代地方政府面临着拥挤的战略空间，大大增加了生态权责调整的难度，但这不能成为止步不前的理由。充分认识战略空间，恰当配置可用资源，注重阶段性策略选择，将生态文明建设融入多重战略任务之中，将生态权责调整融入地方政府角色的历史蜕变中，才是务实之举。

第一节　优化地方政府生态权责的现实约束

当前地方政府面临多重的历史任务和匮乏的战略资源。从宏观面上看，市场化转型以来累积的各种矛盾正在不断刷新其表现形式，冲击地方政府传统的治理模式。具体来看，贫乏的财政资源与不断增长的民生支出之间难以平衡，粗放型的经济发展模式与资源环境、技术水平和人口红利之间的冲突，维稳的重压与新形势下不断攀升的不稳定因素之间的矛盾等都构成当前地方政府需要面对的挑战。对于地方政府而言，生态文明固然重要，但却是一个较长历史阶段需要完成的任务，现阶段整体上还处于起步阶段。生态文明建设只是若干现实任务中的一个，而且目前并不具有优先性。在当前的形势下将生态文明建设放在压倒性的、最高层次的战略任务上不合时宜，也没有可操作性。[①] 在这种情景下，依靠外在的天量投入和巨大牺牲来推进生态文

① 这是笔者在多次同地方政府主要领导的交流中，地方主要领导的普遍认识。

明建设显然不太现实。务实之举是将生态文明建设融入经济社会发展的阶段性任务中，逐步加大投入，并通过更加精细有效的资源配置，借助于“巧实力”来扭转生态治理的颓势。其中，优化地方政府权责就是关键的环节。

但是地方政府权责既有历史的惯性，又有现实的约束。优化地方政府权责需要充分认识其面临的约束条件，分析其可操作的空间。总体看来，当前优化地方政府权责的约束条件体现在：

一　纵向政府间“职责同构”

“职责同构”是当代中国的政府体制的基本特征。在这种政府体制下，纵向政府强调上下对口，左右对齐，机构设置基本雷同。“职责同构”从机构设置和运行机制两个方面构造了地方政府的刚性约束。从机构设置上看，地方政府及其部门必须同上级政府保持一致，充当上级政府的“腿”，形成所谓的“对口管理”。这样，地方政府是“小一号”的中央政府。从运行机制上看，地方政府基本是在仿效中央政府。对于地方政府而言，仿效可以大大减轻地方政府的运行成本，易于操作且少很多麻烦。“职责同构”的体制中，地方政府只能在有限的空间中调整自己的权责配置。也就是说，地方政府的权责配置和运行机制基本上要与中央政府保持一致，即便存在调整，也是小幅度的。在这样一种逻辑下，中央政府的权责体系没有更张之前，地方政府基本上只能被动等待。即便是调整，程度也是非常有限的。

20 世纪 80 年代海南在“小政府大社会”改革中遭遇困境就是这一问题的生动注解。在政府机构和权责配置上，海南借鉴了成熟市场经济国家的通行做法。比如将生产和流通的职能部门合为一体，设“贸工厅”；将内贸和外贸合并设立“经济合作厅”。改革后，海南省的党政机构数量只是一般省份的 1/3，省级机构行政官员比建省前还少 1700 人。[①] 应该说，海南的改革注重精干高效，坚持市场导向，规

---

① 李柯勇等：《海南：“小政府大社会”改革遭遇哪些困境》，《人民法院报》2004 年 11 月 23 日。

范政府权力，减少政府内耗，独具匠心，有别于当时政府一般性的权责配置和运行机制，具有一定的创新性和超前性。但这一改革后来遭遇种种问题，其中与中央政府的衔接问题就是一个重要方面。如海南所有的工业门类都集中在工业厅，于是这个厅要对应中央9个分管各类工业的中央部委，其工作内容的繁杂程度可想而知。同时，中央政府的各种政策和运行机制到了地方以后都要重新分解、消化吸收和另行建构，对口检查的接待工作经常出现冲突。“海南‘小政府’没有按中央部委一一对应设置，有些部委不习惯，要求海南对口设立相应机构。……海南的经济基础薄弱，省政府无力解决各行各业遇到的大量实际困难，迫使他们向中央有关部门求援。而一些部门，则要求在海南成立对口厅局，把‘加强领导，健全机构’作为增加拨款的先决条件。”① 在种种内外压力下，改革后的第4年海南出现了机构大规模重新分化，改革不得不走回头路。

二　现行制度下地方政府缺乏创新动力

毫无疑问，优化权责配置是一项重要的政府创新活动。但近十年，虽然地方政府创新在局部领域和部分层级有一定程度的表现，但是总体上既非全面，又非主动，只是面对现实压力下的应急之举。“中国的地方政府创新既是体制内的改革，又是在现实压力下不得不进行的某种改变和突破。”② 杨雪冬对2000—2010年十年间中国地方政府创新奖的创新动力进行实证研究表明，在创新的原始目的中，高居榜首的是“解决当时存在的问题”，113个入围项目中大多数与当地发生的具体事件或者面临的某种危机直接联系。③ 在创新的可持续性上，多数研究者指出相当比例的地方政府创新由于多方面原因只是

① 周文彰：《海南“小政府、大社会”体制的实践与意义》，《中国党政干部论坛》2008年第7期。

② 陈雪莲、杨雪冬：《地方政府创新的驱动模式——地方政府干部视角的考察》，《公共管理学报》2009年第3期。

③ 杨雪冬：《过去10年的中国地方政府改革——基于中国地方政府创新奖的评价》，《公共管理学报》2011年第1期。

花开一隅或者中途夭折，没有在更大范围得到有效推广。正如李景鹏所言："在政府体制改革进展迟缓的大环境下，各种创新无论是坚持还是推广，都是十分艰难的。"①

地方政府创新动力的缺乏与现行制度中的激励机制和保障因素密切相关。地方政府的创新是一个"试错"的过程，试错意味着就有出错的可能性。然而现实无论是从制度上还是从普遍的社会舆论中，对地方政府创新失败的容忍度并不高。官僚制组织的理性主义刻画了整个行政生态系统中规守矩，偏于保守的习气，而高度发达的媒体也不会放过任何值得炒作的行政题材。在这样的氛围中，组织的制度如果不能及时对地方政府创新予以正面的支持，建立鼓励创新和宽容失败的机制，组织创新将陷入万马齐喑。但现实是，"现有的制度灵活性不足，赋权和分权机制不完善，抑制了基层的创造性。体制内活动空间不足，或体制的自我纠错机制不完善时，都会对制度本身造成极大的冲击和危害"②。

三 一些敏感性的政治实验基本停滞

何增科对2000年以来历届"中国地方政府创新奖"获奖项目的类型和数量进行比对后认为，过去十年来，政治改革类政府创新获奖总呈现下降趋势。而且，在有限的政治改革类地方政府创新中，民主决策、民主管理和民主监督这三个大的类型有一定的活跃度，而较为敏感的民主选举类比例有明显的下降趋势。从全国的实际情况来看，"公推直选"党政领导人的实践没有向前发展，仍停留在乡镇层次和少数乡镇范围内。乡镇人大代表直选和区县党代表直选的实践没有后续跟进，仍停留在四川省个别地市范围内。村妇代会直选、乡镇街道团委书记直选等仍分别局限在河北、浙江等省的局部范围内。③

---

① 李景鹏：《地方政府创新与政府体制改革》，《北京行政学院学报》2007年第3期。

② 陈雪莲、杨雪冬：《地方政府创新的驱动模式——地方政府干部视角的考察》，《公共管理学报》2009年第3期。

③ 何增科：《中国政府创新的趋势分析——基于五届"中国地方政府创新奖"获奖项目的量化研究》，《北京行政学院学报》2011年第1期。

相对于其他而言，政治改革类的政府创新的政治风险最大，政治改革过程中对政治权力格局的影响可能影响到政治稳定，成为自上至下主要行动者的约束。也就是说，现行政府体制中有些刚性约束是政府权责调整无法逾越的鸿沟，政府的权责调整必须把握“度”，只能从管理技术的角度适度改进。

四　多重现实任务压抑了地方政府调整生态权责的意愿

目前对地方政府而言，多重任务高悬头顶，“压力山大”。发展仍然是第一要务。社会的发展尤其是民生的改善需要在经济发展中寻求有效支撑，而传统的经济发展模式已经难以为继，新的经济增长点尚没有“接棒”，经济增长步入减速加剧了地方政府在民生改善、环境治理和社会稳定等多重政策之间平衡的难度。在地方政府需要直面的各种现实任务中，生态文明建设只是其中之一，而且并不具有优先性。相反，对生态文明建设的过多投入可能大大挤占有限资源，加剧政策间调整的难度，导致其他现实任务的失控。

不仅如此，面对当前的生态危机，一些地方政府动用传统的“运动式治理”的模式尚能收到一时之功。既然如此，注重短期效应的地方政府何必舍近求远，将大量的精力投入到优化生态权责的工程中间去呢？况且它们对优化生态权责缺乏足够的知识和信息积累，实施这一工程还有众多的不确定性和外在制约。因而，在对多重现实压力的权衡后，地方政府不会主动将优化生态权责作为紧要任务考虑。

第二节　当前地方政府优化权责配置的策略选择

应该说，生态文明建设将是未来较长历史时间中的重大战略任务，现阶段是这一行动的历史起点。当前，中央政府明确感知到这一变化的趋势。2012 年 11 月中共十八大将生态文明建设与经济建设、政治建设、文化建设、社会建设并列，将生态文明建设作为“五位一体”的战略任务来统筹推进，2015 年 9 月中共中央、国务院印发《生态文明体制改革总体方案》，明确要增强生态文明体制改革的系统性、整体性、协同性，从更具体的层面细化政府权责配置的原则、目标和内容。这对于地方政府优化生态权责而言，既是机遇，也是压力。但生态文明建设毕竟是一个长期的系统工程，优化政府生态权责也不是一蹴而就的短期任务，希冀在较短的时间内“毕其功于一役”是不符合现实的。地方政府在优化生态权责的问题上，既要把握长期战略，又要注重阶段策略。在把握未来变迁趋势的同时，注意现阶段可操作性，注重多重目标的协调和融合。总体来看，现阶段的策略应当体现在如下几个方面。

一 阶段性

权责配置是社会治理模式的一个切面。生态治理中的权责配置从属于特定历史阶段的社会治理模式，并与社会治理模式的基本演进阶段相契合。当代中国正处于从“权威主导”的治理模式向“制度主导”的治理模式转型的重要历史时期，生态治理中的权责配置不可能大幅领先或者落后于这种现实状态。这就意味着，生态治理中的权责配置同样处于转型的历史阶段。现阶段，它还将沿袭传统的政府主导，依靠行政命令的权责配置方式，但之后会在对治理失败的痛苦反思中走向制度化权责。阶段性的启发意义在于，传统的权责配置存在惯性，人们对生态治理中的权责配置调整不能操之过急。即便是能够预见到未来的治理模式变迁，也不能奢求立即跨越当前阶段而快速达成。

具体来看，阶段性策略也是地方政府面对现实困境的策略选择。当前地方政府面临了多重的历史任务、狭小的战略空间和匮乏的可用资源，生态文明建设是其多重现实压力中的一个。要求地方政府将目标完全集中在生态治理而罔顾其他现实压力是不合时宜的，也不能带来经济社会的协调可持续发展。务实之策就是将生态文明建设纳入经济社会发展的多重目标中，统筹配置资源；将生态权责的调整放在地方政府可操作的现实空间中，综合考虑。就如同生态文明建设不可能一蹴而就一样，生态权责调整同样非一朝一夕之功，必须在地方政府可承受的范围内分阶段分步骤进行。因而，在总趋势的引领下注重阶段性目标的达成，注意小步改进，通过量变积累质变。

二　技术性

当前地方政府的权责调整面临着现行政府体制的“刚性约束”，但这并不意味着地方政府毫无调整的空间。因为并不是所有的权责优化和调整都与政府体制有关，有些是运行机制的问题，完全能够通过管理技术的改进达成目标。现阶段在政府体制改革还没有触及“临界点”，应该本着先易后难、先局部后整体的原则，将注意力集中在通过技术性改进优化生态权责配置中的问题。而且，相对而言，生态文明建设问题整体上与较为敏感的意识形态距离较远，社会性远强于政治性，进行技术性处理较容易。因而，对于地方政府而言，最优的策略应当是在现行体制的框架内着手技术性改进，及时通过管理技术手段优化生态治理的权责问题。在这一问题上，地方政府同样要学会“对政治行为作‘社会化处理’”[①] 的思维方式，尽量更多地从运行机制而非政府体制的角度来思考问题，通过技术性改进为未来更大幅度的体制改革奠定基础。

三　协同性

显然，生态治理中的权责配置涉及面宽泛，需要多方面的协同。从主体上看，中央政府、地方政府、市场主体和社会组织都牵涉其中；从相关政策上看，财政税收、土地政策、产业政策等综合性政策和相关部门政策都与之相关；从内容来看，优化生态权责必须与生态危机的发展态势、民众的生态诉求、经济社会的主要矛盾等保持协同。无论如何，地方政府都是其中的重要主体和关键环节。对它们而言，协同就是要用系统的眼光对待生态权责的调整，将生态权责优化放在经济社会发展的大背景下思考，既要避免单兵突进，又要防止被动等待，在多重政策的统筹中获得协同收益。

总体来看，与纵向政府关系及其配套政策之间的协同是重点和难

---

① 朱光磊：《对政治行为作“社会化处理”》，《光明日报》2013 年 11 月 27 日。

点。在纵向政府关系及其配套政策的问题上，地方政府相对被动。也就是说，地方政府的行为选择直接受其影响，但却难以施加影响，这一点在生态治理权责上亦然。因而，对于地方政府而言，除了主动争取相关配套政策的有利变化以外，要专注于做好自己的事情，注重创新实验和经验积累，注意与上级和中央政府的沟通和信息分享，尽可能通过自身的权责调整启发上级政府甚至中央政府在这个问题上的思路，并获得必要的纵向配套政策支持。对于中央政府而言，要密切关注地方政府在生态治理领域中的治理创新，及时总结其中的经验和不足，最大程度上通过赋予相关配套措施来减缓对地方政府优化生态权责的阻碍。

第三节　优化地方政府生态权责配置的现实思考

同人类社会治理模式演进的基本路径和步伐一样，生态权责配置也将经过权威主导，到制度主导并最终走向伦理主导的发展轨迹。现阶段，地方政府正处在从权威主导迈向制度主导的关键时期。当前，优化地方政府生态权责配置的总体思路应该落脚在如何完善制度，让制度在权责配置与运行中发挥主导作用，并成为生态治理的“新常态”。毫无疑问，上述任务是一项复杂系统的工程，面临了诸多的外部和内部制约因素。对于现阶段而言，实现这一任务的关键在于抓住“一个基础工程，两个核心环节，三项辅助措施，六项具体工作”。

一　一个基础工程

中国生态文明建设起步较晚，生态制度建设还远远谈不上完善。建立完善的制度是实现制度化权责的基础。这些制度应当是政府按照法定的规则、严格的程序，并且得到权力机关认可的正式制度。同时，这些制度应该与当前的行政环境适应，为大众所接受并能得到政府有效贯彻执行的规则体系。

总体来看，近30年来，我国建立了一系列重要的生态法律制度，如《环境保护法》《水污染防治法》《固体废物污染环境防治法》

《大气污染防治法》《海洋环境保护法》《可再生能源利用法》《环境影响评价法》等，初步形成了较为完善的生态法律制度体系。但现行的制度与生态文明建设的要求不相适应，主要体现在：一是法律地位不够。在宪法层面，我国还没有对生态文明建设在整个经济社会发展中的重大意义以及公民的环境权予以明确；立法机关尚未确认环境基本法的应有地位，现有的单项自然资源法中没有将生态文明建设作为主要的立法目标。二是相关的法律制度规定过于原则和宽泛，不够细致。现行的《环境保护法》的内容主要集中在防治污染上，缺少对自然资源和生态环境保护的具体规定；对于一些特殊污染物如电磁辐射、光污染等方面尚缺乏全面系统的法律规定；缺乏专门针对农村环境保护的规定①；相关制度存在重污染防治而轻生态保护的倾向。三是相关的法律制度之间协调性不够。部分法规之间存在相互矛盾冲突，处理相关案件中使用的标准不一，缺乏整体的协调。四是受制于传统发展方式和思维模式的惯性，生态文明建设尚没有成为制约地方政府行为的最核心目标之一。现行法律和政策对党政一把手和主要领导的在生态文明建设的问题上缺乏明确的规定，地方政府履行生态权责的主动精神并没有显示出来。

从当代中国的行政环境中看，政府力量在社会生活中仍然是最具能动性的力量，实现制度化权责的重要支点是督导政府力量按照规则行事，严格管制不作为和乱作为的生态违法行为。因而，建设生态制度的重中之重是建立约束地方政府在生态文明建设中的责任制度。2015 年 8 月，中共印发了《党政领导干部生态环境损害责任追究办法（试行)》（以下简称“办法”)。该办法规定了地方各级党委和政府对本地区生态环境和资源保护负总责，党委和政府主要领导成员承担主要责任，其他有关领导成员在职责范围内承担相应责任。应该说，这一制度是具有积极意义的，但制度的执行效果还有待观察。

此外，建设生态文明建设的制度还需要在制度的高层次性、系统性、细致性等方面下功夫。所谓高层次性就是要将生态立法放在更高

① 任书体：《生态文明法律制度构建》，《人民论坛》2010 年第 11 期。

的位置上思考，将生态文明建设以及公众的生态环境权力作为宪法的基本内容确认，将生态文明的基本理念贯彻到不同领域的立法中，使其“润物细无声”地浸润社会生活。所谓系统性就是要注重生态的实体法和程序法，生态立法、执法和司法等方面的配合，从总体上思考和构建相关法律制度。所谓细致性就是要将生态文明建设的制度细化到社会生活的方方面面，让整个社会生活都能受到生态制度的调节。尤其是注重生态权利界定，将生态治理关口前移；注重通过制度激励市场主体和社会组织，使其成为生态文明建设的力量。

二 两个核心环节

现阶段，地方政府是在中央政府的超强压力下进行生态治理的。自上而下的“压力型体制”与地方政府权威主导的生态治理模式密切相关，也是地方政府生态权责失衡的重要诱因。

从动力来源的角度来看，当代中国生态治理主要是中央政府从战略全局出发推动的，地方政府在这一问题上相对被动，它们只是在面对中央政府的重压之下才采取行动。由于被动等待，再加上在这一问题上缺乏历史经验和基本知识，地方政府往往要等到生态问题积压如山的时候才采取行动。而面对积压的生态问题，“运动式治理”又成为地方政府治理的理性选择，行政性手段所具有的超越法律和经济手段的效率优势就会凸显。这样，地方政府在中央政府的超强压力下所展开的生态治理不是制度主导的常规化治理，而是权威主导的运动式治理。

而且现阶段中央政府在对地方政府的生态治理进行部署的时候，一般不会考虑地方政府治理生态时所消耗行政资源的来源渠道。因为在中央政府看来，地方政府在生态治理中负总责，所需要消耗的行政资源理应主要依靠地方政府自身解决。而在地方政府传统的治理思维中，生态治理所需要的行政资源在历史上尚未被纳入地方政府一般性考虑中；况且大多数生态治理属于“运动式治理”，这种治理本身具有非常规性和突发性特征。因而，地方政府对生态治理这个新的历史任务并没有充分的行政资源准备。这样，地方政府在这一过程中所消耗的行政资源将会增加它原本就权不当责的压力，加剧其权责失衡。

从上述逻辑可见，优化地方政府生态权责的关键是重构地方政府的生态治理动力，使其不是基于中央政府的外在重压，而是基于常规制度约束下的内生驱动。也就是通过有效的制度构建和体制优化将生态治理转化为地方政府的常规任务，赋予地方政府生态治理的自主权和自觉性。实现这一目标关键在于两个环节，一是变中央主导下“压力型体制”为中央监控引导下“央地互动型”的生态治理体制，二是建立地方公众在生态治理中的压力机制。

建立“央地互动型”的生态治理体制需要调整纵向政府关系。中央政府需要转变刚性施压的行为方式，更加注重柔性引导。传统治理中，中央政府通过刚性地下任务、定指标等方式逼迫地方政府完成。这种方式虽然取得了一定的成绩，但不具有可持续性。在刚性任务的重压下，地方政府的角色是不协调的，持续下去必将对整个经济社会发展产生负面影响。中央政府可以通过财政扶持、人事任免、产业政策和宏观规划等方式引导地方政府的生态文明建设。同时，应当针对地方政府的特殊情况分门别类且有针对性地采取治理措施，防止“一刀切”。事实上，中国国土辽阔，区域间的差异太大，现阶段的生态治理的任务差别较大。如一些地方存在严重的空气污染，另一些地方存在严重的水污染，还有一些工业发展落后的地方尚不存在生态治理的具体任务，对此应该分门别类，差异化管理。中央政府需要尊重地区间的差异采取有针对性的措施，用“针灸点穴”的方式治理引导地方政府完成生态任务。

建立“央地互动型”的生态治理体制要赋予地方政府在生态治理任务上的发言权，防止中央“一言堂”。建立中央地方就生态文明建设的协商机制，通过有效的协商理顺中央地方之间的关系，明确多方的权责利，激发地方政府主动建设生态文明的热情。此外，要通过有效的制度赋予地方政府生态文明建设的基本行政资源，防止地方政府因基本资源的匮乏而盲目依附中央政府。这些资源应当包括地方立法、财政税收和人事编制等。当然，从刚性压力转变为柔性引导并不意味着中央政府的完全撒手；相反，中央政府要通过强化监管适时跟踪地方政府在生态文明建设领域中的表现。法律手段是监管地方政府的主要手段，中央政府需要严格审查地方政府在治理生态中的合法性，防止地方政府的不作为和乱作为。阶段性考核和综合性评价是催生地方政府生态治理动力的重要手段，中央政府还要通过对地方政府一定时期在相关规划上的落实情况进行综合考核，为下一阶段的政策制定和人事任命提供依据。

建立地方公众在生态治理中的压力机制是另一个重要环节。一方面需要中央政府对地方政府生态治理压力上做柔性化处理，另一方面要强化公众对地方政府的压力机制。公众是生态公共产品的直接体验者，他们在这个问题上最有发言权；同时，公众对地方政府生态文明建设的压力机制具有直接性、长期性和持久性。强化公众对地方政府的压力机制的关键在于赋予公众在生态文明建设中的知情权、参与权、表达权和监督权。具体来看，应当通过法律的途径赋予公众参与对地方政府生态文明建设的评价机制，重大项目的公开环评机制，对地方政府在重大生态事故中的责任追究机制等，还要从法律上赋予公众组建和参加生态公益组织的权利，社会组织主导生态公益诉讼的权利等。

三　三项辅助措施

（一）逐步降低运动式治理在生态治理中的比重

在西方典型国家生态文明建设的历史轨迹中，运动式治理也曾经占有一席之地，但后来都逐渐让位于制度主导的常规化治理。运动式治理本质上还是属于权威主导的治理模式，只能发生在生态文明建设的早期。只有在制度不完善却面对生态危机频发和生态急剧恶化的特定历史情境中，政府才被迫采取一些较为极端的方式，如集中治理、行政管制、行政处罚等，以遏制不断下滑的趋势。运动式治理的弊端是显而易见的。它可能侵害行政对象的基本权利，造成公民、社会组织和市场主体不必要的损失；它希冀在较短的时间里“毕其功于一役”，不太注重成本收益的比较，因而治理成本高；行政主体往往依赖于这种简单直接的方式而惰政懒政，沉湎其中而忽视制度建设。现阶段，面对不断恶化的生态环境和公众日益高涨的呼声，完全放弃运动式治理也不现实，但总的趋势是要逐步降低它在生态治理中的比重，直至完全退出历史的舞台。

（二）逐步降低以 GDP 为中心的超强激励机制

传统发展模式中以 GDP 为中心的超强激励机制使得地方政府成为“经济建设型政府”。这一模式在特定的历史时期具有积极意义，但现阶段逐步演变为地方政府角色异化和经济社会发展失衡的根源。可以说，如果继续沿用这一模式，地方政府难以将生态文明建设摆在重要战略位置上认识，生态治理中权责失衡的问题难以得到纠正。目前，完全放弃经济发展的基本目标不现实，毕竟众多的矛盾都需要在经济发展中化解，经济发展依然是“硬任务”[①]。但应当逐步降低以 GDP 为中心的超强激励，适度弱化对 GDP 的考核。在这一过程中，要对不同地方的考核和激励方向区别对待，部分极具生态价值的地方要完全取消对 GDP 的考核，部分地方可以在生态文明和经济建设之间寻找平衡发展。

（三）鼓励地方政府在生态治理领域中的创新

从理论的角度来看，生态文明是一种新的文明形态，将从思想意识、行为方式和治理模式上重塑人类社会。新的治理模式的生成有赖于各种主体的共同创新。在当代中国，地方政府在局部的创新实验不仅能够为全局性的突破提供思路，还能将风险控制在局部范围内。但现阶段，地方政府对生态文明建设既缺乏创新的内在动力，又没有外在保障。中央政府可以通过政策鼓励地方政府在生态治理领域中的创新，或者在鼓励地方政府开展包含生态治理创新在内的政府创新，为地方政府的生态文明建设创新留足宽松空间。同时，注意及时总结和进一步推广它们在生态治理创新中的经验。

四　六项具体工作

当代中国具有独特的政府体制和行政运行模式。这就要求在构建

---

① 陆治原：《新常态下，发展依然是“硬任务”》（http://opinion.people.com.cn/n/2015/0312/c1003-26678518.html）。

生态文明建设的体制机制时要更多地关注和照顾这种独特性，将社会治理的一般规律与政府体制的特殊性相结合，在创新中优化地方政府的生态权责体系。

（一）合理划分纵向政府间生态权责

当前我国在纵向政府的生态权责上没有明确的划分，纵向政府间关系不顺是生态文明建设中的一个重要问题。其结果可能是中央政府纠缠于本应当属于地方政府的具体事务，如河湖的污染治理、生活垃圾的处理、城市污水处理厂的建设等；而地方政府却因为战略方向不明，或者跨界污染问题无法协调而陷入苦闷。无疑，中央和地方在不同性质的生态文明建设事务上各具比较优势。合理划分纵向政府生态治理的权责需要明确相关事务的宏观属性和外部性程度高低，综合权衡决定权责归属。总体来看，在生态文明建设中，应当建立中央偏宏观、重决策，地方偏中观微观、重执行的权责分配模式。

中央和省级政府都具有宏观性和战略性，因而中央和省级政府对宏观调控权的合理划分是第一步。在这个问题上，中央政府应当占据主导地位，也就是中央政府主要承担宏观决策和执行的权责，省级政府参与宏观决策并承担部分宏观执行权责。在进行宏观决策时，中央政府应通过央地联席会议，反复上下征求意见等具体措施尽可能地将省级政府的基本诉求纳入考虑范围。在宏观决策的执行上，可以在授予省级政府部分宏观执行权的同时通过相关制度明确其应当承担的责任。此外，中央的宏观调控权还应当采取“正面清单”的方式，也就是凡没有规定属于中央政府宏观调控的事项地方政府都具有自主决定的权力，省级政府在与法律和基本政策不冲突的原则下可以根据本省的实际情况制定政策，采取措施治理。

中央政府不仅要制定基本的法律政策，搞好宏观决策和执行，还需要在一些具体事项上承担权责。这包括两类事务，一类是跨省域的生态保护规划的协调和促进省际合作。例如中央政府要对跨省界的河流、森林、草原等进行规划，协调和监督执行，处理省际纠纷。另一类是只有在中央政府的统一管理下才能够产生规模效应和只有中央政府具有执行权威的事务。如对核安全的管理，对进口国外固体废物进行的再利用管理等。

各省级单位根据本省（或自治区、直辖市）的实际划分省级以下的生态治理权责。总的原则应当是，地方政府随着纵向层级的下降更加关注辖区的管理和具体政策执行。省级政府执行中央在本省的宏观战略，根据本省的情况对中央生态文明建设政策具体化，搞好本省的规划。地市级政府协助省级政府分解和落实中央的基本法律政策、宏观决策，注重中间层级政府的协调和沟通责任。县乡政府结合本地方的实际执行政策和法律，接受上级政府的委托完成具体生态治理项目。

（二）建立“统一决策、分散执行、垂直监控”的生态管理体制

基于防范地方政府干扰考虑，一些研究者提出对环境治理部门实行垂直管理，笔者对此不赞同。无论是环境治理还是生态文明建设都是一个庞大的工程，需要各级地方政府整合相关资源，充分凝聚相关职能部门之间的力量才能完成。将如此庞大的工作交由一个单纯的纵向垂直部门是不现实的。生态文明建设的职能在很多方面与地方政府及其相关部门有密切的关系，无法通过垂直管理的方式形成真正意义上的独立。一旦垂直，它将面临与地方政府的冲突问题，很多的任务将因为缺乏地方政府的配合而无法落实，最终形成“条块矛盾”。

本书认为现阶段应当建立“统一决策、分散执行、垂直监控”的生态管理体制。这一体制的核心是将决策和执行留给地方政府，而将监管垂直化。

生态文明建设是一项庞大的工程，将决策和执行权责留给地方政府有利于地方政府整合各种力量，实现资源优化配置，并根据本地的实际灵活决策，实现差异化管理。统一决策强调地方政府是生态文明建设的总负责人，拥有整合辖区内相关资源，调动多方力量实现生态治理任务的权责。分散执行是在统一决策的基础上，强调不同职能的政府部门根据本部门的权责范围开展活动。由于生态问题的广泛性和专业性，分散执行十分必要。但分散执行并不是各自为政，而是注重

在统一决策基础上的专业分工，同时分散执行还要受到地方政府的跟踪监控。

之所以将监管部门垂直化是为了防止地方政府对监管部门的干涉，提升监管数据的准确性和监管体系的权威性。这样，中央政府更易于掌握准确全面的生态数据，更能全面考核地方政府的治理绩效，从而增加地方政府生态治理的内在动力。此外，还可以探索监管机构与现行行政区划不重合的跨区域监管模式。这样，一方面可以根据特定区域的生态文明建设情况较为灵活地设立监管机构，降低行政成本，提高行政效率；另一方面还能增强监管机构的权威。

（三）高度重视地方政府生态治理的财力问题

当前地方政府尤其是基层县乡政府在生态治理中权不当责，其中最为突出的表现是财力不足。解决地方政府生态文明建设的财力问题是实现权责对等的重要环节。对这一问题，笔者有两个基本思路：一是通过赋予地方政府生态文明建设的征税权（如环境税）扩大财力来源，让地方政府能够根据生态文明建设任务的繁重程度自主决定税收要素。二是建立重要项目发包制度。重要项目发包制是中央政府将重要的生态工程的财权和事权委托给地方政府，中央政府保留监督控制权。这样做可以在生态文明建设上形成“日常开支＋委托项目”相结合的财政供给模式。也就是说，日常的行政开支由地方政府自给，重要项目的财力由中央政府提供，从而大大减轻地方政府因为重大生态项目所带来的财政压力。

当然，上述两个思路各有弊端。地方政府目前没有征税自主权，扩大地方政府征税权将会引发相关法律制度的修改，存在较大的影响和不确定性。重要项目发包制在实践操作上存在时间滞后性，不能及时满足地方政府生态治理的需要，而且难以兼顾到地方政府生态治理中的一些较小的项目。

（四）设立环境委员会

西方典型国家的经验表明，在各级政府中设立高规格的生态环境协调机构具有一定的价值。美国设立了国家环境治理委员会，一方面为总统的环境治理提供政策咨询，另一方面协调政府各部门之间的活动。同样，德国在2000年成立了国家可持续发展部长委员会，并由联邦总理担任委员会主席。鉴于生态文明建设内容庞杂，涉及众多，对于各级政府而言，设立环境委员会应该提上议事日程。这样，在各级政府中存在环境委员会和环境保护部（厅、局）两个以生态文明建设为主要工作内容的政府机构，但两者之间既相互联系，又存在差异。具体表现为环境委员会是政策咨询机构和协调机构，直接向行政首长负责并接受行政首长的委托从事相关工作。相比较而言，环境委员会地位略高，更接近核心决策层，更注重从整体性和全面性上思考生态文明建设，工作任务相对宏观且灵活。而环境保护部（厅、局）是政府的职能部门，有明确的职能，并且工作任务相对微观具体。当然，两者之间相互联系，环境保护部为委员会提供相关的数据支持，是环境委员会开展具体工作时的执行者。

现阶段在各级政府中设立环境委员会有以下价值：一是提升生态文明建设在政府工作的地位，强化政府各部门对生态文明建设的认识；二是能够站在更为宏观和整体的角度认识生态文明建设问题，及时为政府提供适应阶段性变化的对策和策略；三是直接接受行政首长的委托，居中协调数量庞大的各政府部门之间的生态文明建设，减轻政府首长的工作压力。

（五）强化政府内部生态文明建设的责任制

分散的政府部门要形成有效的合作机制，既要依赖于权威的协调，也要建立有效的责任机制。这种机制的运行原理在于，通过必要的责任认定，将那些与特定事项有关的政府部门串联起来，不能让任何与该事项有关的政府部门面对公众的诉求或者具体问题时拥有推脱的理由。在生态建设的问题上，促成政府部门合作的责任机制应该包括三个方面：主要责任、首问责任和配合责任。

主要责任是法律和制度事先规定的在生态文明建设中负责某项具体任务的主要责任者。主要责任是保证无论其他主体是否觉察到或者事件是否已经发生，主要责任者都是该项具体任务的最终责任者，除非他有法定的充分理由能够保证自己得到豁免。

首问责任是针对最早接触到问题的政府部门。也就是说，最早接触到该问题的政府部门即使不负有对该问题直接处理并承担主要责任的义务，也必须在最短的时间内将这一问题向负有处理义务的政府机关明示，否则，它便负有首问责任。该问题的线索来源可以间接的，如公众告知、公民举报等，也可以是政府部门在公务活动中的直接接触所得。

配合责任主要是针对在某些生态建设问题上负有与其他组织配合义务的组织。虽然它在该问题上不负有主要责任，但是必须在地方政府的要求下尽到协同配合的义务；它如果能够明确证实自身在关键问题上已经尽到了配合义务，即便是该项问题没有得到解决，它也无须承担责任。相反，如果它在地方政府或者主要责任部门的明示下没有尽到应有的责任，它可能要承担相应的责任。

上述三种责任机制主要是针对生态文明建设中三种不同责任类型的主体。具体到执行当中，某一主体究竟需要承担何种责任，需要考量当时特定状况界定，这样，对相关责任的认定就成为政府应当履行的重要任务。

（六）设立跨区域的生态治理协调机构

区域政府间在生态建设中的合作机制同样需要关注。现阶段，在“晋升锦标赛”的强烈激励下，区域政府间在生态文明建设中缺乏合作动力。“从行政区域角度看，环境的整体性往往被不同行政区所分割。由于各地经济发展水平差异、环境保护意识不同，容易造成地方政府在跨区域环境问题上的决策差异，各地方政府从自身经济人利益出发倾向于将政策调控范围模糊，难以界定的区域环境问题的治理成本转嫁给他方，使跨区域环境保护很难达成一致意见。”① 除了通过制度设计激发地方政府在跨区域生态治理中的合作动力以外，有必要根据实际情况设立跨区域的生态治理协调机构。西方典型国家较为重视这种跨区域的生态治理协调机构。从世界范围来看，跨区域的生态

① 杨妍、孙涛：《跨区域环境治理与地方政府合作机制研究》，《中国行政管理》2009年第1期。

治理协调机构大致可以分为两种类型：一是以美国和俄罗斯为代表的分区环境管理机构；二是以法国、韩国、加拿大、新西兰等为代表的流域环境管理机构。[①] 我国应该借鉴这方面经验，进一步加强跨区域（流域）的协调机构的建设。

① 陈书全：《环境行政管理体制研究——以我国环境行政管理体制改革为中心》，博士学位论文，中国海洋大学，2008 年。

附录1 生态文明建设深度访谈提纲

1. 您认为公民认知与参与对生态文明建设重要吗？

2. 您认为政府在生态文明建设中权责配置合理吗？

3. 您认为政府内部及与企业在生态文明建设中能够积极合作分工吗？

4. 您对公民、企业与政府都是未来生态文明建设的重要主体有何看法？

附录2　生态文明建设调研问卷

编号：____________

生态文明建设调查问卷

您好，我是某某大学的学生，正在做关于生态文明建设情况的一些调查研究。本问卷采取不记名方式，调查结果仅供我们学习和研究使用，希望得到您的支持和配合！请您真实填写。

调查员姓名：________

调查日期：2015年________月________日________

调查地点：________省________市________区（县）

调查对象：

A. 政府官员（　　）　　B. 企业员工（　　）

C. 普通公民（　　）　　D. 其他（　　）

一　生态文明建设基本认知

1. 您对生态文明建设了解到什么程度？（　　）

A. 非常了解　　B. 比较了解

C. 一般　　D. 不了解

E. 没听说过

2. 您觉得目前的生态环境问题严峻吗？（　　）

A. 非常严峻　　B. 比较严

C. 一般　　D. 不太严峻

E. 不严峻

3. 您认为目前公民参与生态文明建设的积极性高吗？（　　）

A. 非常高　　B. 比较高

C. 一般　　D. 较低

E. 很低

4. 您认为目前在生态文明建设中（　　）应该承担主要责任。

A. 全体社会成员　　B. 政府

C. 社会组织　　D. 公民

E. 企业

5. 您认为目前政府在生态文明建设中采取的主要手段是？（　　）

A. 行政强制　　B. 法律制裁

C. 经济引导　　D. 科技创新

E. 宣传教育

6. 您认为目前生态文明建设和经济发展是（　　）的关系。

A. 相辅相成　　B. 互不影响

C. 相互制约　　D. 比较矛盾

E. 非常矛盾

二　地方政府权责配置与生态文明建设

7. 您认为目前地方政府进行生态文明建设的主要推动力量是什么？（　　）

A. 上级权威　　B. 自身利益

C. 官员意识　　D. 公民诉求

E. 社会进步

8. 您认为当前地方政府进行生态文明建设的工作状态是？（　　）

A. 处罚后的被动性工作

B. 上级政府检查前的突击性工作

C. 制度约束下的常规性工作

D. 公民要求下的回应性工作

E. 道德觉醒下的主动性工作

9. 您认为地方政府回应公民对生态文明建设要求的态度是？

(　　)

A. 非常积极　　B. 比较积极

C. 一般　　D. 不太积极

E. 很不积极

10. 您认为地方政府对上级生态文明建设政策的落实程度是？(　　)

A. 非常好　　B. 比较好

C. 一般　　D. 不太好

E. 不好

11. 您认为地方政府在生态文明建设上的人力、物力、财力等资源充足吗？(　　)

A. 非常充足　　B. 比较充足

C. 一般　　D. 不充足

E. 严重短缺

12. 您认为当前地方政府对生态文明建设的失职承担责任了吗？(　　)

A. 完全承担　　B. 基本承担

C. 部分承担　　D. 基本没有承担

E. 完全没有承担

三 地方政府合作分工与生态文明建设

13. 您认为地方政府内部在生态文明建设中的职责分工明确吗？(　　)

A. 非常明确　　B. 较明确

C. 一般　　D. 较不明确

E. 非常不明确

14. 您认为目前地方政府部门内部在生态文明建设过程中合作紧密吗？(　　)

A. 非常紧密　　B. 比较紧密

C. 一般　　D. 不太紧密

E. 不紧密

15. 您认为政府和企业在生态文明建设中的职责分工明确吗？

A. 非常明确　　B. 较明确

C. 一般　　D. 较不明确

E. 非常不明确

16. 您认为目前政府和企业在生态文明建设过程中的合作紧密吗？（　　）

A. 非常紧密　　B. 比较紧密

C. 一般　　D. 不太紧密

E. 不紧密

四　未来的生态文明建设

17. 您认为未来公民会（　　）生态文明建设。

A. 积极参与　　B. 适度参与

C. 被动参与　　D. 不参与

E. 反对

18. 您认为未来生态文明建设中（　　）将成为核心力量。

A. 全体社会成员　　B. 政府

C. 社会组织　　D. 公民

E. 企业

19. 您认为未来的生态文明建设和经济发展应该是（　　）的关系。

A. 相辅相成　　B. 互不影响

C. 相互制约　　D. 比较矛盾

E. 非常矛盾

20. 您认为未来生态文明建设对社会发展进步将起到（　　）的作用。

A. 很重要　　B. 较重要

C. 一般重要　　D. 不重要

E. 很不重要

21. 您认为未来政府应该主要采取（　　）措施建设生态文明。

A. 行政强制　　B. 法律制裁

C. 经济引导　　D. 科技创新

E. 宣传教育

22. 您认为未来地方政府应该对生态文明建设中的失职行为承担（　　）。

A. 全部责任　　B. 主要责任

C. 一般责任　　D. 次要责任

E. 无责任

本次调查到此结束，祝您和家人春节快乐！

参考文献

一　中文文献

1. 蔡红英：《中国地方政府间财政关系研究》，中国财政经济出版社 2007 年版。

2. 曹闻民：《政府职能论》，人民出版社 2008 年版。

3. 陈家宽、李琴：《生态文明：人类历史发展的必然选择》，重庆出版社 2014 年版。

4. 陈学明：《生态马克思主义对我们建设生态文明的启示》，《复旦学报》2008 年第 4 期。

5. 方福前：《公共选择理论——政治的经济学》，中国人民大学出版社 2000 年版。

6. 冯兴元：《地方政府竞争》，译林出版社 2010 年版。

7. 国务院发展研究中心课题组：《生态文明建设科学评价与政府考核体系研究》，中国发展出版社 2014 年版。

8. 郭兆晖：《生态文明体制改革初论》，新华出版社 2014 年版。

9. 郭治安：《协同学入门》，四川人民出版社 1988 年版。

10. 何显明：《顺势而为：浙江地方政府创新实践的逻辑演进》，浙江大学出版社 2008 年版。

11. 何显明：《市场化进程中的地方政府行为逻辑》，人民出版社 2008 年版。

12. 何增科：《公民社会与第三部门》，社会科学文献出版社 2000 年版。

13. 何增科、［德］王海、［德］舒耕德：《中国地方治理改革、政治参与和政治合法性初探》,《经济社会体制比较》2007 年第 4 期。

14. 洪大用:《生态现代化与文明转型》,中国人民大学出版社 2014 年版。

15. 侯景信、蒲善新、肖金成:《行政区划与区域管理》,中国人民大学出版社 2006 年版。

16. 胡佳:《区域环境治理中的地方政府协作研究》,人民出版社 2015 年版。

17. 胡伟:《政府过程》,浙江人民出版社 1998 年版。

18. 姬振海:《生态文明论》,人民出版社 2007 年版。

19. 李景平:《地方政府管理》,西安交通大学出版社 2008 年版。

20. 李娟:《中国特色社会主义生态文明建设研究》,经济科学出版社 2013 年版。

21. 李军鹏:《公共服务学——政府公共服务的理论与实践》,国家行政学院出版社 2007 年版。

22. 李侃如:《治理中国——从革命到改革》,中国社会科学出版社 2010 年版。

23. 李凌汉:《生态文明视野下地方政府环境保护绩效评估研究》,中国社会科学出版社 2015 年版。

24. 李曙华:《从系统论到混沌学》,广西师范大学出版社 2002 年版。

25. 栗战书:《文明激励与制度规范——生态可持续发展理论与实践研究》,社会科学文献出版社 2012 年版。

26. 林尚立:《国内政府间关系》,浙江人民出版社 1998 年版。

27. 刘福臣:《我国生态文明发展战略研究》,人民出版社 2013 年版。

28. 刘明珍:《公民社会与治理转型发展中国家的视角》,中央编译出版社 2008 年版。

29. 刘仁胜:《生态马克思主义概论》,中央编译出版社 2007 年版。

30. 刘湘溶:《经济发展方式生态化:从更快到更好》,湖南师范大学出版社 2015 年版。

31. 刘子平：《环境非政府组织在环境治理中的作用研究——基于全球公民社会的视角》，中国社会科学出版社 2016 年版。

32. 马庆：《中国一号问题：当代中国生态文明问题研究》，学林出版社 2012 年版。

33. 潘家华：《中国的环境治理与生态建设》，中国社会科学出版社 2015 年版。

34. 潘开灵、白列湖：《管理协同倍增效应的系统思考》，《系统科学学报》2007 年第 1 期。

35. 潘开灵、白列湖：《管理协同理论及其应用研究》，经济管理出版社 2005 年版。

36. 任进：《比较地方政府与制度》，北京大学出版社 2008 年版。

37. 沈立人：《地方政府的经济职能和经济行为》，上海远东出版社 1998 年版。

38. 沈满洪：《生态文明建设：从概念到行动》，中国环境出版社 2014 年版。

39. 沈荣华：《中国地方政府体制创新路径研究》，中国社会科学出版社 2009 年版。

40. 沈荣华：《中国地方政府学》，社会科学文献出版社 2006 年版。

41. 申振东、龙海波：《生态文明城市建设与地方政府治理——西部地区的现实考量》，中国社会科学出版社 2011 年版。

42. 孙开：《地方财政学》，经济科学出版社 2008 年版。

43. 万鹏飞、白智立：《日本地方政府法选编》，北京大学出版社 2009 年版。

44. 王宏斌：《生态文明与社会主义》，中央编译出版社 2011 年版。

45. 王潜：《县域生态市治理与建设中的政府行为研究》，东北大学出版社 2014 年版。

46. 夏云娇：《基于生态文明的矿产资源开发政府管理研究》，中国地质大学出版社 2014 年版。

47. 谢庆奎：《中国政府体制分析》，中国广播电视出版社 2002 年版。

48. 谢庆奎：《政府学概论》，中国社会科学出版社 2005 年版。

49. 徐勇、高秉雄：《地方政府学》，高等教育出版社 2005 年版。

50. 严耕、杨志华：《生态文明的理论与系统建构》，中央编译出版社 2009 年版。

51. 杨洪刚：《我国地方政府环境治理的政策工具研究》，上海社会科学院出版社 2016 年版。

52. 杨启乐：《当代中国生态文明建设中政府生态环境治理研究》，中国政法大学出版社 2015 年版。

53. 姚燕、李东方：《生态文明：从理论到行动》，中共党史出版社 2012 年版。

54. 叶劲松、詹建芬：《转型期的地方政府职能与管理方式》，国家行政学院出版社 2003 年版。

55. 易重华：《中国地方政府转型》，中国社会科学出版社 2008 年版。

56. 俞可平：《地方政府创新与善治：案例研究》，社会科学文献出版社 2003 年版。

57. 余谋昌：《环境哲学：生态文明的理论基础》，中国环境出版社 2010 年版。

58. 余谋昌：《生态文明论》，中央编译出版社 2010 年版。

59. 郁庆治：《重建现代文明的根基——生态社会主义研究》，北京大学出版社 2010 年版。

60. 张紧跟：《当代中国政府间关系导论》，社会科学文献出版社 2009 年版。

61. 张康之：《公共管理伦理学》，中国人民大学出版社 2003 年版。

62. 张康之：《论共同行动中的合作行为模式》，《社会学评论》2013 年第 6 期。

63. 张文礼：《当代中国地方政府》，南开大学出版社 2009 年版。

64. 张孝德：《文明的轮回：生态文明新时代与中国文明的复兴》，中国社会出版社 2013 年版。

65. 张志红：《当代中国政府间纵向关系研究》，天津人民出版社 2005 年版。

66. 赵永茂、孙同文、江大树：《府际关系》，台湾元照出版公司 2001 年版。

67. 中国财经政法大学湖北财政与发展研究中心、中国地方财政研究中心：《2013 中国地方财政发展研究报告——地方政府环境治理行为与路径优化研究》，经济科学出版社 2013 年版。

68. 周建鹏：《区域环境治理模式创新研究》，光明日报出版社 2015 年版。

69. 周黎安：《转型中的地方政府：官员激励与治理》，格致出版社 2008 年版。

70. 周平、方盛举、夏维勇：《中国民族自治地方政府》，人民出版社 2007 年版。

71. 周平：《当代中国地方政府》，人民出版社 2007 年版。

72. 周鑫：《西方生态现代化理论与当代中国生态文明建设》，光明日报出版社 2012 年版。

73. 诸大建：《循环经济 2.0：从环境治理到绿色增长》，同济大学出版社 2009 年版。

74. 朱光磊：《当代中国政府过程》，天津人民出版社 2008 年版。

75. 朱光磊：《现代政府理论》，高等教育出版社 2006 年版。

76. 朱光磊、张志红：《“职责同构”批判》，《北京大学学报》2005 年第 1 期。

二 中文译著

1. ［澳］布莱恩·多莱里、内尔·马歇尔、安德鲁·沃辛顿主编：《重塑澳大利亚地方政府——财政、治理与改革》，刘杰、余琦景、张国玉译，北京大学出版社 2008 年版。

2. [澳] 欧文·E. 休斯：《公共管理导论》，彭和平等译，中国人民大学出版社 2001 年版。

3. [德] H. 哈肯：《协同学：大自然构成的奥秘》，凌复华译，上海译文出版社 1995 年版。

4. [德] 赫尔穆特·沃尔曼：《德国地方政府》，陈伟、段德敏译，北京大学出版社 2005 年版。

5. [法] 孟德斯鸠：《论法的精神》（上），孙利坚等译，商务印书馆 1961 年版。

6. [美] B. 盖伊·彼得斯：《政府未来的治理模式》，吴爱明等译，中国人民大学出版社 2001 年版。

7. [美] 戴维·奥斯本、特德·盖布勒：《改革政府》，上海市政协编译组译，上海译文出版社 1996 年版。

8. [美] 丹尼斯·米都斯等：《增长的极限》，李宝恒译，吉林人民出版社 1997 年版。

9. [美] 菲利普·沙别科夫：《滚滚绿色浪潮：美国的环境保护运动》，周律等译，中国社会科学出版社 1997 年版。

10. [美] 福斯特：《马克思的生态学：唯物主义与自然》，刘仁胜、肖峰译，高等教育出版社 2006 年版。

11. [美] 汉密尔顿、杰伊·麦迪逊等：《联邦党人文集》，程逢如等译，商务印书馆 2004 年版。

12. [美] 霍尔姆斯·罗尔斯通：《环境伦理学》，杨通进译，中国社会科学出版社 2000 年版。

13. [美] 蕾切尔·卡逊：《寂静的春天》，吕瑞兰、李长生译，吉林人民出版社 1997 年版。

14. [美] 理查德·C. 博克斯：《公民治理：引领 21 世纪的美国社区》，孙柏英译，中国人民大学出版社 2005 年版。

15. [美] 理查德·D. 宾厄姆：《美国地方政府的管理——实践中的公共行政》，九洲译，北京大学出版社 1997 年版。

16. [美] 罗伯特·D. 帕特南：《使民主运转起来》，王列等译，江西人民出版社 2001 年版。

17. ［美］麦金太尔：《德性之后》，龚群等译，中国社会科学出版社 1995 年版。

18. ［美］乔治·弗雷德里克森：《公共行政的精神》，张成福等译，中国人民大学出版社 2003 年版。

19. ［美］文森特·奥斯特罗姆、罗伯特·比什、埃莉诺·奥斯特罗姆：《美国地方政府》，井敏、陈涵泓译，北京大学出版社 2004 年版。

20. ［美］约翰·贝拉米·福斯特：《马克思的生态学：唯物主义与自然》，刘仁胜、肖峰译，高等教育出版社 2006 年版。

21. ［美］珍妮特·V. 登哈特、罗伯特·B. 登哈特：《新公共服务：服务，而不是掌舵》，丁煌译，中国人民大学出版社 2004 年版。

22. ［英］戴维·威尔逊、克里斯·盖姆：《英国地方政府》，张勇等译，北京大学出版社 2009 年版。

23. ［英］佩珀：《生态社会主义：从深生态学到社会正义》刘颖译，山东大学出版社 2012 年版。

三 英文著作

1. A. B. Gunlinks, *Local Government in the German Federal System*, Duke University Press, 1986.

2. Allen TFH, Starr B. , *Hierarchy*: *Perspectives for Ecological Complexity*, Chicago: University of Chicago Press, 1982.

3. Baumol, W. J. and W. E. Oates, *The Theory of Environmental Policy*, Cambridge University Press, 1988.

4. Benjamin Kline. *First Along the River*: *A Brief History of the U. S. Environmental Movement* , San Francisco: Acada Books, 1997.

5. Brent S. Steel, *Environmental Politics and Policy*: *A Comparative Approach*, Mcgraw-Hill Publisher, 2003.

6. Dasgupta, P. S. , *The Control of Resources*, Oxford: Basil Blackwell, 1982.

7. Gordon Morris Bakken and Brenda Farrington, *Environmental prob-*

lems in America's garden of Eden, New York: Garland Pub., 2001.

8. Hayek, *The Fatal Conceit*, University of Chicago Press, 1988.

9. Jeff. Madrick, *The Case for Big Government* (*New Edition*), Princeton University Press, 2010.

10. Kneese, Allen V., *Economics and the Environment*, Harmondsworth: Penguin Books, 1977.

11. Martin V. Melosi, *Effluent America: Cities, Industry, Energy, and the Environment*, Pittsburgh: University of Pittsburgh Press, 2001.

12. Martin V. Melosi, *Pollution and Reform in American Cities, 1870 – 1930*, Austin: University of Texas Press, 1980.

13. Michael E. Kraft, *Environmental Policy and Polities*, Pennsylvania State University Publisher, 2000.

14. OECD, *The Polluter Pays Principle*, Paris: OECD, 1975.

15. Samuel P. Hays, *A History of Environmental Politics since 1945*, University of Pittsburgh Press, 2000.

16. Simon, J. L., *The Ultimate Resource*, New Jersey: Princeton University Press, 1981.

17. Stephens, G. Ross and Nelson Wikstrom, *Metropolitan Government and Governance: Theoretical Perspectives, Empirical Analysis, and the Future*, Oxford University Press, 2000.

18. UNDP, *Our Common Future*, New York: Oxford University Press, 1987.